铁路职工培训系列教材

铁路接触网维修常用计算及案例

《铁路接触网维修常用计算及案例》编委会　编

中国铁道出版社有限公司

2025年·北　京

内容简介

本书共八章，包括接触悬挂、定位支撑装置、支柱拉线和基础、附加悬挂、单项设备及其他安装、区段质量评价、接触网主导电回路温度监测、线路断链。

本书可作为从事接触网运行维修工作的技术管理人员和一线职工的培训用书，也可供接触网专业相关人员使用。

图书在版编目(CIP)数据

铁路接触网维修常用计算及案例 /《铁路接触网维修常用计算及案例》编委会编. -- 北京 : 中国铁道出版社有限公司，2024. 10（2025. 3 重印）. --（铁路职工培训系列教材）.
ISBN 978-7-113-31501-6

Ⅰ. U238；U225

中国国家版本馆 CIP 数据核字第 2024EA5918 号

书　　名： 铁路接触网维修常用计算及案例
作　　者：《铁路接触网维修常用计算及案例》编委会

责任编辑： 魏　娟　　　**编辑部电话：**(010)51873315
封面设计： 崔丽芳
责任校对： 苗　丹
责任印制： 高春晓

出版发行： 中国铁道出版社有限公司（100054，北京市西城区右安门西街 8 号）
网　　址： https://www.tdpress.com
印　　刷： 河北宝昌佳彩印刷有限公司
版　　次： 2024 年 10 月第 1 版　2025 年 3 月第 2 次印刷
开　　本： 880 mm×1 230 mm　1/32　**印张：** 10　**字数：** 235 千
书　　号： ISBN 978-7-113-31501-6
定　　价： 78.00 元

编 委 会

前言

铁路接触网设备沿铁路线架设，以满足机车车辆受电弓滑触不间断供电要求。接触网设备承载大张力、高电压和大电流负荷，以满足高速弓网关系要求。接触网设备露天架设、结构复杂，其结构参数、技术状态和性能受气象条件、周边环境和地理条件等影响较大，具备大型复杂设备的特征。

中国多年的高速铁路运行实践证明，高速铁路接触网运行质量明显高于普速铁路，一定程度上得益于高速铁路接触网在施工和运营阶段的接触网零部件安装或更换工作普遍采用计算数据，得益于运营阶段“重检慎修”的维修理念。接触网计算知识是从事接触网设计、施工和运营管理必备的专业知识，涉及机械、电气、材料、力学等诸多方面，内容繁杂。对接触网运行维修单位的工程技术人员和职工来说，虽然不必要掌握全部复杂的设计计算知识，但是日常维修、应急处置等工作仍不可避免涉及一些基本的计算知识。目前还没有专门适用于运行维修单位职工培训和现场参考使用的接触网计算书籍，接触网运行维修单位职工需要了解和掌握的接触网计算知识成为职工培训的难点。本书吸取了多年来我国电气化铁路接触网运行维护管理的经验，并结合现场需求编写。

《高速铁路接触网运行维修规则》和《普速铁路接触网运行维修规则》是接触网维修工作者最基本的规章，接触网维修工程技术人员和职工应熟悉掌握。本书章节按照这两个规章的内容顺序编写，便于广大职工在工作中学习或查询相关内容。

本书由中国铁路郑州局集团有限公司教材编审委员会组织编写，郑州铁路职业技术学院，中国铁路郑州局集团有限公司供电部，郑州、郑州东高铁基础设施段，郑州、新乡供电段，中国铁路济南局、兰州局、乌鲁木齐局、呼和浩特局集团有限公司供电部相关专业技术人员直接参与了编写工作。本书编写过程中得到了郑州铁路职业技术学院李学武、吉鹏霄等同志的大力协助，在此一并感谢。

由于编写仓促，如有不妥之处，欢迎提供宝贵意见和建议。

编委会

2024 年 6 月

目录

第一章　接触悬挂

第一节　曲线地段拉出值测量计算

一、概　　述

接触网设备可以看作是处于以线路中心线为 x 坐标，以垂直钢轨方向为 y 坐标，以垂直于轨平面方向为 z 坐标，以线路中心为原点的立体直角坐标系，如图 1.1.1 所示。为保证不间断为电力机车受电弓供电，接触线及其他悬挂、支撑和固定接触线的设备必须处于一定的位置，才能保证电力机车受电弓能与接触线不间断接触。电力机车运行速度越高，对这种接触质量要求越高。

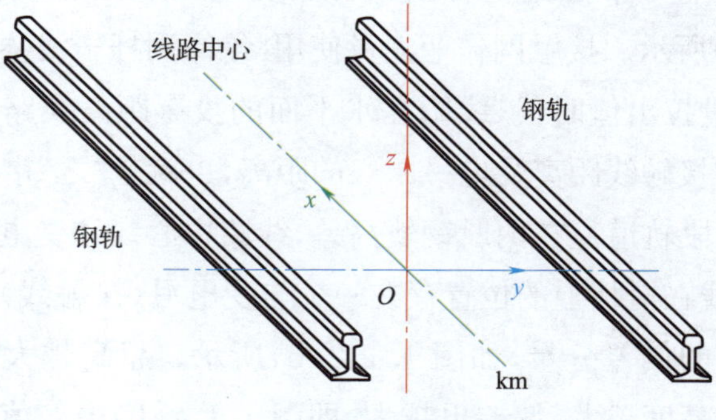

图 1.1.1　线路轨道坐标系

电气化铁路架空接触网出现以后相当长的时间内，现场接触线位置几何参数的“之”字值和拉出值测量普遍采用“绝缘测杆＋线坠＋轨道尺＋钢卷尺”的方法。直线地段拉出值的测量简单，易于掌握也易于理解。曲线地段拉出值测量和计算较为复杂，涉及几何知识，但也是接触网施工和维护人员必须掌握的、最基本也是最常用的一项技能。接触网几何参数激光测量仪的发明使接触线位置几何参数的高度、“之”字值（拉出值）测量工作简单、精准、快捷。

本节介绍使用“绝缘测杆＋线坠＋轨道尺＋钢卷尺”测量曲线地段接触线拉出值的原理和计算方法。尽管目前接触网几何参数激光测量仪已推广使用，现场不再计算曲线地段拉出值测量，但学习本节内容有助于职工深刻理解接触线空间位置与受电弓中心位置关系。

本节建议列为职工应掌握内容。

二、原理和方法

1. 曲线地段接触线与受电弓相对位置特点

架空接触网是架设在轨道上方为电力机车供电的特殊供电线路。电力机车通过受电弓在接触线下方滑动接触取得电流。直线区段，线路中心与受电弓中心是重合的，轨道、受电弓和接触线位置关系如图 1.1.2(a)所示。接触网作业人员使用“绝缘测杆＋线坠＋轨道尺＋钢卷尺”测量拉出值时代，线坠在水平面的投影距离线路中心的距离 m 就是上方接触线距离受电弓中心的距离，也就是“之”字值 a。

曲线地段轨道存在两股钢轨高差，线路中心线和受电弓中心线不重合，接触线在滑板上的位置存在一个与受电弓（接触线）高度和外轨超高值影响的偏差分量，如图 1.1.2(b)所示。超高越大，偏差越大。同时接触线高度越大，偏差也越大，即图 1.1.2(b)中 c 值。接触网作业人员使用“绝缘测杆＋线坠＋轨道尺＋钢卷尺”测量拉出值时，线坠在水平面的投影距离线路中心的距离 m 加上偏差分量 c 后，才是上方接触线距离受电弓中心的距离，也就是拉出值 a。

不难理解，现场还有与图 1.1.2(b)不符的情况。拉出值 a 小于偏

差 c，此时定位器固定的接触线处于图 1.1.2(b)中 c 值范围内。

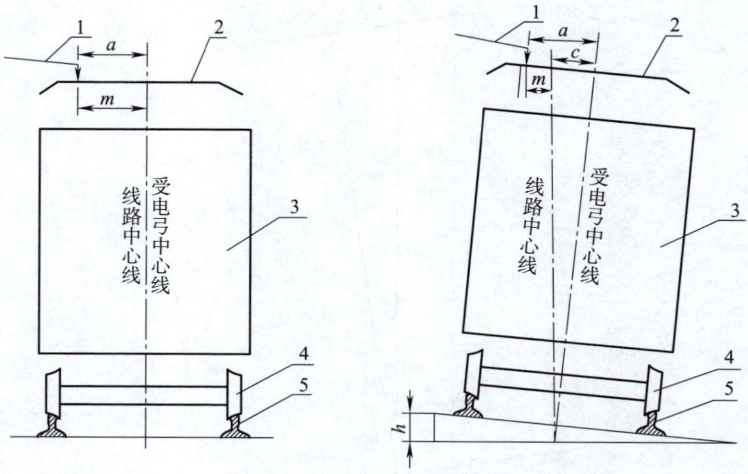

(a)直线区段　　(b)曲线区段

1—固定接触线的定位器；2—受电弓；3—电力机车车体；4—车轮；5—钢轮。

图 1.1.2　接触线、线路中心线、受电弓中心线的关系

2. 曲线地段拉出值计算原理

曲线地段一般设置有超高，此时轨道、受电弓和接触线位置关系如图 1.1.3 所示。点 1 和点 2 为接触线在轨道中心竖直线 BO(垂直于水平面)两侧的两种情形。MN 为两股钢轨距离 L(由于$\angle MNQ$ 较小，取 MN、QN 等长)，AO 为受电弓中心线($AO=H$)，QM 为外轨超高 h，AB 为外轨超高引起的偏移量 c。

显然在$\triangle AOB$ 和$\triangle MQN$ 中，因为 $AO\perp MN$，$BO\perp QN$，所以$\triangle ABO\backsim\triangle QMN$，则$\dfrac{AO}{QN}=\dfrac{AB}{QM}$，$AB=\dfrac{AO\cdot QM}{QN}$。

根据平面几何知识，令 $AB=c$，$AO=H$，$QM=h$，$QN\approx MN=L$，a 为接触线拉出值，则

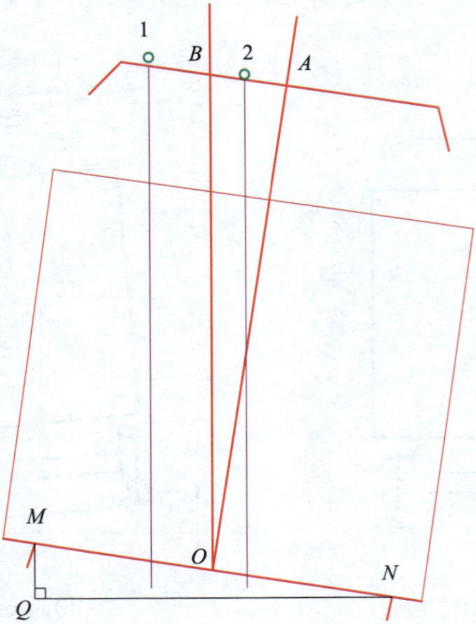

图 1.1.3　超高区段轨道、受电弓和接触线位置关系

$$c=\frac{Hh}{L} \tag{1-1-1}$$

$$a=m+c \tag{1-1-2}$$

式中，a 为接触线定位点至受电弓中心的距离(即拉出值)，mm；m 为接触线投影与线路中心线的距离，mm，当接触线定位点位置投影在线路中心与外轨间时 m 为正，当接触线定位点位置投影在线路中心与内轨间时 m 为负；c 为受电弓对线路中心偏移值，mm；h 为曲线外轨超高，mm；H 为接触线至轨面的高度，mm；L 为轨距，mm。

曲线地段拉出值的设置增加了接触线在受电弓上的滑动范围，增加了受电弓使用寿命。但曲线地段拉出值超标将造成脱弓、钻弓事故。接触网检测车检查发现的现场两处受电弓运行中在曲线地段拉出值超标现象如图 1.1.4 所示。

(a)处所 1　　(b)处所 2

图 1.1.4　拉出值超限

三、应用示例

1. 案例

【案例 1】 2023 年 12 月 22 日，某集团公司接触网检测车检测××线下行时，发现×××—×××区间存在多处曲线发生拉出值二级缺陷，通过 1C 检测历史波形图对比及现场复测数据对比，分析多为工务线路整修原因。现介绍其中下行 K357＋834(接触网支柱号为 105 号)一处接触线拉出值 487 mm 情况。105 号支柱现场照片如图 1.1.5 所示。接触网检测两次波形对比如图 1.1.6 所示。

通过近两次波形对比，发现此处拉出值 2023 年下半年较 2023 年上半年增大(487－428)mm＝59 mm。本次复测外轨超高 104 mm，侧面限界 3 306 mm；11 月份红线记录外轨超高 98 mm，侧面限界 3 268 mm。

图 1.1.5　接触网 105 号支柱现场照片

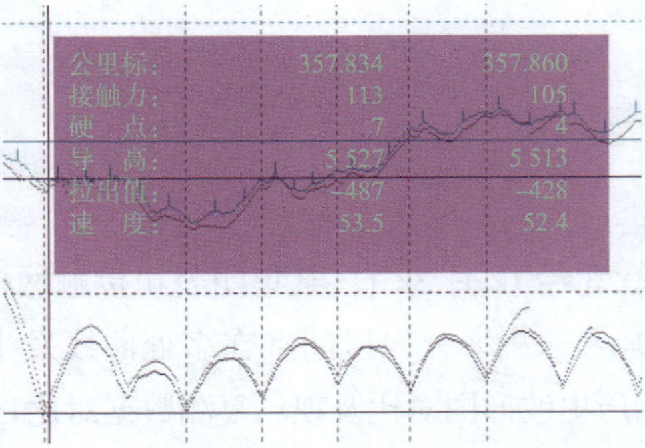

图 1.1.6　接触网检测两次波形对比

此处为曲外正定位，对比工务轨检超高与复测超高数据，超高增加 6 mm，导致拉出值增大约 24 mm；侧面限界增大 38 mm，导致拉出值增大 38 mm，拉出值实际增量变化为(24＋38)mm＝62 mm，基本符合波形数据对比差。结合 11 月份该区间工务专业存在换轨作业，分析拉出值增大原因为工务施工引起线路参数变化。

【案例 2】2023 年 12 月 21 日某高速铁路下行 3131 号支柱接触线拉出值 502 mm，列车运行速度 60 km/h。线路处于曲线段，曲线半径

9 000 m，外轨超高 125 mm，设计拉出值 400 mm，线路设计速度 350 km/h。选取同一列高速铁路综合检测车 12 月 7 日检测数据对比分析（车速 144 km/h）如图 1.1.7 所示，拉出值数值较 12 月 7 日数据整体增加 80 mm，该定位点处拉出值无趋势变化。分析原因为检测车低速通过曲线段时外轨超高增大，导致拉出值数值变大，设备无异常。现场复测拉出值为 380 mm，符合参数要求。现场不需处理。

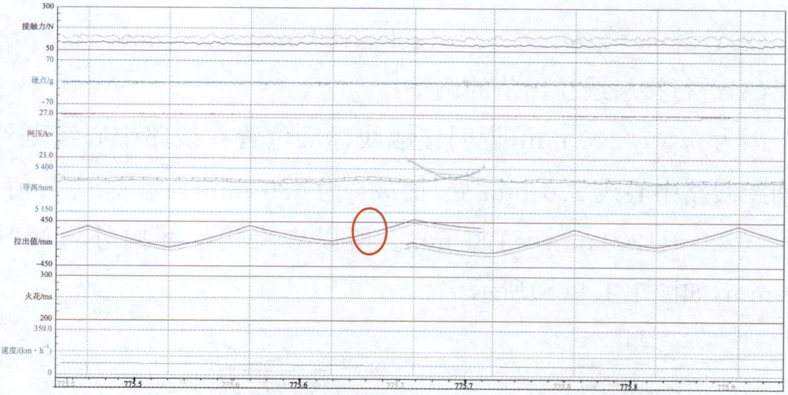

图 1.1.7　两次不同速度 1C 检测波形对比

2. 习题

【习题 1】 某区间支柱定位点接触线高度为 6 000 mm，所处曲线半径为 600 m，设计拉出值为 400 mm，外轨超高为 30 mm，两股钢轨间距为 1 500 mm。计算该定位点接触线距线路中心线的距离。

解：根据题意，示意如图 1.1.2(b)所示。

(1)已知 $H=6\ 000$ mm，$h=30$ mm，$L=1\ 500$ mm

$$c=\frac{Hh}{L}=\frac{6\ 000\times 30}{1\ 500}\ \text{mm}=120\ \text{mm}$$

(2)已知 $a=400$ mm，$c=120$ mm

$$m=a-c=(400-120)\text{mm}=280\ \text{mm}$$

【习题 2】某定位点接触线高度为 6 000 mm，拉出值为 400 mm，所处区段曲线半径为 1 000 m，其外轨超高值为 45 mm，若现场实测时该定位点接触线在地面投影位置处于线路中心线至外轨之间且距线路中心线 120 mm 时，应如何调整？

解：根据题意，示意如图 1.1.8(a)所示。

(1)计算 c 值：$c=\dfrac{Hh}{L}=\dfrac{6\,000\times 45}{1\,500}\ \text{mm}=180\ \text{mm}$

(2)计算 m 值：$m=a-c=(400-180)\text{mm}=220\ \text{mm}$

(3)进行接触线拉出值的调整：

因为 $m_{标}$ 为 220 mm，说明接触线标准位置在线路中心线至外轨之间距线路中心线 220 处，而 $m_{实}$ 为 120 mm，$m_{实}<m_{标}$ 数值，则 $\Delta m=(220-120)\text{mm}=100\ \text{mm}$。所以应将接触线向外轨侧“拉”100 mm，如图 1.1.8(b)所示。

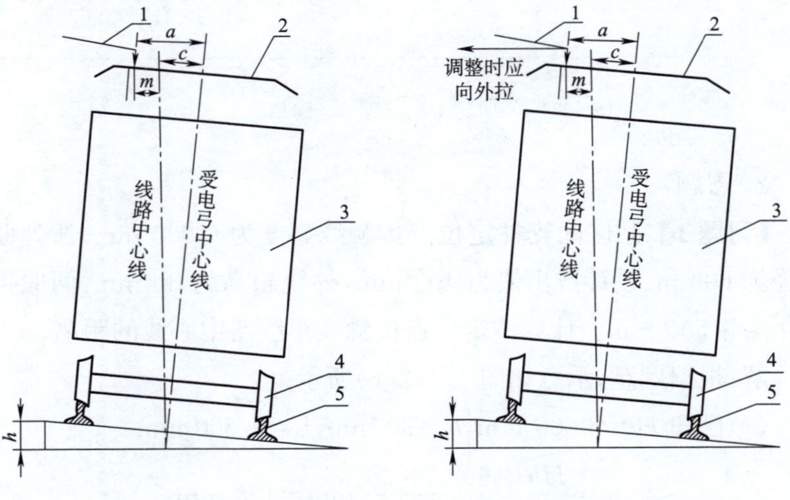

(a)调整前　　(b)调整方法

1—定位器；2—受电弓；3—电力机车车体；4—车轮；5—钢轨。

图 1.1.8　接触线、线路中心线、受电弓中心线的关系

【习题 3】 某接触网工区在某新建线路区间处理缺陷，调整拉出值。当检调到曲线处 112 号支柱定位时，实测接触线在地面投影位置距离线路中心距离 $m_{实测}=80$ mm，测得外轨超高为 120 mm，轨距 L 为 1 440 mm，导高为 6 000 mm，$a_{标}=400$ mm，工作领导人让操作人将该定位向外轨侧再拉 120 mm。结果作业组作业结束消令后，第一趟电力机车通过时即发生了弓网事故，请分析弓网事故发生原因，并如何恢复到正常通车条件？画示意图说明。

解： 已知 $m_{实测}=80$ mm，$h=120$ mm，$a_{标}=400$ mm，$\Delta m=$ 120 mm

检调后 $m_{实}=m_{实测}+\Delta m=(80+120)\text{mm}=200$ mm，$c=Hh/L=6\,000\times120\div1\,440$ mm$=500$ mm

调整后的定位实际拉出值为 $a_{实}=m_{实}+c=(200+500)\text{mm}=700$ mm，大于受电弓允许最大工作范围。所以事故发生的原因是拉出值超标造成的弓网事故。

该处拉出值正确的检调方法如下：

$m_{标}=a_{标}-c=(400-500)\text{mm}=-100$ mm，说明该定位处接触线距离线路中心标准距离应该为 100 mm，且投影位置应在线路中心线至内轨之间。

$\Delta m=m_{标}-m_{实测}=(-100-80)\text{mm}=-180$ mm，正确的检调应该是将接触线定位点向内轨侧放 180 mm。

根据题意画出有超高区段，轨道、受电弓和接触线位置关系示意如图 1.1.3 所示。调整前接触线位于 1 位置，正确处理方法是将接触线定位点向内轨侧放 180 mm。

【习题 4】 管内某区间一支柱位于曲线外侧，正定位，设计拉出值 100 mm，外轨超高 55 mm，现场测量接触线在轨面处垂直地面投影 m 值为 $+20$ mm，支柱距中心锚结 500 m，接触线温度 6 ℃，该线路设计平均温度为 10 ℃。定位器向下锚方向偏移 200 mm，已知线胀系数为 17×10^{-6}，导高 6 330 m。问对该定位器应如何调整。

解：(1)$m_{标}=a_{设计}-Hh/L=(100-6\ 330\times55\div1\ 440)\ \text{mm}\approx-142\ \text{mm}$

所以导线投影应位于线路中心和内轨间且距线路中心 142 mm 处，现场测量实际位置位于线路中心和外轨间距中心线 20 mm 处，所以调整时将导线向内轨侧放(20＋142)mm＝162 mm。

(2)6 ℃时定位器向下锚方向偏移是错误的做法，因为 6 ℃＜10 ℃，所以应向中心锚结方向偏移，偏移量为 $17\times10^{-6}\times500\times1\ 000\times(10-6)\ \text{mm}=34\ \text{mm}$。

【习题 5】 在某曲线区段一中间柱处，设计拉出值为 400 mm，曲线外轨超高为 60 mm，接触线高度为 6 000 mm，结构高度为 1 100 mm，轨距为 1 440 mm。问承力索的投影位置在什么位置符合《普速铁路接触网运行维修规则》规定的技术标准。

解：《普速铁路接触网运行维修规则》规定，在曲线地段承力索与接触线之间的连线应垂直于轨面连线，所以曲线地段可以将承力索位置看作是与接触线等拉出值。题中已知条件示意如图 1.1.9 所示。

(1)根据式(1-1-1)可得

$$c=\frac{60\times(1\ 100+6\ 000)}{1\ 440}\ \text{mm}\approx296\ \text{mm}$$

(2)又有 $m=a-c$，则 $m=(400-296)\text{mm}=104\ \text{mm}$

所以承力索的投影位置应在线路中心线至外轨间，距线路中心线 104 mm 处。

【习题 6】 某支柱正定位，接触线高度为 5 300 mm，所处曲线半径为 8 000 m，轨距为 1 435 mm，设计和实际拉出值均为 350 mm，外轨超高为 60 mm；工务某一天未通知供电配合，往支柱侧拨道 30 mm，单

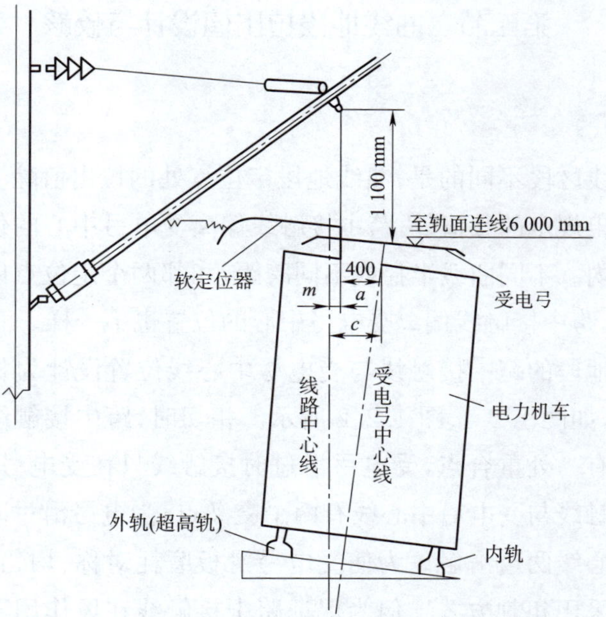

图 1.1.9 曲线区段外轨超高与 m、a、c 的关系

边起外轨 10 mm，通过计算说明该定位点接触线拉出值是否需要调整。

解：(1)已知 $H=5\ 300$ mm，$h=60$ mm，$L=1\ 435$ mm

$c=Hh/L=5\ 300\times60\div1\ 435$ mm≈221.6 mm

(2)已知 $a=350$ mm，$c=221.6$ mm

$m=a-c=(350-221.6)$mm=128.4 mm

往支柱侧拨道 30 mm，则拨后 $m_1=(128.4-30)$mm=98.4 mm

单边起外轨 10 mm，则起道后 $c_1=Hh_1/L=5\ 300\times(60+10)\div$ 1 435 mm≈258.5 mm

工务起拨道后拉出值 $a_1=m_1+c_1=(98.4+258.5)$mm=356.9 mm；在误差允许范围内，故不需要调整。

第二节 曲线地段拉出值设计与校核

一、概 述

与直线区段不同的是,曲线地段定位点处的拉出值除了在定位点处不能超出规定的数值外,跨中接触线偏离受电弓中心的位置也应在一定范围内。不同曲线半径或不同跨距,相邻两个定位点即使是同样的拉出值,跨中接触线偏离受电弓中心的位置也不一样。

曲线地段的跨中接触线与受电弓中心线位置设计为相切和相割两种情形,如图 1.2.1、图 1.2.2 所示。相切时,跨中接触线与受电弓中心线只有一处重合点,受电弓滑过时接触线只在受电弓半边滑触。相割时接触线与受电弓中心线有两个交叉点,受电弓滑过时接触线在受电弓中心线两边滑触。为使受电弓滑板磨耗对称、均匀,接触网设计应尽量采用相割方式。但为保证跨中接触线在风作用下仍处于受电弓滑板规定位置范围,跨中偏移值大小要受跨中风偏值的制约。

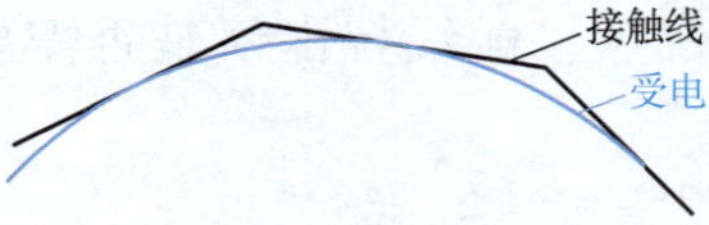

图 1.2.1 接触线与受电弓中心线相切

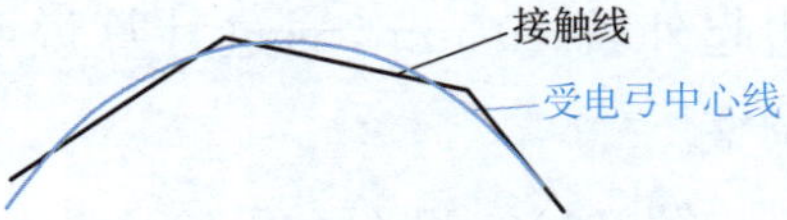

图 1.2.2 接触线与受电弓中心线相割

本节介绍曲线地段拉出值、曲线半径和跨距间的关系。接触网维护管理中根据特定的跨距、曲线半径,考虑跨中风偏,可校核跨中偏移值是否满足安全运行要求。发生断杆或定位支撑装置故障事故时,可根据曲线半径、允许的最大拉出值,确定作为临时开通措施,故障设备不恢复定位,跨中偏移值(考虑风偏)仍能满足安全要求,从而达到快速抢通目的。图 1.2.3 为某次故障抢修时,抢修人员拆除一处定位作业的现场画面。

图 1.2.3　抢修人员拆除一处定位作业

本节建议列为职工应掌握内容。

二、原理和方法

1. 圆弧曲线弦长和弛距的关系推导

图 1.2.4 为一段圆弧曲线和弛距 y_1 的关系。R 为圆弧半径，l 为弦长。

根据平面几何知识，曲线线路中心的弛距值 y_1（图 1.2.4 中 $AO=y_1$）由图中 BD 和圆弧的半径 R 决定。三角形 ABC 为直角三角形，则三角形 AOB 与三角形 BOC 相似，故

$$\frac{OB}{OC}=\frac{AO}{BO}$$

$$BO^2=OC\cdot AO$$

得

$$y_1(2R-y_1)=\frac{l^2}{4} \tag{1-2-1}$$

其近似解为

$$y_1=\frac{l^2}{8R} \tag{1-2-2}$$

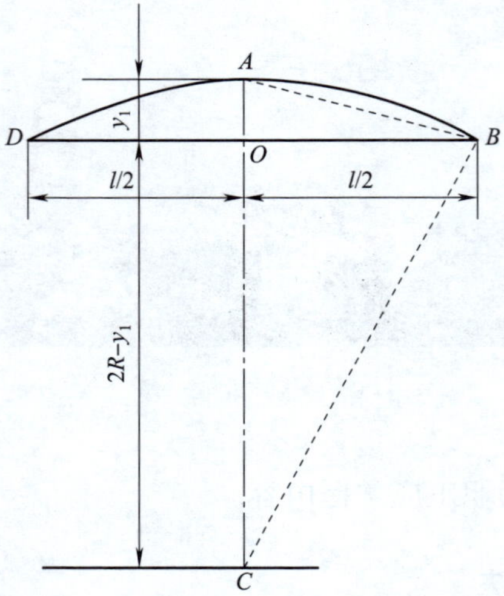

图 1.2.4　决定曲线的弛距

2. 曲线地段接触线距受电弓中心的偏移值计算

曲线地段接触网拉出值、跨距与跨中偏移示意如图 1.2.5 所示。B 点、D 点可看作是曲线地段接触网的两处定位点(图中拉出值均为 0),l 为跨距,$y_1(AO)$可看作是在无风作用时,接触线距受电弓中心的偏移值。

由图可知,当 B'、D'两定位点的拉出值均为 a 时,若 y_2 为无风作用时跨中接触线距受电弓中心的偏移值,则

$$y_2=y_1-a=\frac{l^2}{8R}-a \tag{1-2-3}$$

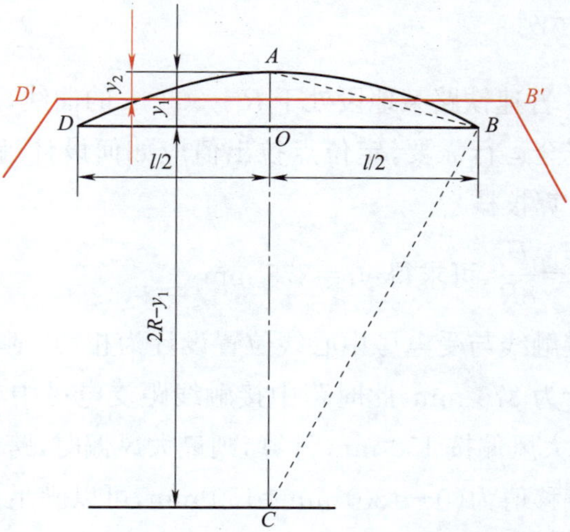

图 1.2.5　曲线地段接触网拉出值、跨距与跨中偏移示意

不难理解曲线地段若定位点拉出值不足，则会造成跨中拉出值过大情况。现场一处 1C 检测发现的因曲线地段定位点拉出值不足造成跨中拉出值过大缺陷照片如图 1.2.6 所示。

图 1.2.6　曲线区段跨中拉出值超限

三、应用示例

【习题 1】 普速铁路某地段处于 $R=300$ m 的曲线，跨距 30 m，为满足接触网安全运行需要，定位点拉出值应如何设计(跨中最大风偏按 150 mm 计算校核)？

解：由 $y_1=\dfrac{l^2}{8R}$，可求得 $y_1=375$ mm

若跨中接触线与受电弓中心线位置设计为相切，则可将两定位点拉出值均设计为 375 mm，此时跨中接触线距受电弓中心的偏移值均为 0。跨中最大风偏按 150 mm 计算，则最大风偏时，跨中接触线距受电弓中心的偏移值为(0+150)mm=150 mm，可以满足接触网安全运行需要。

若跨中接触线与受电弓中心线位置设计为相割，则可将两定位点拉出值均设计为 375÷2 mm=187.5 mm，工程取整为 200 mm，此时跨中接触线距受电弓中心的偏移值 $y_2=(375-200)$ mm=175 mm。跨中最大风偏按 150 mm 计算，则最大风偏时，跨中接触线距受电弓中心的偏移值为(175+150)mm=325 mm，可以满足接触网安全运行需要。

【习题 2】 高速铁路某地段联络线处于 $R=1\ 000$ m 曲线，接触网设计跨距 30 m，设计拉出值 150 mm。一次事故发生时，一根支柱定位支撑装置故障损坏难以及时恢复。为快速开通，不计跨中风偏，能否在不恢复损坏支柱定位设备的情况下正常运行？若可以，举例如何实施。

解：原接触网设计跨距 30 m，故障损坏一处定位后，跨距变为 60 m。

$l=60$ m，$R=1\ 000$ m

由 $y_1=\dfrac{l^2}{8R}$，可求得 $y_1=450$ mm

可将定位拉出值调整为 400 mm,则根据

$y_2 = y_1 - a = (450 - 400)\text{mm} = 50\ \text{mm}$

即定位拉出值调整为 400 mm,跨中接触线距受电弓中心的偏移值为 50 mm,可以在不恢复损坏支柱定位设备的情况下正常运行。

【习题 3】 某高速铁路联络线联调联试中某曲线地段接触网综合检测车 60 km/h 波形如图 1.2.7 所示。请问 K8.7—K9.0 区段接触线位置设计有何缺点。若运营中该地段一处定位支撑装置故障,拟采用拆除该定位的临时恢复措施,应如何校核是否满足安全运行?

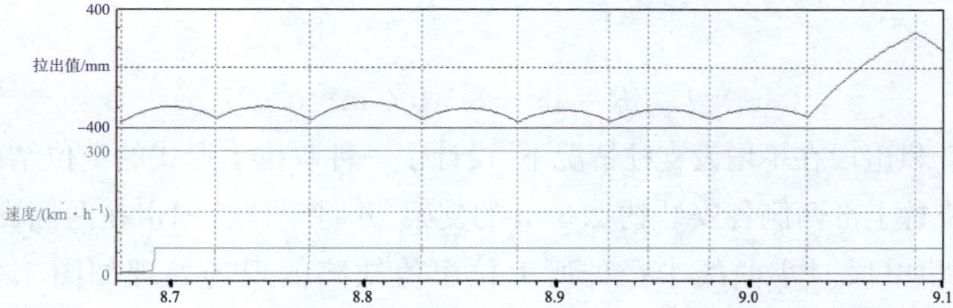

图 1.2.7　某高速铁路联络线接触网综合检测车波形(60 km/h)

解: 该区段接触线位置设计缺点是接触线位置在跨中偏于受电弓一侧,造成受电弓磨耗不均(偏磨)。

校核公式为

$$y_2 = y_1 - a = \frac{l^2}{8R} - a$$

式中,a 为定位拉出值;y_2 为无风作用时跨中接触线距受电弓中心的偏移值;R 为曲线半径;l 为拆除定位后的跨距(既有跨距的 2 倍)。

计算结果 y_2 的绝对值+风偏值只要小于 450 mm 就是安全的。

【习题 4】 某供电段管内某线处于丘陵地区,小半径曲线多。电气化改造年代早,接触网跨距设计偏大。供电段技术科决定采用双拉手定位进行调整。现场接触网平面布置如图 1.2.8 所示。当曲线半径

为 404 m，跨距为 45 m 时，如何改造使跨中拉出值减小？

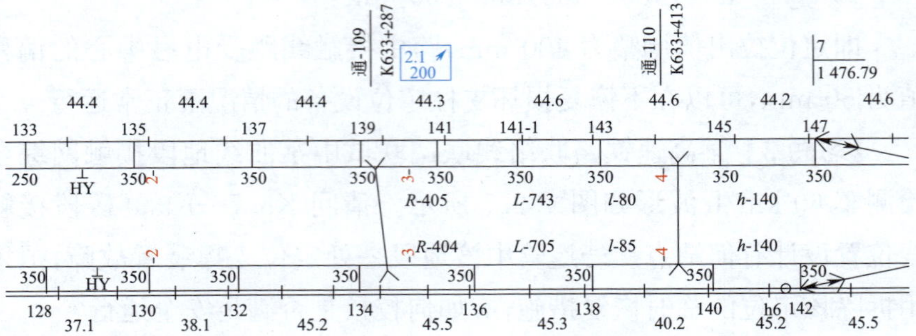

图 1.2.8 现场接触网平面布置

$$y_1 = l^2/8R = 45^2 \div 8 \div 404\ \text{m} \approx 0.627\ \text{m}$$

供电段在不增设支柱情况下，设计了一种双拉手形式的定位结构，在支柱上部两侧各安装约 2.5 m 的支架，并将定位管固定在两侧支架上，供电段对小曲线半径处所大拉出值缺陷的现场处理如图 1.2.9 所示。

图 1.2.9 某供电段对小曲线半径处所大拉出值缺陷的现场处理

此时，相当于跨距 $l=40$ m，$y_1 = l^2/8R = 40^2 \div 8 \div 404\ \text{m} \approx 0.495$ m，此时定位拉出值取 350 mm，则跨中拉出值为(495－350)mm＝145 mm。

满足了定位点拉出值和跨中风偏要求。

由于非标准设计，供电段其后增加一根支柱，不再采用双拉手形式的定位结构。此时跨距缩短为 22.5 m，$y_1 = l^2/8R = 22.5^2 \div 8 \div 404$ m≈0.157 m。

第三节　补偿装置 *a*、*b* 值计算

一、概　　述

没有补偿的线索温度变化后由于热胀冷缩线索长度会发生变化，同时线索内张力发生变化，这时线索的弛度也随之发生变化。电气化铁路接触网为使接触线、承力索张力保持恒定来满足弓网关系要求，需在其锚段的两端安装接触网补偿装置（又称张力自动补偿器）。接触网补偿装置有许多种类，中国电气化铁路中使用最广泛的是在锚段两端安装滑轮或棘轮＋重力坠砣，使接触网线索热胀冷缩后依然保持恒定张力。棘轮补偿装置具有快速制动作用，一旦发生断线事故，线索张力迅速发生变化时，制动功能发挥作用，防止坠砣落地和扩大事故影响范围。显然在最低温度和最高温度范围内，坠砣活动范围不能受限制，否则接触网补偿装置不能起到补偿作用。补偿装置 a、b 值分别是坠砣向上和向下活动距离位置，与温度成对应关系。接触网运行张力状态监测可以通过检测 a、b 值来判断补偿装置是否出现异常。中国高速铁路滑轮补偿装置一般采用的变比为 1∶3，安装示意如图 1.3.1 所示。

同一补偿装置的两补偿滑轮的间距是指定滑轮与最近的动滑轮之间的距离，如图 1.3.2 所示。

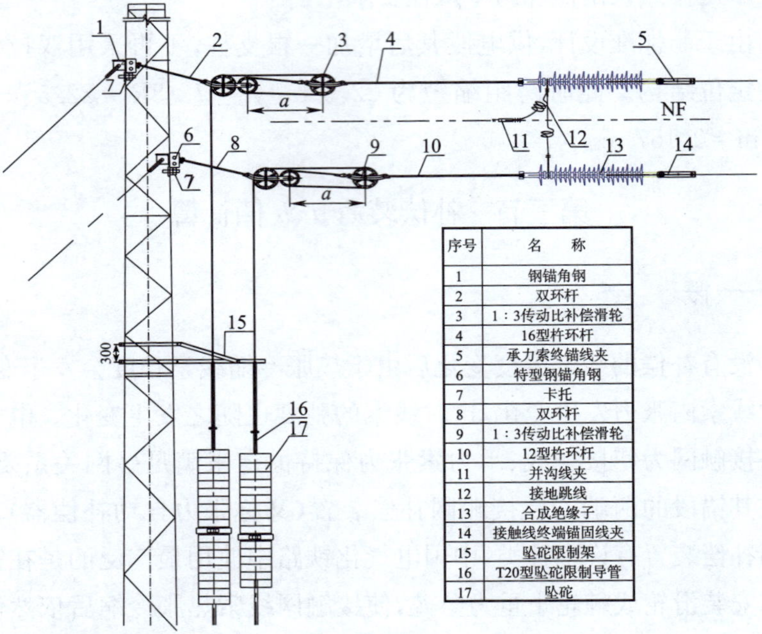

序号	名称
1	钢锚角钢
2	双环杆
3	1∶3传动比补偿滑轮
4	16型杵环杆
5	承力索终锚线夹
6	特型钢锚角钢
7	卡托
8	双环杆
9	1∶3传动比补偿滑轮
10	12型杵环杆
11	并沟线夹
12	接地跳线
13	合成绝缘子
14	接触线终端锚固线夹
15	坠砣限制架
16	T20型坠砣限制导管
17	坠砣

图 1.3.1　滑轮补偿装置安装示意

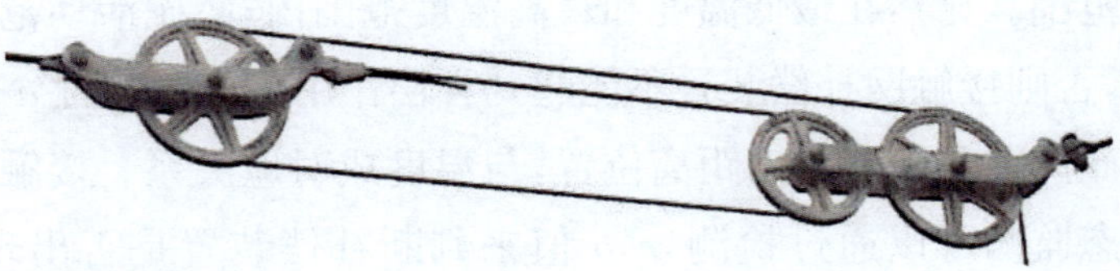

图 1.3.2　1∶3 滑轮补偿装置

对张力自动补偿装置的要求有两点：其一，补偿装置应灵活，在线索内的张力发生缓慢变化时，应能及时补偿，传送效率满足要求；其二，补偿装置位置符合安装曲线，极限温度时张力补偿不能失效。棘轮补偿装置具有快速制动作用，一旦发生断线事故，线索张力迅速发生变化时，制动功能发挥作用，防止坠砣落地和扩大事故影响范围。

本节建议列为职工应掌握内容。

二、原理和方法

本节以滑轮补偿装置为例介绍。全补偿链型悬挂异侧下锚结构如图 1.3.3 所示，坠砣杆耳环孔中心至定滑轮中心的长度称为补偿器 a 值，坠砣串最下面一块坠砣的底面至地面（或基础面）的距离称为补偿器的 b 值。

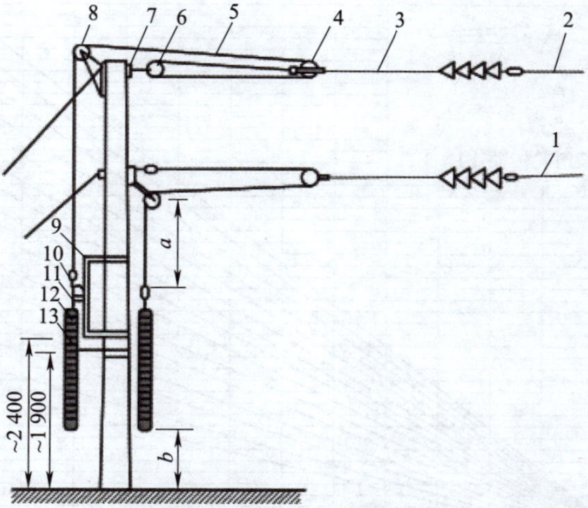

1—接触线；2—承力索；3—杵环杆；4—动滑轮；5—补偿绳；6，8—定滑轮；7—承锚角钢；9—补偿制动框架；10—断线制动装置；11—坠砣杆；12—坠砣；13—限界架。

图 1.3.3　全补偿链型悬挂异侧下锚结构

在不同温度时，补偿器 a、b 值不同，其计算方法为

$$a_x = a_{min} + nL\alpha(t_x - t_{min}) \qquad (1\text{-}3\text{-}1)$$

$$b_x = b_{min} + nL\alpha(t_{max} - t_x) \qquad (1\text{-}3\text{-}2)$$

式中，a_x 为安装或调整时的温度 a 值，mm；a_{min} 为设计时规定的最小 a 值，mm；b_x 为安装或调整时的温度 b 值，mm；b_{min} 为设计时规定的

最小 b 值,mm;t_{min} 为设计时采用的最低温度,℃;t_{max} 为设计时采用的最高温度,℃;t_x 为安装或调整时的温度,℃;L 为半个锚段的长度,mm;α 为承力索或接触线的线胀系数,1/℃;n 为补偿滑轮传动比。

一般根据锚段长度的不同,计算出在极限范围内坠砣串的安装高度,称为全补偿链型悬挂坠砣安装曲线,由设计图纸给出。图 1.3.4 为设计给出的半锚段长度为 1 000 m,变比为 1∶3 的补偿滑轮组的安装曲线。横坐标为温度,纵坐标为 b 值。

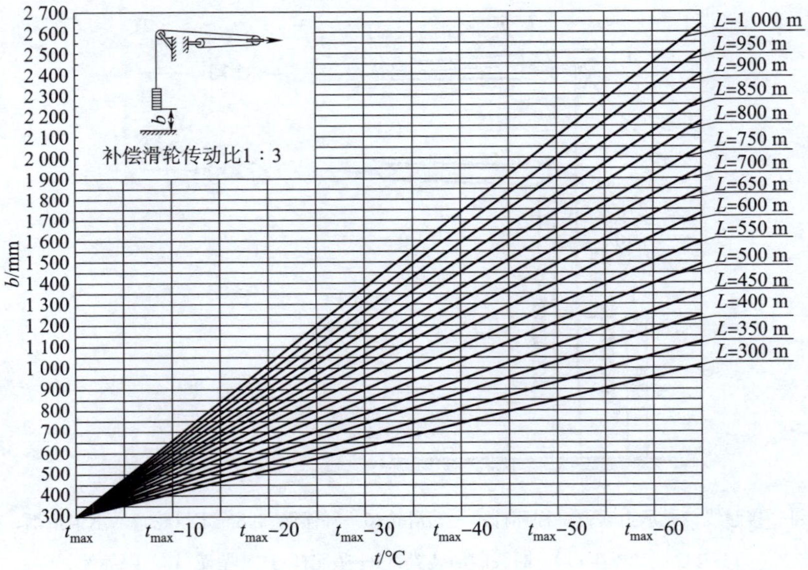

图 1.3.4　滑轮补偿组的安装曲线

显而易见,安装时的温度是指补偿装置连接线索温度,并非环境温度。大部分时间环境温度可能与线索温度是一致的,施工中用金属温度计量取连接线索表面温度即可。国外某厂家研制的接触线补偿监测装置可同时监测环境温度和接触线表面温度,如图 1.3.5 所示。

图 1.3.5 接触线补偿监测装置

对于新建线路接触悬挂架设施工，其安装曲线还要考虑线索新线在张力作用下的初伸长，才能保证安装位置更精确。考虑线索新线初伸长时的计算公式修正为

$$a_x = a_{min} - n\theta L + nL\alpha(t_x - t_{min}) \tag{1-3-3}$$

$$b_x = b_{min} + n\theta L + nL\alpha(t_{max} - t_x) \tag{1-3-4}$$

式中，b_{min} 为坠砣串底部至基础面的最小允许距离，mm；a_{min} 为坠砣串顶部至滑轮组的最小允许距离，mm；L 为半个锚段的长度，mm；θ 为新线的延伸率；α 为承力索或接触线的线胀系数，1/℃；n 为补偿滑轮传动比；t_x 为安装时的温度，℃；t_{max}、t_{min} 分别为线索最高和最低工作温度，℃。

关于新线使用后的初伸长问题，看法不一致，虽然有些单位也做过现场试验或积累了一些观测资料，但因实验条件及线型不一致，其结果有一定差异。综合电力工程使用经验及国内外资料，各种线索的线胀系数和新线延伸率分别见表1.3.1、表1.3.2。

表1.3.1 接触网常用线索线胀系数

类型	材质		线胀系数
承力索、接触线	铜及铜合金线	JTMH95、JTMH120、CTAH120、CTS120、CTMH150、CTCZ150	17×10^{-6}
供电线、回流线	铝绞线	LJ185	23×10^{-6}

表1.3.2 常用线索新线延伸率

序号	导线类型	新线延伸率
1	镀锌钢绞线承力索	1×10^{-4}
2	镀铝锌钢绞线承力索	1×10^{-4}
3	钢芯铝绞线承力索	3×10^{-4}
4	铜绞线承力索	$(4\sim7)\times10^{-4}$
5	铜、铜合金接触线	$(4\sim7)\times10^{-4}$

目前,在接触线施工中采用恒张力的施工方法。施工时接触线恒张力放线后,在额定张力下,经过一段时间消除接触线初伸长后再安装设备。

三、应用示例

1. 案例

【案例1】 高速铁路棘轮补偿卡滞故障

现场为检查补偿装置是否转动灵活,采取人工拖动坠砣试验。若发现补偿装置卡滞、不能转动现象,此时不需再测量 b 值,应及时处理补偿装置卡滞、不能转动问题。因为此时即使测量 b 值符合安装曲线,也只是保证此时温度下符合,由于卡滞问题,也不能保证温度变化后线索张力符合要求。2015年12月6日,供电人员在某客运专线进行设备检修时发现下行0151号支柱处接触线中心锚结绳一侧松弛、一侧绷紧。人工拖动坠砣检查，发现 0177 号锚柱接触线和承力索补偿棘轮卡滞、不能转动。立即采取更换处理措施。发生卡滞的棘轮补偿装置如图 1.3.6 所示。

图 1.3.6 发生卡滞的棘轮补偿装置

该组棘轮补偿装置于 2011 年 12 月投入运行，生产厂家为国内某公司，承力索和接触线棘轮补偿装置如图 1.3.7、图 1.3.8 所示。

图 1.3.7 承力索棘轮补偿装置

图 1.3.8 接触线棘轮补偿装置

通过对棘轮补偿装置进行拆卸解体检查，棘轮轴和棘轮本体轴套无锈蚀、破损，转动正常；棘轮两侧端盖密封毛毡圈黏结、腐烂，端盖内衬套锈蚀，和棘轮主轴间充满杂质，主轴和两端盖卡死、不能滑动。拆解后的棘轮孔如图 1.3.9 所示，拆解后的棘轮孔衬垫如图 1.3.10 所示。

图 1.3.9 拆解后的棘轮孔

图 1.3.10 拆解后的棘轮孔衬垫

拆解后的其他零部件如图 1.3.11～图 1.3.18 所示。

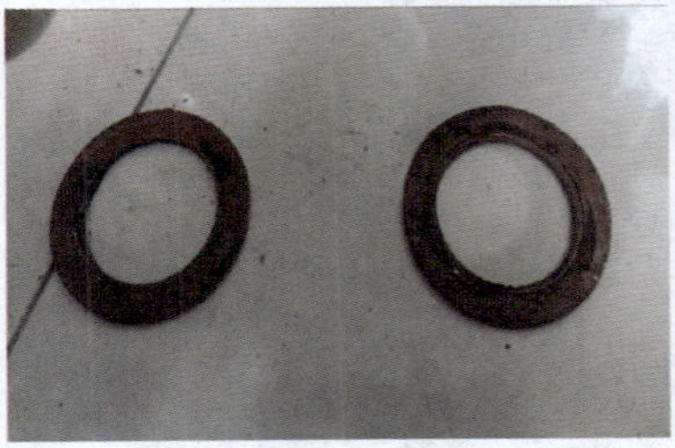

图 1.3.11 拆解后的铜垫圈

图 1.3.12 拆解后的承力索棘轮轴

图 1.3.13 拆解后的承力索棘轮轴端盖

图 1.3.14 承力索棘轮轴端部情况

图 1.3.15　切开后的联板焊块

图 1.3.16　带端盖的接触线棘轮轴

图 1.3.17　接触线棘轮轴端部

图 1.3.18　接触线棘轮轴端盖

分析认为，棘轮补偿装置卡滞原因为棘轮端盖与棘轮轴端部间隙位置发生腐蚀，造成端盖与轴承相互黏结，无法转动。

【案例 2】 b 值不足

某供电段 6 月 17 日高温巡视发现 112 号承锚、线锚 b 值小于 300 mm，如图 1.3.19 所示；于 6 月 18 日申请天窗处理完毕，处理后的情况如图 1.3.20 所示。

【案例 3】 b 值不足

某供电段 8 月 20 日高温巡视发现 351 号补偿装置 b 值小于 300 mm，如图 1.3.21 所示。

图 1.3.19　112 号补偿装置处理前

图 1.3.20　112 号补偿装置处理后

图 1.3.21　351 号补偿装置 b 值偏小

2. 习题

【习题 1】 已知某直线锚段采用 CTHA120 铜导线，导线传动比为 1∶4。锚段长度 1 600 m，测量线索温度为 37 ℃，t_{max} 为设计值 80 ℃，问标准 b 值应为多少。

解： 已知 $b_{min}=300$ mm，$n=4$，$L=1\ 600\div 2$ m$=800\ 000$ mm，$t_{max}=40$ ℃，$t_x=37$ ℃

则 $b_x=b_{min}+nL\alpha(t_{max}-t_x)$

$$=[300+4\times 800\ 000\times 17\times 10^{-6}\times(80-37)]\text{mm}$$

$$=(300+4\times 8\times 10^{5}\times 17\times 10^{-6}\times 43)\text{mm}$$

$$=(300+2\ 339.2)\text{mm}=2\ 639.2\ \text{mm}$$

因此 b 值为 2 639.2 mm。

【习题 2】 某铁路进行接触网停电作业，检测接触网承力索温度为 50 ℃，现场实测区间第 1 锚段部分接触网参数如下：①区间 09 号曲外正定位支柱定位器向中心锚结方向偏移 100 mm；②01 号承力索下锚支柱的坠砣 b 值已达 200 mm；经查 09 号定位点距中心锚结 500 m，01 号下锚距中心锚结 800 m，该线路设计承力索最高工作温度 80 ℃，最低温度 −20 ℃，线索线胀系数 17×10^{-6}，承力索滑轮比 1∶3。通过计算确定：

(1)09 号定位器标准的偏移方向和偏移调整量；

(2)01 号承力索下锚 b 值调整量($b_{min}=300$ mm)。

解：(1)该线路接触网设计平均温度为(80−20)÷2 ℃=30 ℃。

检修时温度 50 ℃，高于平均温度 30 ℃，定位器应向下锚方向偏移，偏移值为

$$
\begin{aligned}
E&=L\alpha(T_x-T_p)\\
&=500\times1\,000\times17\times10^{-6}\times(50-30)\text{mm}\\
&=170\text{ mm}
\end{aligned}
$$

定位器向下锚方向调整量为(170+100)mm=270 mm。

(2)检修时标准的 b 值应为

$$
\begin{aligned}
b&=b_{min}+nL\alpha(T_{max}-T_x)\\
&=[300+3\times800\times1\,000\times17\times10^{-6}\times(80-50)]\text{mm}\\
&=1\,524\text{ mm}
\end{aligned}
$$

所以应向上调整下锚 b 值，调整量为(1 524−200)mm=1 324 mm。

【习题 3】 某全补偿弹性链型悬挂，悬挂类型为 GJ70+TCG100，承力索和接触线分别选用 3 滑轮组和 2 滑轮组补偿器，最高温度为 40 ℃，最低温度为 −20 ℃，安装温度为 0 ℃，锚段全长 1 800 m，承力索的线胀系数为 17×10^{-6}，根据设计要求计算承力索的 a、b 值。

解：$a=a_{\min}+nL\alpha(t_{x}-t_{\min})$

$=[300+3\times900\times10^{3}\times17\times10^{-6}\times(0+20)]\text{mm}$

$=1\ 218\ \text{mm}$

$b=b_{\min}+nL\alpha(t_{\max}-t_{x})$

$=[300+3\times900\times10^{3}\times17\times10^{-6}\times(40-0)]\text{mm}$

$=2\ 136\ \text{mm}$

因此承力索的 a、b 值分别为 1 218 mm 和 2 136 mm。

【习题 4】 某铁路新建线路接触网采用全补偿弹性链型悬挂，悬挂类型为 JTMM70＋TCG100，承力索和接触线分别选用 1∶3 滑轮组和 1∶2 滑轮组补偿器，最高计算工作温度为 80 ℃，最低温度为－20 ℃，施工安装时承力索温度为 0 ℃，锚段全长 1 400 m，承力索的线胀系数为 17×10^{-6}，新线延伸率为 4×10^{-4}。根据设计要求计算承力索的标准 b 值（$b_{\min}$ 按 300 mm 计算）。

解：$b=b_{\min}+nL\alpha(t_{\max}-t_{x})+n\theta L$

$=[300+3\times700\times10^{3}\times17\times10^{-6}\times(80-0)+$

$3\times4\times10^{-4}\times700\times10^{3}]\text{mm}$

$=(300+2\ 856+840)\text{mm}$

$=3\ 996\ \text{mm}$

因此承力索的 b 值应为 3 996 mm。

3. 知识拓展：柱式弹簧补偿装置

柱式弹簧补偿装置在大型枢纽车站、净空受限的隧道、城市轨道交通（地铁）中有应用，外观如图 1.3.22 所示，它采用双重或者三重圆柱形轴向螺旋弹簧串联组合而成，主要由联结座、圆柱弹簧、弹簧套筒和法兰、刻度板等组成。端头连接施加接触网线索张力后，套筒被拉出，内外弹簧受压，线索张力值和弹簧轴向行程量（长度）呈线性关系，如图 1.3.23、图 1.3.24 所示。

图 1.3.22　柱式弹簧补偿装置外观

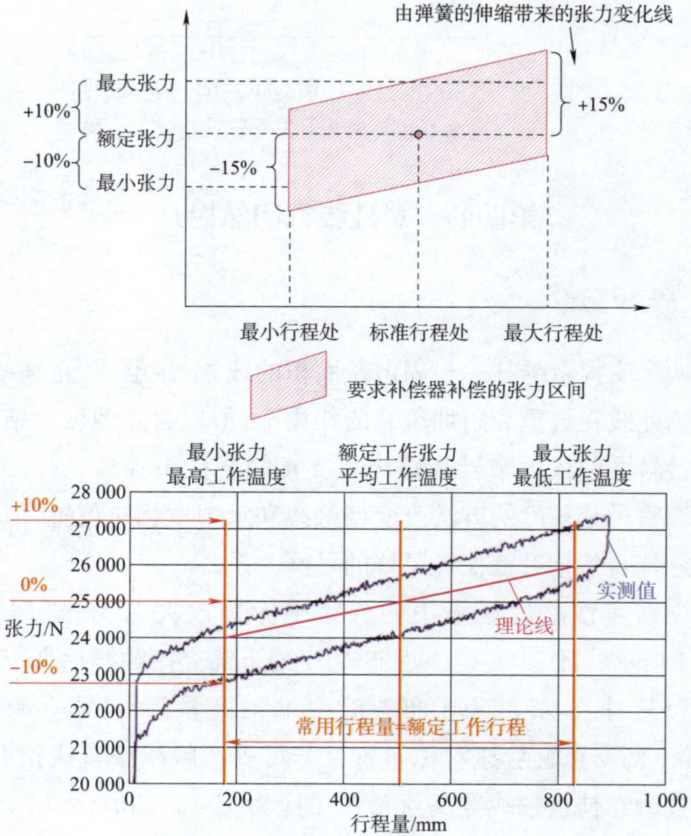

图 1.3.23　柱式弹簧补偿装置张力曲线

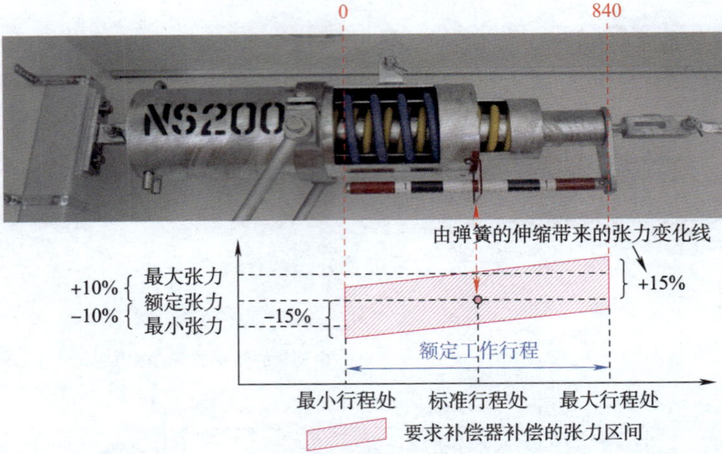

图 1.3.24　柱式弹簧补偿装置工作行程与张力性能

第四节　悬挂线索自然抬升

一、概　　述

在两个支撑点悬挂一根固定截面积的线索(接触线、正馈线、保护线)等,则此线在自重和附加负载的作用下,形成自然弛度。结构特点决定了接触网锚段关节转换跨中每支接触悬挂不等高悬挂。尽管可以采取调整吊弦长度的方法改变接触线和承力索相对位置,但实践证明接触悬挂自然抬升能保证更好的弓网关系。

我国高速铁路广泛采用的五跨绝缘锚段关节平、立面示意如图 1.4.1 所示。H1 为转换柱,ZF3、ZF4 处下锚支接触线抬高 150 mm。每支接触悬挂在 ZF3、ZF4 布置时一端抬高量为 0,另一端抬高为 150 mm。两支接触悬挂对称布置。若每支接触线按直线抬升,则跨中两支接触悬挂接触线等高点抬升量应为 150÷2 mm=75 mm。为保证高速铁路弓网关系平顺性的要求,德国电气化铁路要求五跨锚段关节转换跨两支接触线等高点抬升不大于 40 mm,我国《高速铁路接触网运行维修规则》中第一百零三条规定“五跨锚段关节中间跨为过渡跨，接触线等高点（屋脊处）宜在过渡跨跨中，高度比相邻定位点抬高 0～40 mm”，最大允许抬高 40 mm 的原因正是利用了接触悬挂自然抬升的方法。

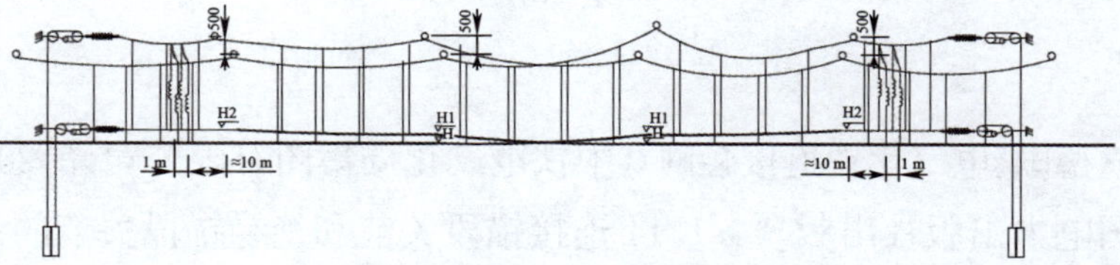

（a）立面图

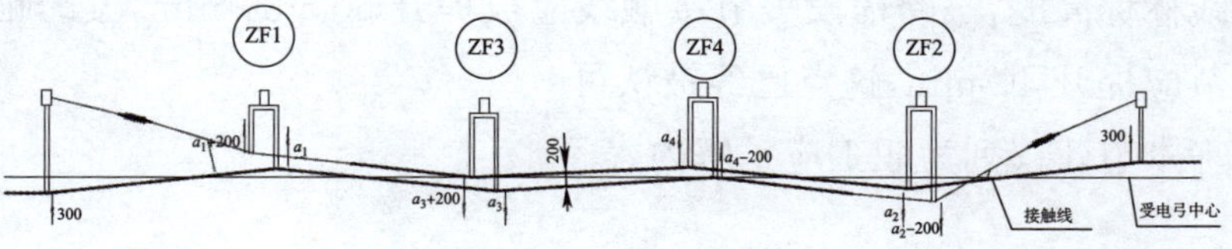

（b）平面图（直线）

图 1.4.1　五跨绝缘锚段关节平、立面示意

我国高速铁路采用的四跨绝缘关节平、立面示意如图 1.4.2 所示。我国接触网标准通用图之所以要求中心柱 ZF3-1 处接触线高度抬高 40 mm，就是满足接触悬挂自然布置和抬升，更好地满足弓网关系平顺性的要求。

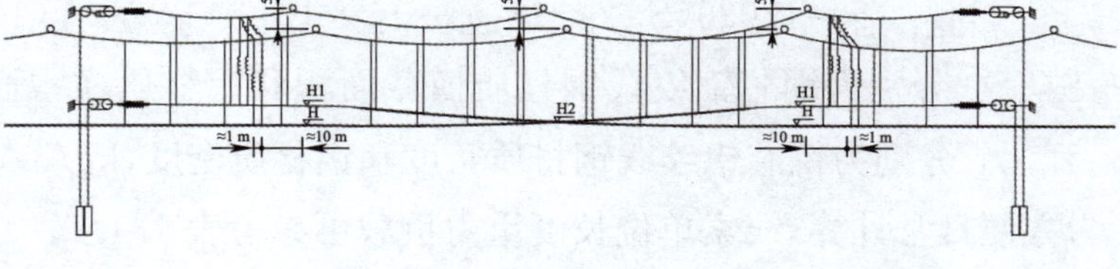

（a）立面图

图　1.4.2

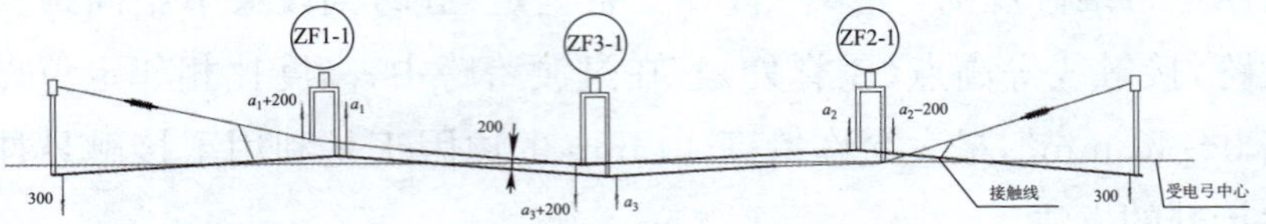

(b)平面图(直线)

图 1.4.2 四跨绝缘关节平、立面示意

德国《电气化铁道接触网》(中铁电气化局集团有限公司译,2004 年中国电力出版社出版)"4.1.11 连接锚段关节和绝缘锚段关节的设计"明确指出,Re100 和 Re200 型接触网中,在过渡跨距的中心处,相对接触线标称高度,三跨锚段关节接触线应被提升 60～80 mm,五跨锚段关节应提升 40 mm,这点已经被认可。

本节建议列为职工应了解内容。

二、原理和方法

1. 线索单位长度自重

接触线单位长度自重计算表达式为

$$g=S\gamma g_{\mathrm{H}}\times 10^{-9} \tag{1-4-1}$$

式中,g 为接触线单位长度重力负载,kN/m;S 为接触线横截面积,mm^2;γ 为接触线材质密度,kg/m^3;$g_{\mathrm{H}}=9.81$ m/s^2,为重力加速度。

对于钢芯绞线,它由两种金属组成,其单位长度自重计算式为

$$g=1.025(S_{\mathrm{G}}\gamma_{\mathrm{G}}+S_{\mathrm{L}}\gamma_{\mathrm{L}})g_{\mathrm{H}}\times 10^{-9} \tag{1-4-2}$$

式中,S_{G}、S_{L} 分别为钢芯铝绞线钢材质横截面积和铝材质横截面积,mm^2;γ_{G}、γ_{L} 分别为钢芯铝绞线钢材质密度和铝材质密度,kg/m^3。

为方便日常计算,线索单位长度重力负载可参考表 1.4.1。

表 1.4.1　线索单位长度重力负载

序号	线材名称	线　　型	单位长度质量/ $(kg \cdot km^{-1})$	单位长度负载/ $(kN \cdot m^{-1})$
1	正馈线	JL3/LB20A-300/20-45/7	976.8	0.009 58
2	供电线	JL3/LB20A-250/40-26/7	922.8	0.009 05
3	回流线	JL3/LB20A-185/30-26/7	696.6	0.006 83
4	保护线	JL3/LB20A-120/20-26/7	462.9	0.004 54
5	架空地线	JL3/LB20A-70/10-6/1	261.5	0.002 57
6	承力索	JTM95	844	0.008 28
7	接触线	CTS120	1 080	0.010 59
8	承力索	JTMH120	1 059	0.010 39
9	接触线	CTMH150	1347	0.013 21
10	弹性吊索	JTMH35	311	0.003 05
11	吊弦	JTMH10	88.7	0.000 87

2. 等高悬挂弛度

由于架空导线的跨距比其直径大 1 000 倍以上，刚度影响已微乎其微，可忽略不计，可将导线看作一根理想的、柔软的、质量均匀分布的线段。根据以上假设条件，可作出如图 1.4.3 所示的受力分析图，A、B 为悬挂点，l 为跨距，f 为弛度，V_A、V_B 为悬挂点处的垂直分力，T_A、T_B 为悬挂点的水平分力，H_A、H_B 为悬挂点的合力。

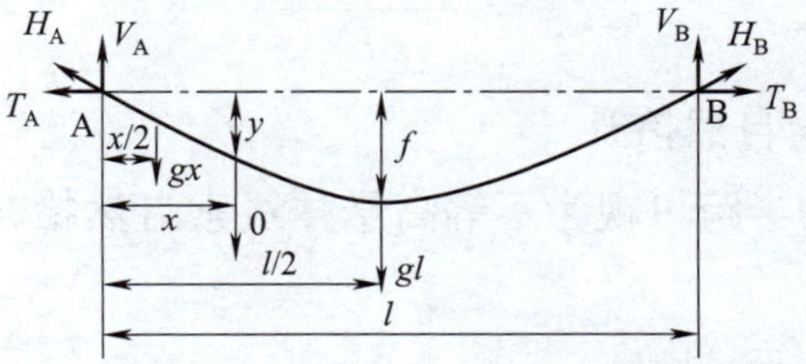

图 1.4.3　简单等高悬挂受力分析示意

由图 1.4.3 可写出力学平衡和力矩平衡式：

$$\sum F_A = 0 \Rightarrow \begin{cases} \sum F_x = 0 \rightarrow T_A = T_B = T \\ \sum F_y = 0 \rightarrow V_A = V_B = \frac{1}{2}gl \end{cases} \tag{1-4-3}$$

$$\sum M_0 = 0 \Rightarrow T_A y + gx \cdot \frac{1}{2}x - V_A x = 0 \tag{1-4-4}$$

化简式(1-4-3)、式(1-4-4)得

$$y = \frac{gx(l-x)}{2T} \tag{1-4-5}$$

式(1-4-5)称为导曲线方程，将 $x=\frac{l}{2}$代入式中，得简单悬挂的弛度计算式为

$$f = \frac{gl^2}{8T} \tag{1-4-6}$$

式中，g 为线索单位长度重力负载，kN/m；l 为跨距，m；T 为线索张力，kN。

由式(1-4-6)得简单悬挂线索的张力计算公式为

$$T = \frac{gl^2}{8f} \tag{1-4-7}$$

将式(1-4-7)代入式(1-4-5)，得任意点导线弛度表达式为

$$y = \frac{4fx(l-x)}{l^2} \tag{1-4-8}$$

3. 悬挂线索自然抬升

等高悬挂的半跨可视为不等高悬挂线索自然抬升，如图 1.4.4 所示，此时 $l'=2l$。

根据式(1-4-6)，则有

$$f = \frac{gl^2}{2T} \tag{1-4-9}$$

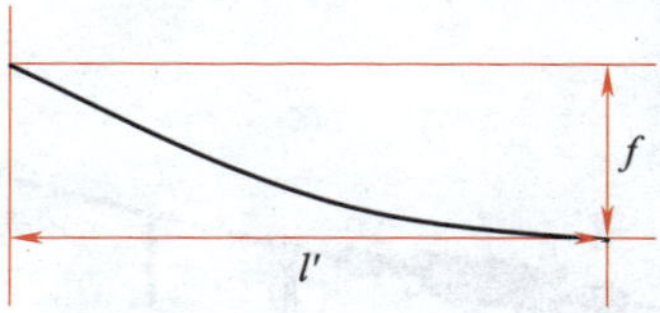

图 1.4.4 不等高悬挂自然抬升

根据式(1-4-9)可知，自然悬挂状态下只有足够的跨距长度才能实现该线索某一抬升量。为保证交叉线岔定位处弓网关系安全，2003 年以后以哈大线引进德国交叉线岔布置方式为标志，我国正线交叉线岔非工作支普遍采用延长一跨下锚的方式。

三、应用示例

1. 案例

【现场案例】 现场检查发现某区间六跨关节式分相 1639 号中心无电区隔断绝缘子有击打剐蹭痕迹，已知轨道超高 58 mm，跨距为 50 m，试校核在自由悬挂状态下，电分相中心两转换柱处接触线抬高分别按照 450 mm 或 600 mm 控制，该绝缘子最低点的抬高(相关照片和图纸资料如图 1.4.5～图 1.4.8 所示)。

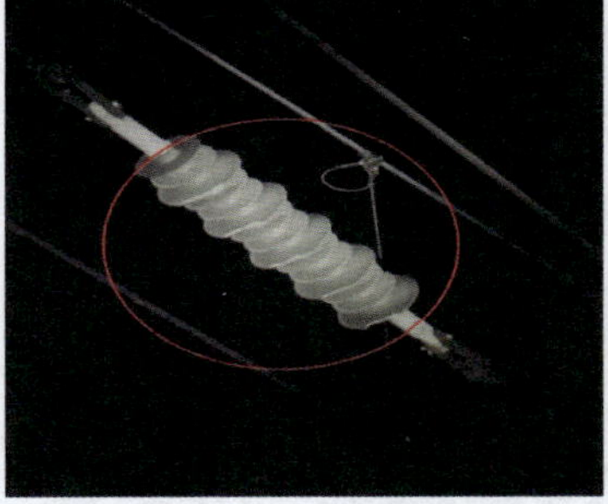

图 1.4.5 分相绝缘子剐蹭照片 1

图 1.4.6 分相绝缘子剐蹭照片 2

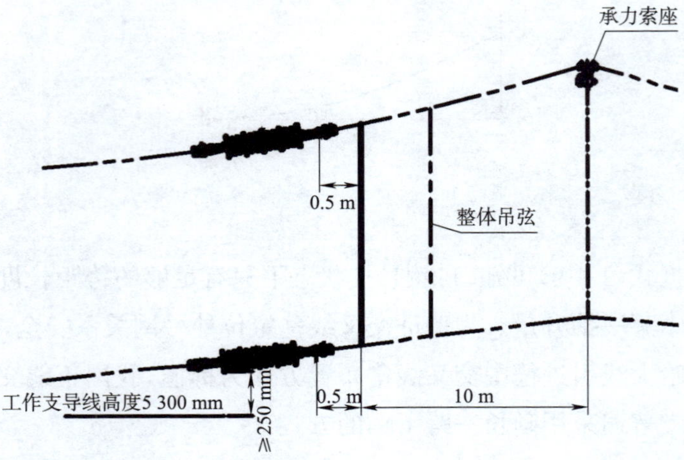

图 1.4.7　绝缘子布置

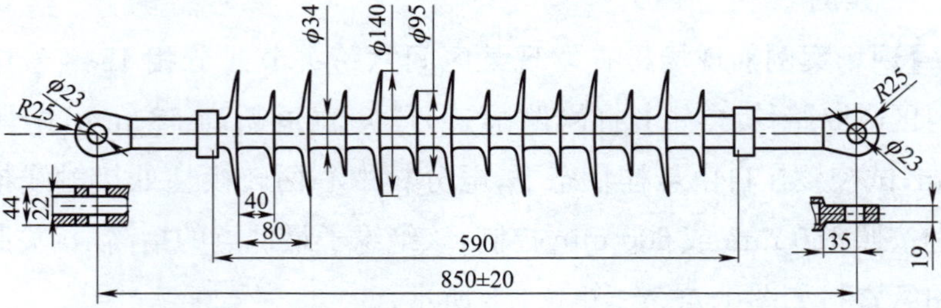

图 1.4.8　绝缘子尺寸(单位:mm)

查阅该线路六跨关节式分相设备安装图,可知无电区隔断绝缘子距转换柱距离设计值为 10.5 m,隔断绝缘子全长 850 mm。

按照等高悬挂公式(1-4-8),已知 $l=50$ m,先以最大值 $f=600$ mm 计算,可知绝缘子自由悬挂弛度最低点为 $x=(10.5+0.85)\text{m}=11.35$ m。

根据式(1-4-8)可得

$$y=\frac{4\times0.6\times11.35\times(100-11.35)}{(50\times2)^2}\ \text{m}$$

$$=\frac{2.4\times11.35\times88.65}{10\ 000}\text{m}$$

$$\approx0.241\ \text{m}$$

因绝缘子大片伞裙直径 140 mm，绝缘杆直径 34 mm，可知绝缘子最低点为大片伞裙裙边，由此计算得(140÷2)mm＝70 mm，考虑轨道超高 58 mm，绝缘子最低点下沿裙边距工支接触线距离 y'，则

$$y'=(0.6-0.241-0.07-0.058\div2)\text{m}=0.26\ \text{m}$$

按照同样的方法计算，最小值 $f=450$ mm 时，可得 $y=0.181$ m，$y'=(0.45-0.181-0.07-0.058\div2)\text{m}=0.17$ m。

从计算结果来看，以上两种情况，在自由悬挂状态下六跨关节式电分相中心处两串隔断绝缘子的抬升量满足工作支接触线动态包络线抬升 150 mm 的标准。但最小值 $f=450$ mm 时，安全裕量偏小。另外从现场监控录像可以明显看出，受电弓通过时，此两串隔断绝缘子上下振动较大(尤其是重联动车组后弓)，因此六跨关节式分相 1639 号柱无电区隔断绝缘子下缘被击打剐蹭。这也是大多数设计院接触网绝缘锚段关节设计安装图中要求隔断绝缘子下缘高于正常接触线高度 300 mm 的原因。若要杜绝这类情况，调整隔断绝缘子两侧吊弦尤为关键，将直接影响是否侵入受电弓动态包络线；此外也需要查看补偿装置的张力是否正常。

2. 习题

【习题】某等高悬挂，接触线采用 CTMH150 型，线索张力 30 kN，跨距为 50 m，求距离定位点 15 m 线索抬高。

解：$l=50$ m，$T=30$ kN，$x=15$ m，$g=0.013\ 21$ kN/m；

将 $f=\dfrac{gl^2}{8T}$ 代入 $y=\dfrac{4fx(l-x)}{l^2}$，得 $y=\dfrac{gx(l-x)}{2T}$

$$y=\frac{0.013\,21\times15\times35}{2\times30}\ \text{m}=\frac{6.935\,25}{60}\ \text{m}\approx0.116\ \text{m}$$

3. 知识扩展

【知识扩展 1】绝缘锚段关节隔断绝缘子位置设计原则

(1)中性段绝缘子位置

为满足通过接触网越区供电及故障情况下驶出电分相区段的需要,一般需在中性段两端安装隔离开关,且考虑便于开关引线安装并降低引线过长带来的运营风险以及较小跨距导线抬高受限等因素,中性段的绝缘转换柱处绝缘子应尽量靠近支柱安装,一般按绝缘子接地侧距悬挂点 2.5 m 设计。

(2)无电区绝缘子位置

对于六跨电分相无电区的绝缘子位置,一般可按中性段绝缘子位置设置。但对于六跨关节式电分相,三腕臂处结构复杂,为避免绝缘子远离其他线索,无电区的绝缘转换柱处绝缘子应尽量远离支柱安装,一般按绝缘子接地侧距悬挂点 10 m 设计。典型六跨电分相立面示意如图 1.4.9 所示。

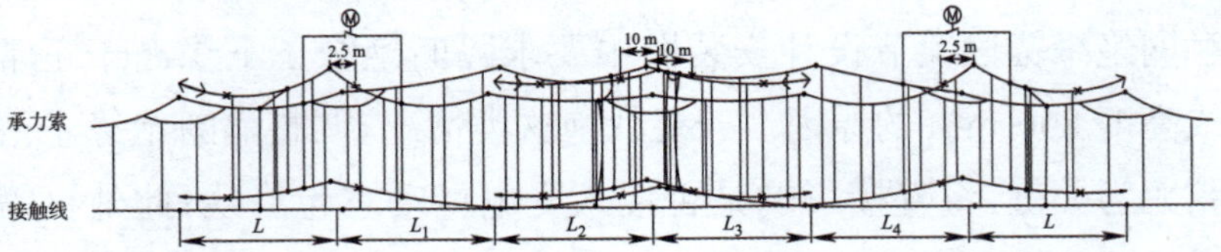

图 1.4.9　典型六跨电分相立面示意

注:在设计时,应根据不同工况明确绝缘子带电侧裙边距工作支接触线的最小距离要求(一般不小于 300 mm),避免因抬高不足存在打弓的风险;尤其是曲线半径较小的区段,由于平面布置受限,应重点关注此问题。

【知识扩展 2】

德国某公司的受电弓抬升量检测装置如图 1.4.10 所示，它能够测量受电弓通过时引起的接触线抬升量，这些抬升量用于评估车辆受电弓的抬升力。车辆部门调整不正确或有缺陷的受电弓可以被检测到并自动报告给控制中心。

图 1.4.10　受电弓抬升量检测装置

第五节　跨中接触线风偏计算

一、概　　述

接触线在风的作用下偏离其起始位置，接触线的偏移以及由此产生的振动，导线偏离起始位置会导致因拉出值过大，刮坏受电弓或者拉断导线，造成弓网事故，影响供电安全。

我国电气化铁路电力机车受电弓弓头轮廓按照《轨道交通　受流系统　受电弓与接触网相互作用准则》(TB/T 3271—2011)“受电弓弓头的推荐轮廓”标准执行。通常采用 1 950 mm 受电弓弓头(类型1)，滑板长度为 1 030 mm，最大工作长度为 1 450 mm。我国干线区段受电弓标准轮廓(半边)如图 1.5.1 所示,其中碳滑板半边长度为 515 mm。

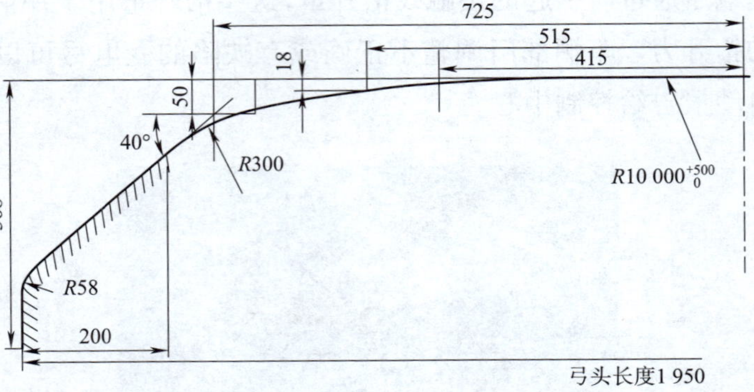

图 1.5.1 我国干线区段受电弓标准轮廓(半边)(单位:mm)

要使接触线工作良好,就要保证在受风作用时,接触线对受电弓中心的最大水平偏移值不应超过最大允许工作范围。本节重点介绍常用链型接触悬挂的受风偏移计算。

本节建议列为职工应了解内容。

二、原理和方法

1. 基本风压计算

$$W_0 = v^2/1\ 600 \tag{1-5-1}$$

式中,W_0 为基本风压,kN/m²;v 为接触网风偏和结构计算时,分别采用风偏设计风速和结构设计风速,m/s。

2. 线索单位长度的风荷载

$$P_j = U_Z U_S W_0 d \times 10^{-3} \tag{1-5-2}$$

式中,P_j 为线索单位风荷载标准值,kN/m;U_Z 为风压高度变化系数(表 1.5.1);U_S 为线索的风荷载体型系数(表 1.5.2);d 为线索的直径或高度，mm；W_0 为基本风压，kN/m^2。

表 1.5.1 风压高度变化系数(U_Z)

离地面或海平面的高度/m	地面粗糙度类别			
	A	B	C	D
5	1.09	1.00	0.65	0.51
10	1.28	1.00	0.65	0.51
15	1.42	1.13	0.65	0.51
20	1.52	1.23	0.74	0.51
30	1.67	1.39	0.88	0.51
40	1.79	1.52	1.00	0.60

注：A 类指近海海面和海岛、海岸、湖岸及沙漠地区；B 类指田野、乡村、丛林、丘陵以及房屋比较稀疏的乡镇；C 类指有密集建筑群的城市市区；D 类指有密集建筑群且房屋比较高的城市市区。

表 1.5.2 风荷载体型系数(U_S)

类别	体型	风荷载体型系数(U_S)
线索	链型悬挂	1.25
	简单悬挂(包括附加导线)	1.2

3. 直线区段等“之”字布置最大跨中风偏

链型悬挂的受风偏移与其结构形式、线材材料及形状、接触线和承力索受力、风负载大小、拉出值、线路情况均有密切的关系。加上承力索和接触线的相互作用，情况比简单悬挂复杂。在接触网设计中，为了简化链型悬挂承力索和接触线间的约束，链型悬挂引入当量系数 M_d，得出直线段等“之”字布置的最大跨中偏移 b_{jmax} 为

$$y_1=\frac{P_j x(l-x)}{2T_j} \tag{1-5-3}$$

$$y_2=\frac{a(l-2x)}{l} \tag{1-5-4}$$

$$b_{jmax}=y_1+y_2=\frac{M_d P_j l^2}{8T_j}+\frac{2a^2 T_j}{M_d P_j l^2}+\gamma_j \tag{1-5-5}$$

式中，b_{jmax} 为接触线的最大风偏值，mm；P_j 为接触线单位长度上的风荷载，kN/m；T_j 为接触线张力，kN；a 为直线区段等"之"字布置或曲线区段拉出值，m；l 为跨距长度，m；γ_j 为定位点支柱偏移，mm，设计速度 200 km/h 及以下线路不应大于 50 mm，设计速度 250～350 km/h 线路不应大于 25 mm；$\frac{M_d P_j l^2}{8T_j}$为纯风偏移；M_d 为当量系数，取值与线材的物理特性有关，铜接触线取 0.9，钢铝线取 0.85。

直线区段接触线等"之"字值布置风偏示意如图 1.5.2 所示。值得注意的是，直线区段接触线等"之"字值布置最大风偏不在跨距中心位置。

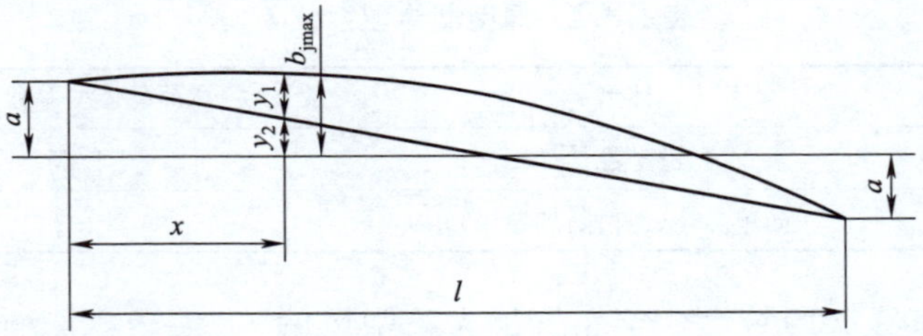

图 1.5.2　直线区段接触线等"之"字值布置风偏示意

4. 直线区段不等"之"字布置最大跨中风偏

直线区段接触线不等"之"字值布置风偏示意如图 1.5.3 所示，在接触线具有不等"之"字值 a_1 和 a_2 时，最大偏移值 $a=\frac{a_1+a_2}{2}$，y_3 表达式为

$$y_3=a_1-a=a_1-\frac{a_1+a_2}{2}=\frac{a_1-a_2}{2} \tag{1-5-6}$$

将 y_3 代替直线区段等"之"字布置表达式，可求得不等"之"字布

置最大跨中风偏的表达式为

$$b_{jmax}=\frac{M_d P_j l^2}{8T_j}+\frac{(a_1+a_2)^2 T_j}{2M_d P_j l^2}+\frac{a_1-a_2}{2}+\gamma_j \tag{1-5-7}$$

式中，a_1、a_2 为不等“之”字布置时两悬挂点拉出值，m。

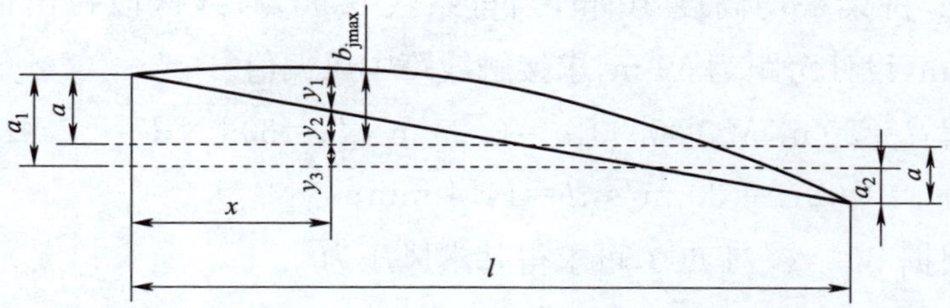

图 1.5.3　直线区段接触线不等“之”字值布置风偏示意

5. 曲线区段布置最大跨中风偏

曲线区段接触线等拉出值布置风偏示意如图 1.5.4 所示，曲线区段布置最大跨中风偏为

$$b_{jmax}=\frac{M_d P_j l^2}{8T_j}+\frac{l^2}{8R}-a+\gamma_j \tag{1-5-8}$$

式中，R 为曲线半径，m。

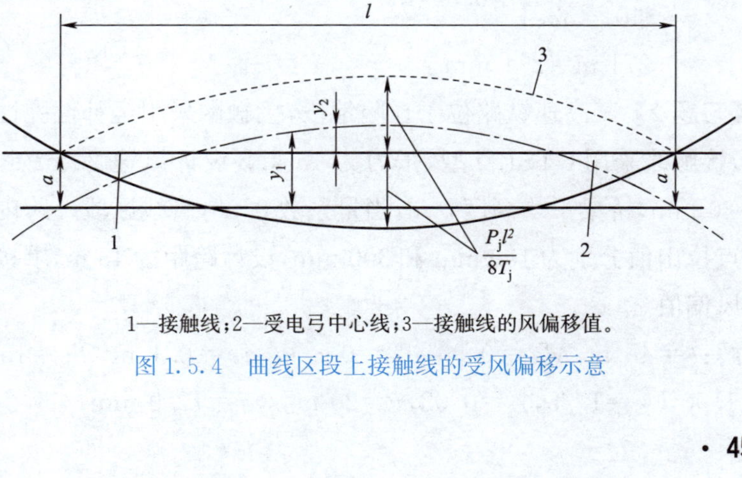

1—接触线；2—受电弓中心线；3—接触线的风偏移值。

图 1.5.4　曲线区段上接触线的受风偏移示意

三、应用示例

【习题 1】 沿海地区某高速铁路接触网采用全补偿弹性链型悬挂，接触线采用 CTMH150 型，张力为 30 kN，设计风速 30 m/s，支柱挠度 20 mm，桥梁平均高度 10 m，当量系数 0.90，直线区段拉出值均为 250 mm，设计跨距为 50 m，求接触线跨中风偏值。

解：$l=50$ m，$M_d=0.90$，$a=0.25$ m，$T_j=30$ kN，$U_Z=1.42$，$U_S=1.25$，$\gamma_j=0.02$，$v=30$ m/s，$d=14.4$ mm；

根据 $W_0=v^2/1\,600$，可求得基本风压为

$$W_0=\frac{v^2}{1\,600}=\frac{30^2}{1\,600}\ \text{kN/m}^2\approx 0.563\ \text{kN/m}^2$$

根据 $P_j=U_ZU_SW_0d\times10^{-3}$，可求得线索单位的风荷载，得

$$P_j=1.42\times1.25\times0.563\times14.4\times10^{-3}\ \text{kN/m}\approx0.014\,4\ \text{kN/m}$$

根据 $b_{jmax}=\dfrac{M_dP_jl^2}{8T_j}+\dfrac{2a^2T_j}{M_dP_jl^2}+\gamma_j$，得

$$\begin{aligned}b_{jmax}&=\left(\frac{0.9\times0.014\,4\times2\,500}{240}+\frac{2\times0.25^2\times30}{0.9\times0.014\,4\times2\,500}+0.02\right)\text{m}\\&=\left(\frac{32.4}{240}+\frac{3.75}{32.4}+0.02\right)\text{m}\\&\approx0.271\ \text{m}=271\ \text{mm}\end{aligned}$$

【习题 2】 某高速铁路位于丘陵地段，接触网采用全补偿弹性链型悬挂，接触线采用 CTS120 型，张力为 15 kN，设计风速 20 m/s，支柱挠度 20 mm，桥梁平均高度 5 m，当量系数 0.90，直线区段一跨内两端定位点拉出值分别为 100 mm 和 300 mm，设计跨距为 45 m，求接触线跨中风偏值。

解：$l=45$ m，$M_d=0.90$，$a_1=0.3$ m，$a_2=0.1$ m，$T_j=15$ kN，$U_Z=1.00$，$U_S=1.25$，$\gamma_j=0.02$，$v=20$ m/s，$d=12.9$ mm；

根据 $W_0=v^2/1\ 600$，可求得基本风压为

$$W_0=\frac{v^2}{1\ 600}=\frac{20^2}{1\ 600}\ \text{kN/m}^2=0.25\ \text{kN/m}^2$$

根据 $P_j=U_Z U_S W_0 d\times10^{-3}$，可求得线索单位的风荷载为

$$P_j=(1.00\times1.25\times0.25\times12.9\times10^{-3})\text{kN/m}\approx0.004\ \text{kN/m}$$

根据 $b_{jmax}=\dfrac{M_d P_j l^2}{8T_j}+\dfrac{(a_1+a_2)^2 T_j}{2M_d P_j l^2}+\dfrac{a_1-a_2}{2}+\gamma_j$，得

$$b_{jmax}=\left[\frac{0.90\times0.004\times45^2}{120}+\frac{(0.3+0.1)^2\times15}{2\times0.90\times0.004\times45^2}+0.1+0.02\right]\text{m}$$

$$=\left(\frac{7.29}{120}+\frac{2.4}{14.58}+0.12\right)\text{m}$$

$$\approx0.345\ \text{m}=345\ \text{mm}$$

第六节　曲线地段四跨锚段关节中心柱处导线高差计算

一、概　　述

为满足接触网在电气、机械性能方面的技术要求，必须将接触网划分成若干长度且相互独立的分区，这样的分区段称为锚段，各锚段之间的衔接部分称为锚段关节。按照组成锚段关节的两支接触悬挂之间的电气关系，分为绝缘锚段关节和非绝缘锚段关节。锚段关节内两支接触悬挂工作支接触线转换时，四跨锚段关节中心柱处两支接触线应相对于轨平面等高。直线地段中心柱处两支接触线等高即可。曲线地段由于存在线路超高，两支接触线要平行于轨平面，此时存在职工使用水平尺在高空测量的两支接触线高差与线路超高的换算问题。接触线高度为 5 300 mm 的曲线地段四跨绝缘锚段关节中心柱安装如图 1.6.1 所示。

本节建议列为职工应掌握内容。

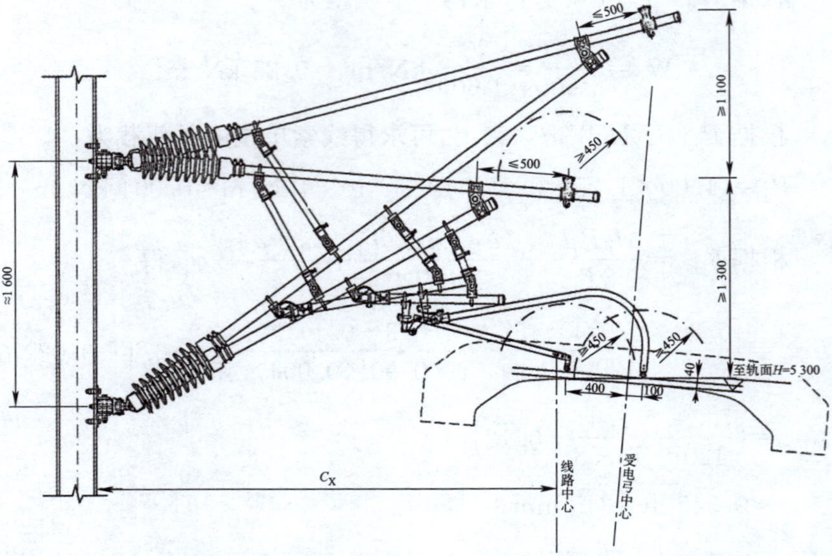

图 1.6.1 曲线地段四跨绝缘锚段关节中心柱安装(单位:mm)

二、原理和方法

曲线地段两工作支导线相对水平面高差示意如图 1.6.2 所示。定位点 B 和定位点 C 为锚段关节两支接触悬挂的接触线与轨面等高点。由于轨道超高和车辆倾斜,在垂直方向上,两支接触线存在高差 A。

根据平面三角形知识,按相似三角形计算,得到曲线锚段关节中心柱两工作支导线相对高差与线路超高的关系为

$$A=\frac{hX}{L} \tag{1-6-1}$$

式中,A 为中心柱两工作支导线相对高差,mm;X 为中心柱处两支导线间水平距离,mm;L 为轨距,mm;h 为外轨超高,mm。

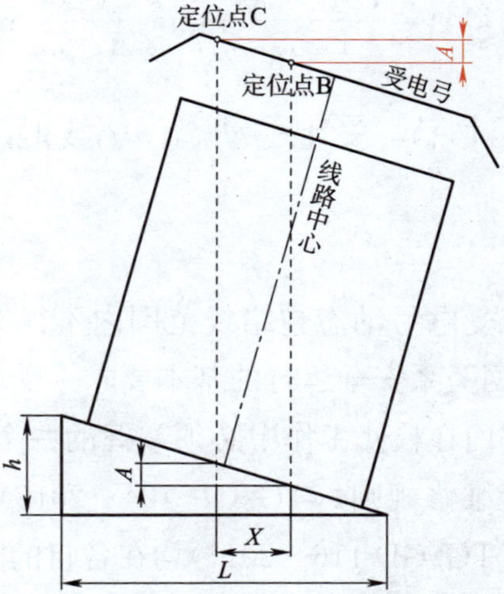

图 1.6.2　曲线地段两工作支导线相对水平面高差示意

三、应用示例

【习题 1】某高速铁路线路四跨绝缘锚段关节，外轨道超高(h)为 125 mm，内轨距(L)为 1 435 mm，现场测量中心柱处两定位点接触线水平距离(X)为 500 mm，求中心柱处两定位点对于水平面的相对高差。

解：$X=500$ mm，$L=1\ 435$ mm，$h=125$ mm；

根据 $A=\dfrac{hX}{L}$，得 $A=\dfrac{125\times500}{1\ 435}$ mm$=\dfrac{62\ 500}{1\ 435}$ mm≈43.6 mm

【习题 2】某高速铁路线路五跨非绝缘锚段关节，外轨道超高(h)为 120 mm，内轨距(L)为 1 435 mm，现场测量锚段关节两中心柱跨中间接触线水平距离(X)为 200 mm，求该处接触线对于水平面的相对高差。

解：$X=200$ mm，$L=1\ 435$ mm，$h=120$ mm；

根据 $A=\dfrac{hX}{L}$,得 $A=\dfrac{120\times200}{1\ 435}\ \text{mm}=\dfrac{24\ 000}{1\ 435}\ \text{mm}\approx16.7\ \text{mm}$

第七节　受电弓动态包络线范围

一、概　　述

接触网设备在受电弓动态包络线范围内不得有阻碍受电弓运行的障碍,是满足弓网关系安全运行的基本要求。受电弓动态包络线是接触网设备维修部门在检修工作中必须掌握的一个重要的概念。《高速铁路接触网运行维修规则》(TG/GD 124—2015)和《普速铁路接触网运行维修规则》(TG/GD 116—2017)均在各自的附录中给出了受电弓动态包络线示意图。高速铁路受电弓动态包络线示意如图 1.7.1 所示。

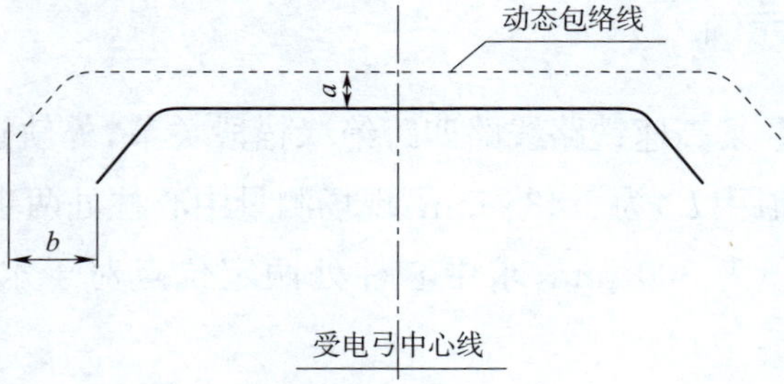

a—设计规定的受电弓动态抬升量 150 mm(线岔始触区为 200 mm);

b—设计规定的受电弓横向摆动量,直线区段为 250 mm,曲线区段为 350 mm。

图 1.7.1　高速铁路受电弓动态包络线示意

《铁路电力牵引供电设计规范》(TB 10009—2016)分速度等级给出了受电弓动态包络线摆动量及抬升量,见表 1.7.1。

表 1.7.1　受电弓动态包络线摆动量及抬升量

设计速度/(km·h^{-1})	受电弓动态包络线	
	上下抬升量/mm	左右摆动量/mm
120	120	250
160	120	250
200	120	直线:250 曲线:300
250	150	直线:250 曲线:350
300	150	直线:250 曲线:350
350	150	直线:250 曲线:350

我国高速铁路设计规范规定:受电弓动态包络线的横向摆动量及动态最大抬升量宜根据弓网仿真数据或不少于 10 年的运营检测数据分析确定。受电弓横向摆动量宜按直线区段 250 mm、曲线区段 350 mm 设计,动态最大抬升量不应小于 150 mm,如图 1.7.2 所示。

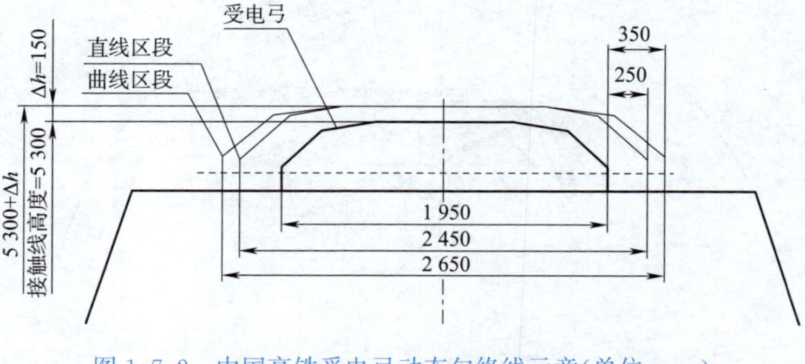

图 1.7.2　中国高铁受电弓动态包络线示意(单位:mm)

《高速铁路接触网运行维修规则》《普速铁路接触网运行维修规

则》《铁路电力牵引供电设计规范》中上下晃动量和左右摆动量是根据弓网关系仿真模拟结果及现场实测数据并考虑一定的裕量确定，例如，隧道内要考虑吊柱侵入受电弓动态包络线，如图 1.7.3、图 1.7.4 所示；为防止定位器侵入邻线的受电弓动态包络线，京津城际采用弯管

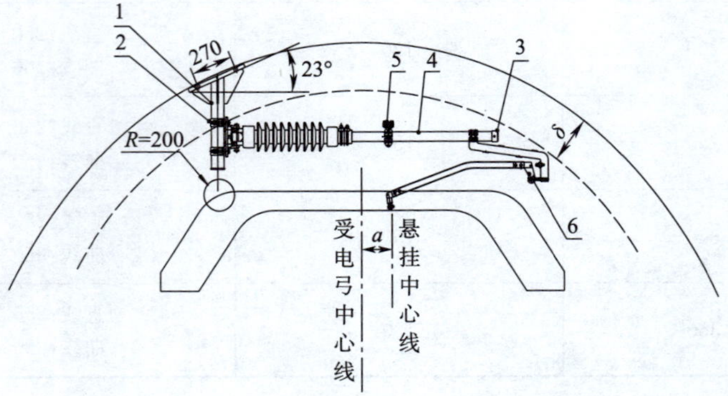

1—吊柱；2—底座；3—管帽；4—平腕臂；5—承力索座；6—定位器。

图 1.7.3 隧道内吊柱水平单支撑腕臂装置(单位:mm)

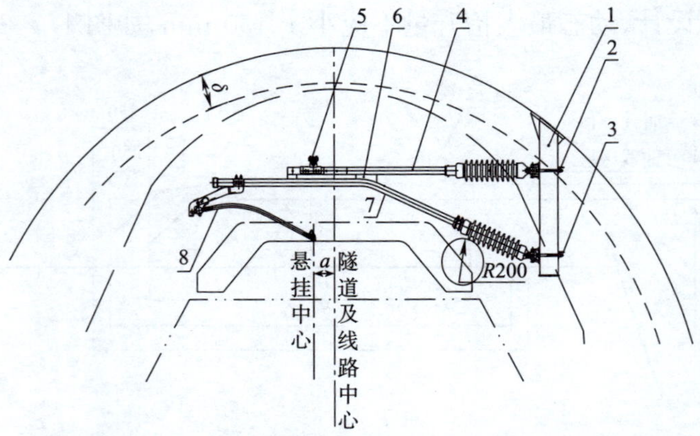

1—吊柱；2—上底座；3—下底座；4—平腕臂；5—承力索座；6—筋板；7—斜腕臂；8—定位器。

图 1.7.4 隧道内吊柱单支撑刚性整体腕臂定位装置(单位:mm)

定位器，如图 1.7.5 所示。本节介绍受电弓动态包络线计算方法，以加深职工对《高速铁路接触网运行维修规则》《普速铁路接触网运行维修规则》《铁路电力牵引供电设计规范》中受电弓动态包络线相关内容的理解和掌握。

图 1.7.5　京津城际采用的弯管定位器

本节建议列为职工应了解内容。

二、原理和方法

《轨道交通　受流系统　受电弓与接触网相互作用准则》(TB/T 3271—2011；IEC 62486：2010，MOD)在附录 A(规范性附录)“特殊要求”中给出了受电弓动态包络线计算方法。受电弓头在线路上通过的空间尺寸如图 1.7.6 所示。

当曲线半径 $R>3\,000$ m 时，宽度为 1 950 mm 的标准受电弓的横向最大摆动量为

$$L_2=0.915+0.04H+0.15H\cdot C-0.075C \tag{1-7-1}$$

式中，H 为接触线高度（含施工允许偏差）与受电弓最大抬升量之和，m；C 为外轨超高，m。

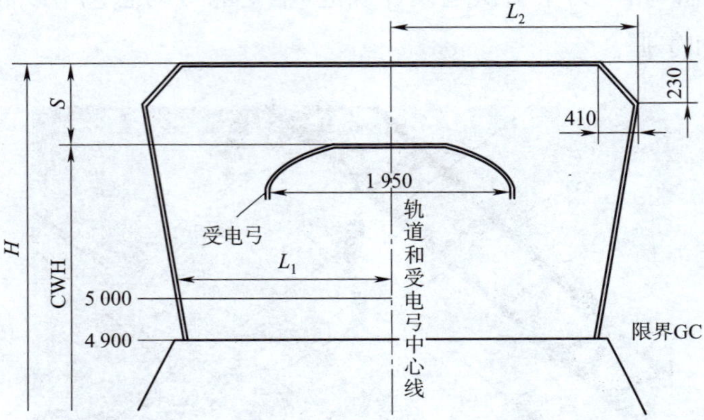

图 1.7.6 受电弓头在线路上通过的空间尺寸（单位：mm）

三、应用示例

1. 案例

【案例 1】 2014 年 12 月 4 日，某高速铁路在动车所入库时发现动车组受电弓弓角被打坏。查看 3C 装置视频，发现此次故障是动车组在高速铁路联络线运行时受电弓弓角打碰四跨绝缘锚段关节中心柱处特型定位器根部所致，如图 1.7.7 所示。现场进一步确认，此处因接触网定位拉出值未调整到位（偏小），特型定位器根部侵入了受电弓动态包络线范围。

【案例 2】 2023 年 10 月 17 日，某专用线接触网跳闸，机车司机汇报受电弓刮弓。刮弓线路位置如图 1.7.8 所示，受电弓损坏点如图 1.7.9 所示。

图 1.7.7　定位器根部侵入受电弓动态包络线

图 1.7.8　刮弓线路位置

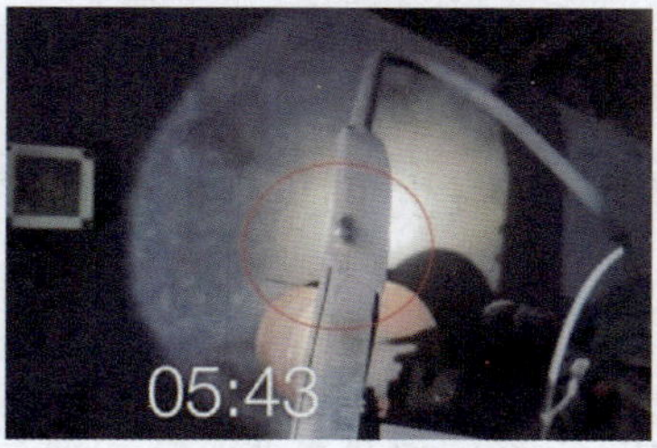

图 1.7.9　受电弓损伤点

经调查，锚段关节故障支柱工作支接触线拉出值为 111 mm，非工作支接触线拉出值为－584 mm，Z19 号～Z22 号间接触线锚支在钢轨投影处与工作支高差为 69 mm，下锚非工作支接触线电连接线夹偏斜，低于非工作支接触线线面，现场处理后高差调整为 305 mm。

锚段关节非工作支接触线电连接线夹如图 1.7.10 所示，此次弓网故障的原因为锚段关节锚支抬高数值小于《普速铁路接触网运行维修规则》规定的 300 mm，加上非工作支接触线电连接线夹偏斜，侵入受电弓包络线，机车受电弓经过时造成弓网故障。

图 1.7.10　锚段关节非工作支接触线电连接线夹抬高不足

【案例 3】 2010 年 11 月 4 日 17:50—20:23，某高速铁路上行隧道 T008 号处，发生了连续四列动车受电弓打坏故障，中断接触网供电 1 h 37 min。T008 号(K1743+298)定位管挂在离 T008 号定位点往北约 4 m 处的弹吊与承力索之间，定位器被打碎散落在线路两旁，斜拉线在与定位管连接处松脱，另一端与腕臂正常连接。一动车组受电弓前滑板右侧被打变形，碳条打掉。原因分析：T008 号定位点抬升限界值为 138 mm，联调联试实测该高速铁路接触网最大抬升量为 116 mm，抬升量如超过 138 mm，说明此时的动态抬升力大于 300 N，定位器产生负坡度，造成了受电弓弓角与定位器发生碰撞，如图 1.7.11 所示。现场定位器坡度如图 1.7.12 所示，运行中的接触网定位器坡度偏小也容易造成定位器产生负坡度，从而导致定位器侵入受电弓动态包络线。

【案例 4】 2010 年 11 月某高速铁路受电弓动态包络线内有障碍物，造成运行受电弓弓角被打掉(5C 装置拍摄)，如图 1.7.13 所示。2022 年 4 月，5C 装置发现某高速铁路受电弓弓角变形，如图 1.7.14 所示，分析原因为有障碍物侵入受电弓动态包络线。

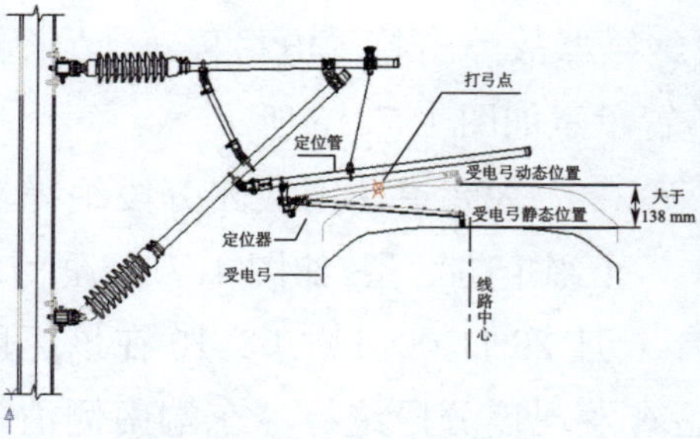

图 1.7.11　受电弓打碰定位器分析示意

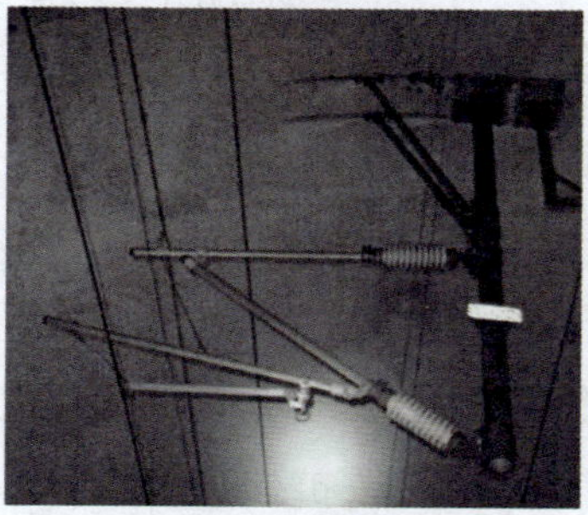

图 1.7.12　现场定位器坡度偏小

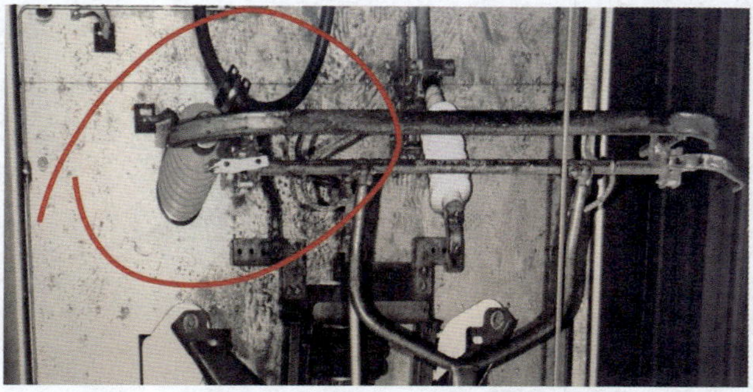

图 1.7.13　受电弓弓角被打故障

图 1.7.14　受电弓弓角变形

2023 年 6 月 26 日，在某站机车司机反映，运行至该站Ⅲ场 314 号道岔至XⅢ-10 信号机间，因分段绝缘器故障击打受电弓停车，请求救援，影响货车 9 列，该站场道岔布置示意如图 1.7.15 所示。

该站Ⅲ场 3116～3122 道岔至 322～328 道岔间线路分段绝缘器采用的是某公司生产的 XFFP-2.0 无弯矩防污型，如图 1.7.16 所示。投运日期为 2016 年 5 月，2023 年 6 月 26 日 00:10—03:10 在该区段进行施工(改扩建工程)。现场检查发现该分段绝缘器东端南侧消弧角(短滑道)与受电弓发生刮碰，导致分段绝缘器东端南侧消弧角(短滑道)水平折弯约 30°。

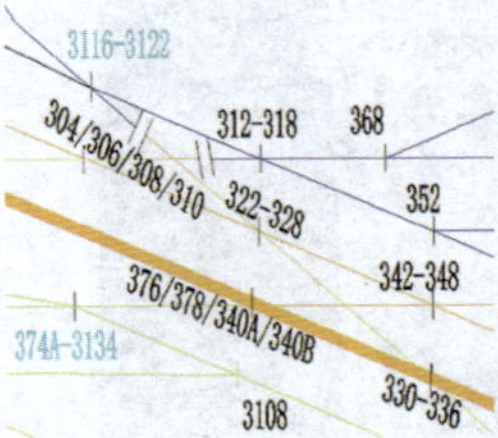

图 1.7.15　站场道岔布置示意

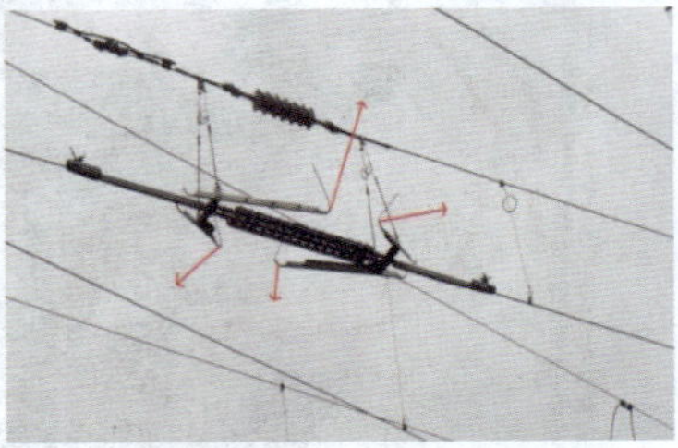
图 1.7.16　受电弓弓角变形

当日施工将 X119 支柱(道岔柱)定位倒接至 X119-1 支柱。渡线拉出值向邻线侧偏移 46 mm。经测算，分段绝缘器向邻线偏移约 22 mm。现场施工倒接定位后拉出值有变化而承力索位置未调整，分段绝缘器东侧短消弧角比长消弧角低 24 mm。

故障原因：现场实测分段绝缘器南侧短消弧角距邻线线路中心 741 mm，长消弧角距邻线线路中心 852 mm。我国干线区段受电弓标准轮廓(半边)如图 1.5.1 所示，机车弓头长度 1 950 mm，按受电弓至接触面弯头处 725 mm，施工调整后短消弧角距邻线线路中心 741 mm，侵入邻线受电弓包络线，造成弓网故障。接触网设备侵入受电弓动态包络线故障处理完成后，可以使用接触网作业车上安装的受电弓动态包络线检查尺模拟其是否侵入受电弓动态包络线，如图 1.7.17 所示。

图 1.7.17　接触网作业车上安装的受电弓动态包络线检查尺

2. 习题

【习题 1】 当接触线高度 $H=5.3$ m，受电弓抬升量 0.15 m 时，在直线地段即 $C=0$ 时，计算受电弓横向最大摆动量。

解：$L=0.915+0.04\times H+0.15H\cdot C-0.075C$

$=[0.915+0.04\times(5.3+0.15)]$m

$=1.133$ m

受电弓半宽为 0.975 m，则直线地段受电弓最大横向摆动量为 $(1.133-0.975)$m$=0.158$ m。

【习题 2】 当接触线高度 $H=5.3$ m，曲线地段外轨超高 170 mm，受电弓抬升量 0.15 m 时，计算受电弓横向最大摆动量。

解：$L=0.915+0.04H+0.15H\cdot C-0.075C$

$=[0.915+0.04\times(5.3+0.15)+0.15\times(5.3+0.15)\times0.17-0.075\times0.17]$ m

≈1.259 m

受电弓半宽为 0.975 m，该曲线地段受电弓最大横向摆动量为 $(1.259-0.975)$ m $=0.284$ m。

与上面计算结果相比，《高速铁路接触网运行维修规则》和《铁路电力牵引供电设计规范》受电弓动态包络线范围较大。中国是国际铁路联盟（UIC）成员，《跨国境行驶列车的动态包络线》（UIC 505-1）根据 UIC 各成员国的轨道线路、接触网、受电弓等情况综合制定，对中国铁路应有指导意义。

第八节　一跨内吊弦数量计算

一、概　　述

本节计算方法适用于简单链型悬挂及弹性链型悬挂两种不同接触网悬挂方式下的一跨内吊弦数量及吊弦间距的计算。根据设计跨距长度及结构高度查表得知跨距内吊弦布置根数后，通过计算得出每根吊弦之间的间距。

本节建议列为职工应掌握内容。

二、原理和方法

1. 简单链型悬挂吊弦布置

简单链型悬挂吊弦布置示意如图 1.8.1 所示。

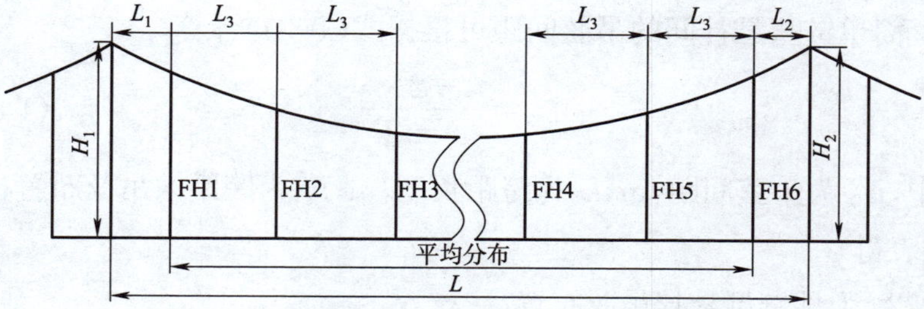

1、2、3—吊弦编号；L_1、L_2—吊弦距离悬挂点的距离；
L_3—吊弦间距；H_1、H_2—结构高度。

图 1.8.1　简单链型悬挂吊弦布置示意

第一根吊弦距悬挂点的距离为 5 m，跨距中吊弦数量根据跨距长度从简单链型悬挂吊弦数量选用表中查得，具体见表 1.8.1。

表 1.8.1　简单链型悬挂吊弦数量选用表

跨距 L/m	吊弦根数 N	吊弦间距/m		跨距 L/m	吊弦根数 N	吊弦间距/m	
		L_1/L_2	L_3			L_1/L_2	L_3
35	4	5	8.33	51	6	5	8.20
36	4	5	8.67	52	6	5	8.40
37	4	5	9.00	53	6	5	8.60
38	4	5	9.33	54	6	5	8.80
39	4	5	9.67	55	6	5	9.00
40	4	5	10.00	56	6	5	9.20
41	5	5	7.75	57	6	5	9.40
42	5	5	8.00	58	6	5	9.60
43	5	5	8.25	59	6	5	9.80
44	5	5	8.50	60	7	5	8.33
45	5	5	8.75	61	7	5	8.50
46	5	5	9.00	62	7	5	8.67
47	5	5	9.25	63	7	5	8.83
48	5	5	9.50	64	7	5	9.00
49	5	5	9.75	65	7	5	9.17
50	6	5	8.00				

简单链型悬挂间的吊弦间距可根据式(1-8-1)计算

$$L_3=\frac{L-2\times5}{N-1} \tag{1-8-1}$$

式中,L_3 为吊弦间距,m;L 为跨距长度,m;N 为跨距内吊弦布置根数(查表得)。

2. 弹性链型悬挂吊弦布置

弹性链型悬挂吊弦布置示意如图 1.8.2 所示,H_1 和 H_2 为悬挂点结构高度。

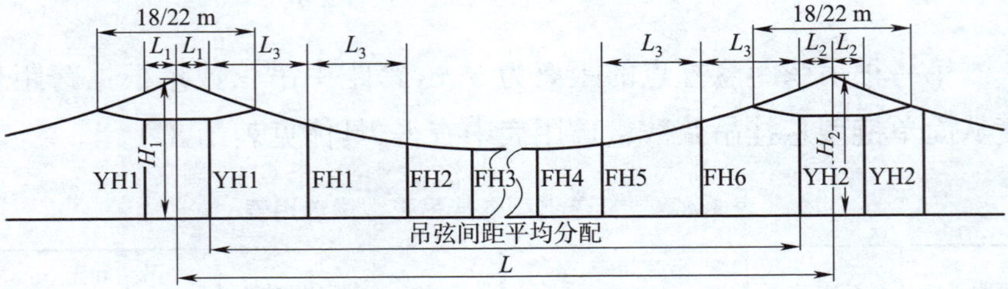

图 1.8.2 弹性链型悬挂吊弦布置示意

第一根吊弦距悬挂点的距离 L_1、L_2 为 4~7 m,一般取 4 m,其余吊弦平均分布。当 L_1、$L_2\geqslant6$ m 时,弹性吊索长度为 22 m,否则为 18 m。最大吊弦间距不超过 10 m。当已知跨距中吊弦数量(含弹性吊索用吊弦)及间距 L_3,可得跨距长度计算公式为

$$L_3=\frac{L-2\times4}{N-1} \tag{1-8-2}$$

式中,L_3 为吊弦间距,m;L 为跨距长度,m;N 为跨距内吊弦布置根数(含弹性吊索用吊弦)。

三、应用示例

1. 案例

【案例】 2023 年 12 月 1C 检测发现某维管段川青线下行隧道

K163—K164 锚段 CDI 得分 2.6，超出管理值。2024 年 1 月，该维管段对该锚段整治。一是 S0259 号定位管余量不足，拉出值从－88 mm 调整至－157 mm；二是重新布置 S245～S251 号，S0255～S0261 号吊弦，共计六跨，吊弦由 5 根加装至 6 根，吊 1、吊 6 距定位位置不变，距离 4 m，其余吊弦均匀分布，间隔 7.4 m；三是调整 S245～S251 号，S0255～S0261 号正弛度，不超过跨距 1‰，共计六跨，各跨跨距 45 m。调整前后吊弦数量和接触线高度数据对比见表 1.8.2，单跨吊弦数量调整示意如图 1.8.3 所示。

表 1.8.2　调整前后吊弦数量和接触线高度数据对比(单位：mm)

杆号	状态	定位	第 1 吊	第 2 吊	第 3 吊	第 4 吊	第 5 吊	第 6 吊	弛度
S0245 号	调整前	5 804	5 804	5 805	5 805	5 806	5 807		＋1
	调整后	5 802	5 802	5 779	5 767	5 767	5 778	5 800	＋35
S0247 号	调整前	5 804	5 797	5 801	5 811	5 801	5 803		－7
	调整后	5 801	5 799	5 781	5 775	5 766	5 780	5 801	＋35
S0249 号	调整前	5 802	5 801	5 800	5 802	5 808	5 809		0
	调整后	5 801	5 799	5 785	5 772	5 769	5 779	5 805	＋36
S0255 号	调整前	5 810	5 805	5 811	5 813	5 812	5 813		－3
	调整后	5 810	5 801	5 787	5 767	5 770	5 788	5 808	＋43
S0257 号	调整前	5 810	5 808	5 809	5 816	5 813	5 807		－6
	调整后	5 809	5 804	5 779	5 771	5 773	5 781	5 809	＋38
S0259 号	调整前	5 799	5 801	5 805	5 806	5 807	5 803		－7
	调整后	5 801	5 803	5 784	5 768	5 772	5 785	5 800	＋35

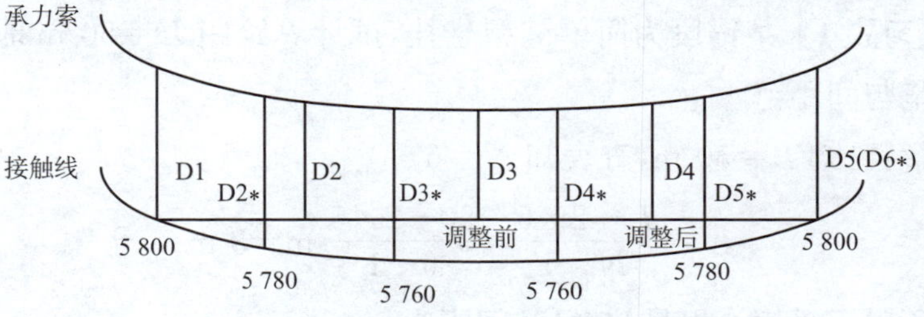

图 1.8.3　单跨吊弦数量调整示意(单位：mm)

通过对比分析整治前后 2023 年 12 月与 2024 年 2 月波形图及质量评价表，整治后导高波动、接触力波动明显变小，CDI 明显改善。特别是在锚段尾部，消除了接触线高度波形振荡现象和对应的一级最小接触力缺陷。整治前后 CDI 分数对比见表 1.8.3，整治前后 1C 检测导高和接触力波形对比如图 1.8.4 所示。

表 1.8.3　整治前后 CDI 分数对比

检测日期	速度/($km \cdot h^{-1}$)	CDIS	CDIF	CDIH	CDIA	CDI
2023 年 12 月 3 日	192	0.002 1	3.190 1	3.761 4	0.934 2	2.6
2024 年 2 月 7 日	190.1	0.001 2	2.137 9	1.887 1	0.009 2	1.5

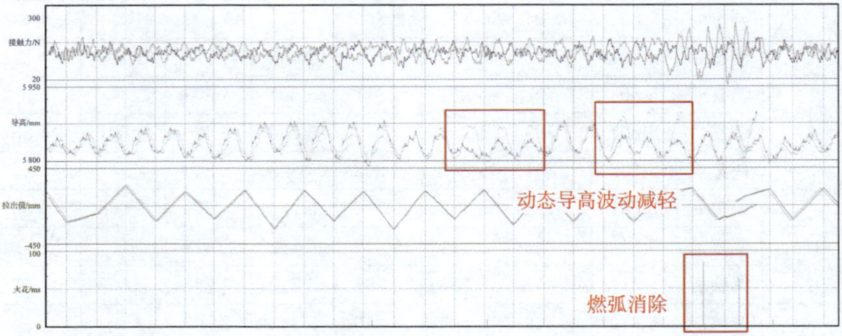

图 1.8.4　整治前后 1C 检测导高和接触力波形对比

2. 习题

【习题 1】 某锚段为简单链型悬挂，试计算跨距 $L=50$ m 时的吊弦数量与间距。

解： 已知 $L=50$ m，查表知 $N=6$。

$$L_3=\frac{L-2\times5}{N-1}=\frac{50-2\times5}{6-1}\ \text{m}=8\ \text{m}$$

所以需采用 6 根吊弦，吊弦间距为 8 m。

【习题 2】 某锚段为弹性链型悬挂，吊索长度 18 m，试计算跨距 $L=50$ m，$N=6$（含弹性吊索用吊弦）时的吊弦间距。

解： 已知 $L=50$ m，$N=6$。

$$L_3=\frac{L-2\times L_2}{N-1}=\frac{50-2\times 4}{6-1}\ \text{m}=8.4\ \text{m}$$

所以吊弦间距为 8.4 m。

第九节　波动传播速度计算

一、概　　述

弓网系统具有弹性和惯性，受电弓对具有弹性的接触网施加抬升力时，接触线会偏离其原始位置，产生的回复力又促使弓网系统返回平衡位置。具有惯性的弓网系统在返回平衡位置的过程中积累了动能，从而使系统越过平衡位置向另一侧运动。弹性和惯性的相互影响导致弓网系统产生振动。

弓网振动沿着接触线传播形成波动，波形沿着接触线向受电弓的前后方向传播。

本节建议列为职工应了解内容。

二、原理和方法

振动波沿着接触线向前移动的速度称为接触线波动传播速度（C_p），设计中需采用成熟的弓网仿真软件进行仿真，根据仿真结论，最终确定必须达到的波动传播速度 C_p。计算公式为

$$C_p=\sqrt{\frac{\sum z}{\sum m}} \tag{1-9-1}$$

式中，C_p 为波动传播速度，m/s；$\sum z$ 为接触线索工作张力之和，N；

$\sum m$ 为接触线索单位长度质量之和(线密度),kg/m。

理论分析和运行试验均表明,接触线的张力与承力索的张力、接触线单位长度的质量与承力索单位长度的质量对波沿着接触线传播的影响并不相同,因此计算 C_p 时,一般只用接触线的参数,表示为

$$C_p = 3.6\sqrt{\frac{T_j}{g_j}} \tag{1-9-2}$$

式中,C_p 为接触线波动传播速度,km/h;T_j 为接触线张力,N;g_j 为接触线单位长度自重,kg/m。

接触线波动传播速度是接触线选择设计的重要依据。《铁路电力牵引供电设计规范》(TB 10009—2016)第 5.1.3 条要求,接触线的波动传播速度不应小于线路最高行车速度的 1.4 倍。为了提高接触线的波动速度,需相应提高接触线的张力,因此高速铁路接触线的张力大于普速铁路的张力。在考虑选择高强度材料以提高其应力的同时,还要注意其线密度要低。提高接触线的张力以后,可以得到两个附加效果:第一,可以相应地限制高速运行时的动态抬升量;第二,可以降低接触网弹性和提高弹性系数的均匀度,并使弹性在整个跨距内趋于一致。

受电弓不同运行速度时接触线的挠曲如图 1.9.1 所示。当 $v \ll C_p$ 时,波在 P 点前后没有较为明显的改变,只是由于阻尼的作用,在 P 点的右方,波的振幅有一定程度的衰减,对于接触线和受流不产生影响,相当于接触线的变形与接触振动波形一致。当 v 接近于 C_p 时,接触线被强行弯曲变形,对受流不利。因此波动传播速度被一致认为是控制最高运行速度的重要条件,最高运行速度与波动传播速度的关系可表示为

$$v_{max} = \beta \times C_p \tag{1-9-3}$$

式中,v_{max} 为电气化列车最高运行速度,km/h;β 为无量纲系数。

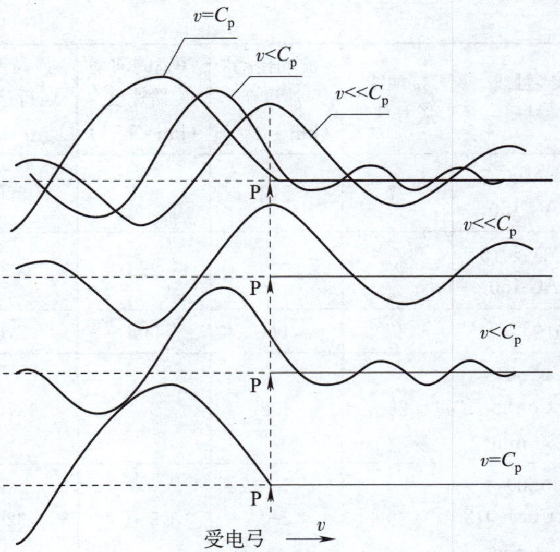

图 1.9.1　受电弓不同运行速度时接触线的挠曲

根据经验，为取得良好运营速度，最高运营速度应小于 70%的波动传播速度，这一经验已经纳入 EN 50119《铁路设施　固定装置　电气牵引架空接触线》。

三、应用示例

实际应用中，接触线张力的取用与导线磨耗、安全系数、张力差等有关。各国高速接触网系统的波动传播速度值见表 1.9.1。铜合金接触线在中国电气化铁路中的应用见表 1.9.2。

表 1.9.1　各国高速接触网系统的波动传播速度值

悬挂类型	接触线材质	接触线张力/kN	波动传播速度/($km \cdot h^{-1}$)	70%的波动传播速度/($km \cdot h^{-1}$)	最高商业运行速度/($km \cdot h^{-1}$)	单弓运行验收速度/($km \cdot h^{-1}$)
Re330	CuMg0,5 AC-120	27	572	401	330	360

续上表

悬挂类型	接触线材质	接触线张力/kN	波动传播速度/($km\cdot h^{-1}$)	70%的波动传播速度/($km\cdot h^{-1}$)	最高商业运行速度/($km\cdot h^{-1}$)	单弓运行验收速度/($km\cdot h^{-1}$)
SICATH1.0	CuMg0,5 AC-150	27	512	358	350	380
EAC-350	CuMg0,5 AC-150	31.5	553	387	350	380
TGV-A	Cu150 mm^2	20	441	308	270	300
TGV-M	CuSn0,4 Or CuMg0,2 150 mm^2	25	492	344	270	300
TGV-ES	CuSn0,4 Or CuMg0,2 150 mm^2	26	500	350	320	350

1.9.2 铜、铜合金接触线在中国电气化铁路中的应用

接触线材料	截面积/mm^2	张力/kN	波动速度/($km\cdot h^{-1}$)	试验最高速度v_{max}/($km\cdot h^{-1}$)	应用情况
CuAg	120	15	427	299	中国时速160～200 km提速区段
CuSn (CTSH150)	150	25.0	490	343	武汉—合肥客运专线 设计时速250 km
CuMg (CTMH150)	150	30.0	540	378	武(汉)—广(州)客运专线、石(家庄)—武(汉)客运专线
	150	28.5			郑(州)—西(安)客运专线
	120	27.0	570	400	(北)京—(天)津城际 设计时速350 km

三、应用示例

【习题】 某城际铁路使用CTM120型接触线，张力$T_j=27$ kN，单

位长度的质量 $g_j=1.082\ \text{kg/m}$，试计算接触线的波动传播速度。列车最高运行时速为 360 km 是否合适？

解：接触线的波动传播速度为

$$C_p=3.6\sqrt{\frac{T_j}{g_j}}=3.6\times\sqrt{\frac{27\ 000}{1.082}}\ \text{km/h}\approx 569\ \text{km/h}$$

$$\beta=\frac{v_{max}}{C_p}=\frac{360}{569}\approx 0.633$$

经计算 $\beta<0.7$，因此列车最高运营速度 360 km/h 合适。

第十节 弓网接触力计算

一、概　　述

弓网接触力是列车运行过程中，受电弓滑板与接触线间的垂直作用力，也称受电弓作用在架空接触网上的垂直力，具有随机波动性。电气化列车车顶的受电弓与接触线接触获取源源不断的电能，为了电能的可靠传输，并将滑板与接触线的磨耗降至最低，弓网接触力需要保持在一个特定的范围内。接触力太大会导致接触线和受电弓滑板磨耗严重，以及接触线抬升增大；接触力太小又会因为弓网离线而产生电弧导致接触线烧损，加剧磨耗。

接触压力的大小及它的波动宽度是评估接触网和受电弓关系特性的重要质量参数，可以由接触网检测车辆来检测。双滑板受电弓的弓网接触力检测列车测力传感器安装如图 1.10.1 所示。

弓网接触压力值越稳定，说明弓网间动态性能越匹配，该力波动变化越大越频繁，则弓网接触状态越差。其大小受弓网间静态压力、高速下的空气动力、弓网间摩擦和动态接触压力等的影响。行车过程中，弓网接触力总是变化的，故又称为动态接触力。平均接触力随速度提高而增大。德国几种类型接触网不同设计速度的平均接触压力变化如图 1.10.2 所示。

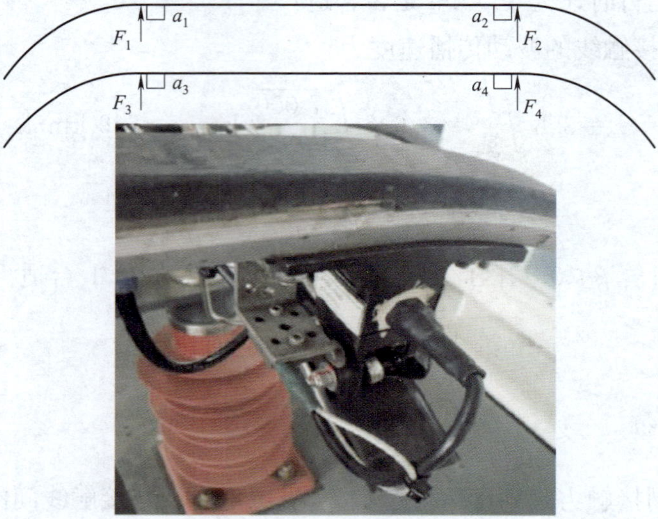

图 1.10.1　双滑板受电弓的弓网接触力测力传感器安装

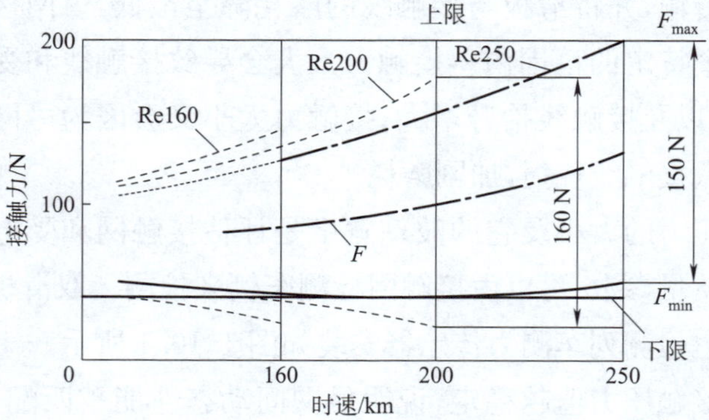

图 1.10.2　不同设计速度的接触压力变化（F 为平均接触力）

弓网接触力平均值由接触网和受电弓两个系统的设计参数决定。但当运行中受电弓参数改变或接触网局部参数偏离设计值，弓网接触力会超出允许值,从而严重影响受电弓或接触网运行安全。

接触网维修不能改变弓网接触力平均值,也不要求职工计算,但了解弓网接触力设计和计算基本知识,有助于职工对高速铁路弓网关系的理解。

本节建议列为职工应了解内容。

二、原理和方法

《高速铁路工程动态验收技术规范》(TB 10761—2013)第 8.2.4 条款规定:接触网检测数据的统计分析按一个跨距为统计分析步长。由 8.2.2 条款可知,弓网动态接触力分析参数有最大值、最小值、平均值、标准偏差。各参数指标如下:

(1)最大值(N):$F_{max} \leqslant F_m + 3\sigma$;

(2)最小值(N):$F_{min} \geqslant 20$;

(3)平均值(N):$F_m \leqslant 0.000\,97v^2 + 70$,其中,$v$ 为速度(km/h);

(4)标准偏差(N):$\sigma \leqslant 0.3 \times F_m$。

实际应用过程中,我们较多考虑的是受电弓平均抬升力 F_m,即受电弓静态接触力与规定工作高度和速度下的空气动力的总和,如图 1.10.3 所示。

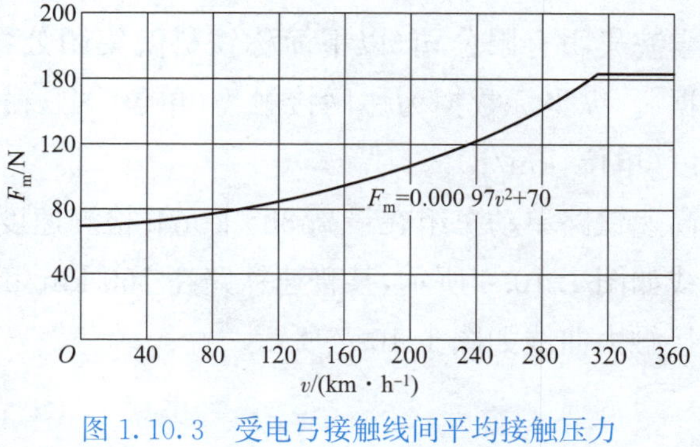

图 1.10.3　受电弓接触线间平均接触压力

图 1.10.4 为动态行为和受流质量—受电弓接触线间平均接触力 F_m 的目标值(AC 系统)。平均接触力应在图中两条曲线范围之内。

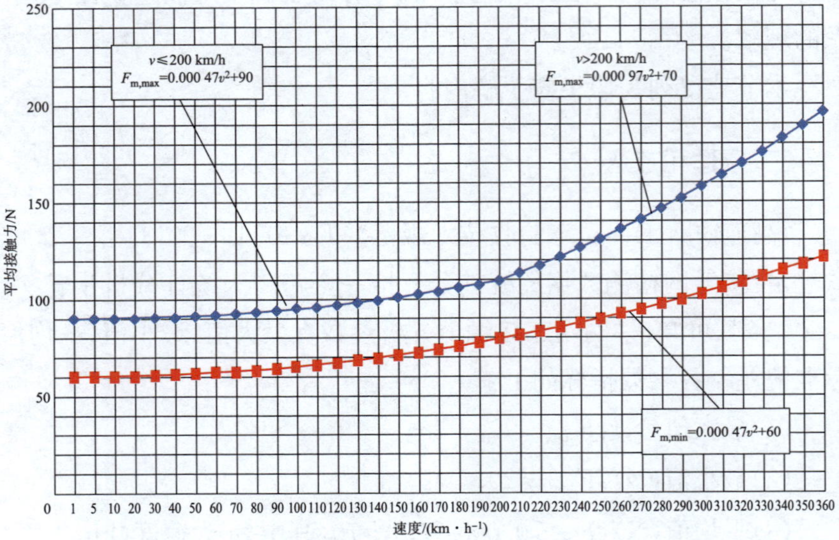

图 1.10.4　平均接触力 F_m 的目标值

三、应用示例

弓网接触力与速度的关系实测曲线如图 1.10.5 所示[数据来自中国铁道科学院集团有限公司(以下简称铁科院集团公司)高速铁路动态验收数据]。纵坐标数据为弓网接触力(单位:N),横坐标为测试列车运行速度(单位:km/h)。

我国某高速铁路单动车组在最高 385 km/h 检测速度下的弓网动态接触力曲线如图 1.10.6 所示,某普速铁路在 160 km/h 检测速度下的弓网动态接触力曲线如图 1.10.7 所示。

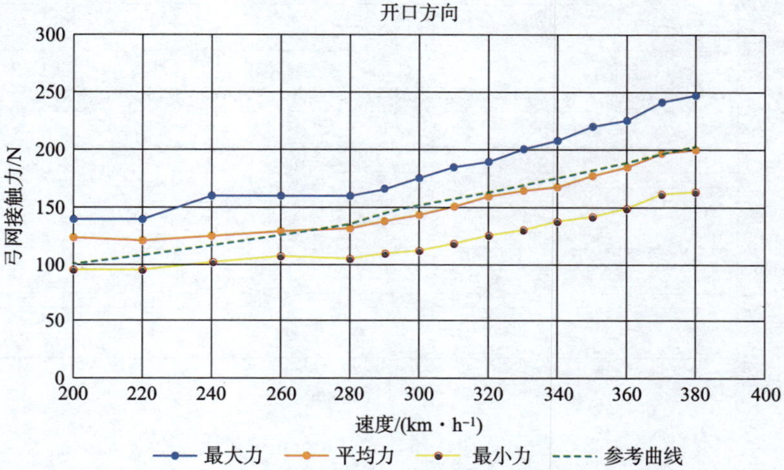

图 1.10.5　弓网接触力与速度的关系实测曲线

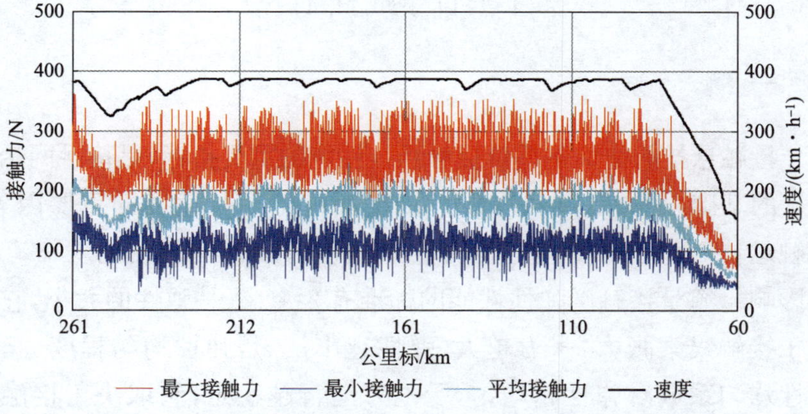

图 1.10.6　某高速铁路单动车组在 385 km/h 检测速度下的弓网动态接触力曲线

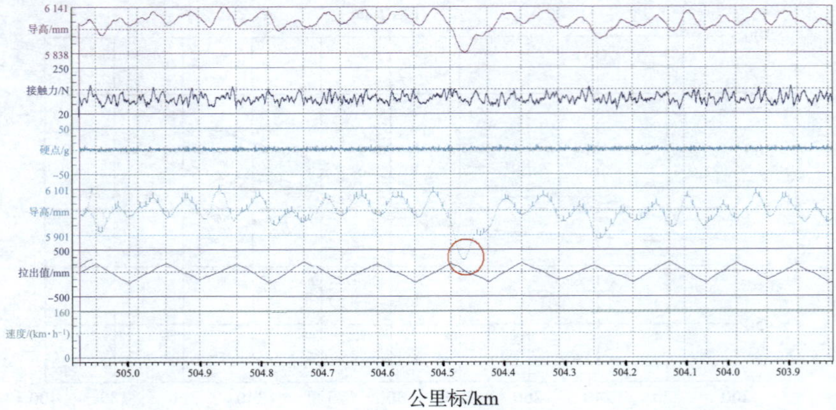

图 1.10.7　某普速铁路在 160 km/h 检测速度下的弓网动态接触力曲线

第十一节　弹性计算

一、概　　述

接触悬挂的弹性是评价接触悬挂性能的重要指标，是接触网悬挂设计的基础，是决定接触网设计决定动车组运行速度的重要因素。接触悬挂的弹性对受电弓运行的平稳性和接触网的使用寿命有重要影响。衡量接触网弹性性能的标准有 2 个：一是弹性的大小，它取决于接触线索张力，张力越大，弹性越小；二是弹性均匀程度（又称弹性均匀系数），弹性越均匀，受电弓运行越稳定，它取决于接触悬挂的结构。

本节建议列为职工应了解内容。

二、原理和方法

接触悬挂的弹性就是受电弓接触线间一定接触压力下接触线的

抬升量(mm/N)。接触悬挂的弹性和弓网间的接触压力和悬挂抬升量有关。弹性过大将导致接触网振动加剧,会影响受电弓对接触线的跟随,增加离线率;会增大接触线抬升量,可能导致受电弓和定位装置、其他零件的碰撞,接触线易于疲劳,使用寿命短。弹性小,滑板和接触线的机械磨耗大。

接触悬挂的弹性用式(1-11-1)表示,高速铁路接触网的弹性一般在 0.5 mm/N 以下。

$$e_x=\frac{\Delta h}{p} \tag{1-11-1}$$

式中,e_x 为接触悬挂某处的弹性,mm/N;Δh 为在受电弓抬升力作用下,接触线产生的抬高量,mm;p 为受电弓作用于接触线上的抬升力,N。

弹性或弹性系数仅表示点对点的接触悬挂的弹性性能,不具备悬挂的整体概念,因而对一个跨距或对一个锚段的悬挂而言,一般用弹性不均匀度表示。弹性不均匀度综合反映了统计区段内接触悬挂的弹性分布情况。它取决于悬挂结构、悬挂类型和某些附在接触线上的集中负载的集中程度等,影响弓网受流质量。

接触网系统静态的弹性不均匀度 u 为

$$u=\frac{e_{max}-e_{min}}{e_{max}+e_{min}}\times 100\% \tag{1-11-2}$$

式中,e_{max} 为最大弹性,mm/N;e_{min} 为最小弹性,mm/N。

接触网悬挂的形式主要有两种:弹性链型悬挂和简单链型悬挂。一般情况下,当运行速度越高时,要求弹性不均匀度越小。除京津城际铁路和部分时速 200 km 的铁路外,我国高速铁路普遍采用弹性链型悬挂。世界各国高速铁路典型接触悬挂的弹性值如图 1.11.1 所示。接触悬挂的弹性不均匀,将导致各处抬升量不同产生附加振动,因此,对于高速铁路而言,接触悬挂应该有较小的弹性和均匀的弹性。

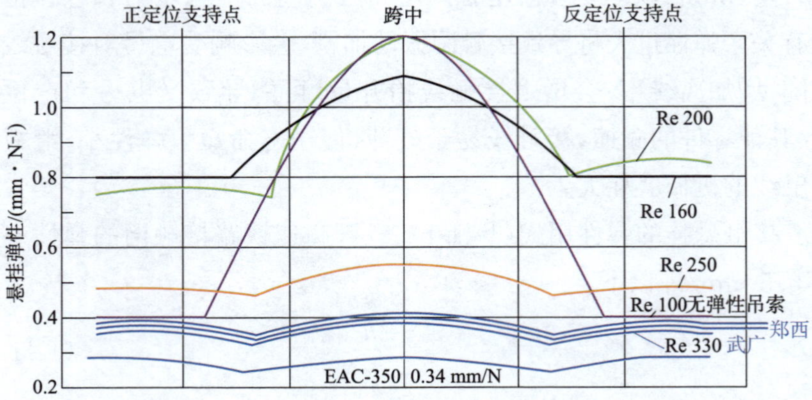

图 1.11.1 典型接触悬挂的弹性值

一跨中最小弹性一般位于定位点处，通过试验或工程静态测试获得。最大弹性一般位于跨距中间，利用式(1-11-3)进行计算

$$e_{max} \approx \frac{L}{K(T_m + T_c)} \tag{1-11-3}$$

式中，L 为跨距，m；K 为经验系数，一般弹链取 3.5，简链取 4.0；T_m、T_c 为承力索和接触线的设计工作张力，kN。

依据式(1-11-3)可知，接触悬挂的弹性不均匀度与承力索和接触线的设计张力有关。设计规范对接触网弹性不均匀度的要求：高速铁路双弓或多弓运行条件下，弹链应不大于 10%，简链应不大于 36%(300 km/h 以下线路)、不宜大于 25%(350 km/h 线路)。简单链型悬挂的弹性不均匀性比弹性链型悬挂高，在工程应用中，用预留弛度来弥补这种差距，改善高速受流条件。表 1.11.1 给出了不同弹性及弹性均匀度下的列车适应速度。

表 1.11.1　接触网弹性和弹性均匀程度的规定

列车速度/(km·h^{-1})	弹性/(mm·N^{-1})	弹性不均匀度/%
≤100	1.20	50
100～160	1.20	30
160～200	1.10	20
200～280	0.60	10
＞280	0.40	8

接触网悬挂的弹性性能是由设计决定的，但弹性性能的计算知识有助于职工对高速铁路弓网关系的理解。故本节只做介绍，不做具体计算。

三、应用示例

京沪高速铁路弹性链型悬挂和京津城际铁路简单链型悬挂弹性性能现场测试数据对比见表 1.11.2、表 1.11.3(数据来自铁科院集团公司高速铁路动态验收现场测试数据)。

表 1.11.2　京沪高速铁路弹性链型悬挂静态弹性性能测试数据
(20 kN+31.5 kN)

测点位置	2368 号	1	2	3	4	5	6	2366 号
压力/N	141	138	153	136	140	153	144	147
位移/mm	40	40	40	40	40	40	40	40
静态弹性/(mm·N^{-1})	0.284	0.290	0.261	0.294	0.286	0.261	0.278	0.272
弹性差异系数/%	5.88							
测点位置	2366 号	1	2	3	4	5	6	2364 号
压力/N	147	144	155	138	140	156	142	144
位移/mm	40	40	40	40	40	40	40	40
静态弹性/(mm·N^{-1})	0.272	0.278	0.258	0.290	0.286	0.256	0.282	0.278
弹性差异系数/%	6.12							

表 1.11.3　京津城际铁路简单链型悬挂静态弹性性能测试数据
(21 kN+27 kN)

测点位置	44—33 号	1	2	3	4	5	44—35 号
压力/N	140	143	133	147	129	175	196
位移/mm	40	30	30	40	30	30	30
静态弹性/(mm·N^{-1})	0.286	0.210	0.226	0.272	0.233	0.171	0.153
弹性差异系数/%	30.29						
测点位置	44—35 号	1	2	3	4	5	44—37 号
压力/N	196	152	124	153	132	163	161
位移/mm	30	20	30	40	30	30	30
静态弹性/(mm·N^{-1})	0.153	0.132	0.242	0.261	0.227	0.184	0.186
弹性差异系数/%	33.85						

第十二节　接触线承力索安全系数

一、概　　述

《高速铁路接触网运行维修规则》附件 6 规定:铜或铜合金绞线承力索的机械强度安全系数不应小于 2.0。对接触线的安全系数《高速铁路接触网运行维修规则》未提及,但《高速铁路接触网运行维修规则》第一百条对接触线允许最大局部磨耗面积的规定见表 1.12.1。

表 1.12.1　接触线允许最大局部磨耗面积有关规定

设计速度/(km·h^{-1})	导线材质	工作张力	标准值	警示值	限界值
200～250	CTS		无磨损	15%	20%
300～350	CTSH-150	28.5 kN	无磨损	11%	15%
	CTMH-150	28.5 kN	无磨损	17%	23%
	CTMH-150	30 kN	无磨损	14%	19%
	CTCZ-150	31.5 kN	无磨损	19%	25%

续上表

设计速度/(km·h^{-1})	导线材质	工作张力	标准值	警示值	限界值
300～350	CTCZ-150	33 kN	无磨损	16%	21%
	RiM120	27 kN	无磨损	13%	17%

接触线局部磨耗达到或超出限界值，立即进行更换；达到或超出警示值，进行重点监控，纳入三级修(精测精修)更换。

作为高速铁路弓网关系最关键的设备，接触线允许工作张力是如何确定的；为什么表中各种接触线磨耗的警示值、限界值都不一样；为什么即使对同一种接触线(如表中 CTMH-150 和 CTCZ-150)工作张力不一样，其警示值、限界值都不一样。本节内容有助于职工对高速铁路弓网关系理论的理解，有助于对《高速铁路接触网运行维修规则》条文的正确掌握。

本节建议列为职工应熟悉内容。

二、原理和方法

根据 TB 10009—2016《铁路电力牵引供电设计规范》5.1.8 条规定"接触线的允许工作应力不应超过其最小拉应力的 65%，并应考虑接触线允许工作温度、允许磨耗、冰风荷载、补偿效率、终锚零件、接触线焊接情况等不利因素引起的折减系数"，代替了之前中国铁路传统使用接触网接触线张力安全系数不应小于 2.5 的要求。

接触线最大允许磨耗对应的最大许用抗拉强度 σ_w 的计算见式(1-12-1)。

$$\sigma_w=\sigma_{min}\times n\times K_{temp}\times K_{wear}\times K_{icewind}\times K_{eff}\times K_{clamp}\times K_{joint} \tag{1-12-1}$$

式中，σ_w 为接触线允许使用应力，N/mm^2；σ_{min} 为接触线最小拉应力或抗拉强度，N/mm^2。

由式(1-12-1)可知，接触线的最大许用抗拉强度 σ_w 取决于系数 K_{temp}、K_{wear}、$K_{icewind}$、K_{eff}、K_{clamp}、K_{joint}，应按独立系数进行加权计算。在考虑了所有这些规定系数的影响后，即接触线的最小抗拉强度 σ_{min} 和这些规定系数的乘积，与接触线的最大许用抗拉强度 σ_w 间的安全系数 n 应不大于0.65。

1. 最高工作温度系数 K_{temp}

有槽接触线的拉伸强度和偏移取决于最大工作温度。K_{temp} 描述了接触线的容许拉伸强度和最大工作温度之间的关系，见表1.12.2。

表1.12.2　接触线的最高工作温度系数 K_{temp}

接触线材质	K_{temp}	
	≤80 ℃	≤100 ℃
铜	1.0	0.8
铜-银0.1	1.0	1.0
铜-锡	1.0	1.0/0.9
铜-镁	1.0	1.0/0.9

2. 接触线的允许磨耗系数 K_{wear}

采用系数 K_{wear} 描述相应的接触线允许磨耗，计算公式为

$$K_{wear}=1-x \qquad (1\text{-}12\text{-}2)$$

式中，x 为接触线允许磨耗的百分比。如允许最大磨耗为20%，则该系数为1－20%＝0.8。

3. 风和冰荷载系数 $K_{icewind}$

风和冰荷载系数 $K_{icewind}$ 应符合下列规定：

(1)风和冰荷载对接触线最大抗拉强度的影响取决于架空接触网系统设计方案。

(2)风和冰荷载系数 $K_{icewind}$ 取决于风和冰荷载以及架空接触网的类型,详见表 1.12.3。

表 1.12.3　接触线的风和冰荷载系数$K_{icewind}$

接触悬挂类型	风和冰荷载同时存在	仅有风荷载
全补偿链型悬挂	0.95	1.00
半补偿链型悬挂	0.90	0.95
补偿简单悬挂	0.90	0.95
无补偿链型悬挂	0.70	0.80

4. 接触线下锚装置补偿效率系数 K_{eff}

接触线下锚装置补偿效率系数 K_{eff} 宜符合下列规定:设计和施工的下锚装置补偿效率通常由设备供应商规定并提供证明确定,该系数一般假定与补偿装置的实际补偿效率一致,比如棘轮或滑轮补偿可取 0.97;若为无补偿下锚,则取 1.0。

5. 接触线终端锚固线夹影响系数 K_{clamp}

当接触线终端锚固线夹的滑动荷载大于或等于接触线拉断力的 95%时,K_{clamp} 应取值 1.00,否则 K_{clamp} 应等于终端锚固线夹的滑动荷载与接触线拉断力的比值。

6. 接触线接头系数 K_{joint}

接触线接头系数 K_{joint} 应符合下列规定:如果接触线无焊接接头,K_{joint} 等于 1.00,我国接触线制造标准中规定接触线不允许存在焊接接头。否则,该系数取焊接接头处的拉应力与接触线最高计算拉应力的比值。通常情况下 K_{joint} 可取 0.95。

三、应用示例

1. 案例

【案例】 2023 年 10 月 28 日,机车在某线下行某区间 K1332+365

处停车，司机检查机车 B 节受电弓受损无法继续运行，经供电停电配合处理后开车。现场检查发现车站 51 号锚段四跨绝缘关节非工作支接触线从隔断绝缘子西侧终端锚固线夹处抽脱，如图 1.12.1、图 1.12.2 所示。线索抽脱处接触线芯部可见大量黑色杂质，线索断口表面无陈旧性裂纹，如图 1.12.3 所示。接触网纯铜线索疲劳韧性较铜合金导线差，抗拉强度性能低，在大负荷、高频次运行条件下，安全可靠性明显下降，曾发生多起纯铜线索断线事故。

图 1.12.1　线索抽脱现场

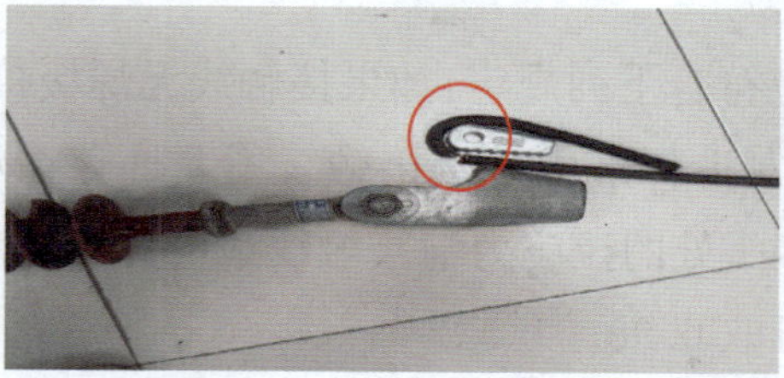

图 1.12.2　接触线抽脱处解体照片

图 1.12.3　接触线断口

2. 习题

【习题 1】根据 TB/T 2809—2017《电气化铁路用铜和铜合金接触

线》CTMM 接触线最小抗拉强度为 500 MPa，则

$$\sigma_w = \sigma_{min} \times 0.65 \times K_{temp} \times K_{wear} \times K_{icewind} \times K_{eff} \times K_{clamp} \times K_{joint}$$
$$= 500 \times 0.65 \times 1.0 \times 0.83 \times 0.95 \times 0.97 \times 1.0 \times 1.0 \text{ MPa}$$
$$\approx 500 \times 0.497 \text{ MPa}$$
$$= 248.5 \text{ MPa}$$

其中，$K_{temp}=1.0$（最高工作温度 80 ℃）；$K_{wear}=1-0.17=0.83$（按照《高速铁路接触网运行维修规则》磨耗限界值 0.17 计算）；$K_{icewind}=0.95$（接触线的风和冰荷载系数 $K_{icewind}$ 按全补偿链型悬挂、风和冰荷载同时存在选取）；$K_{eff}=0.97$（棘轮，取 0.97）；$K_{clamp}=1.0$；$K_{joint}=1.0$（按没有接头计算）。

CTMM-120 接触线最大工作张力为 $F=\sigma_w \times S=248.5\times121$ N≈30.069 kN，锚段内接触线张力差按 10%计算，则接触线张力选用值可为 27 kN。这也就是京津城际铁路 RiM120 接触线选用工作张力为 27 kN 的计算依据。

【习题 2】已知某横截面积为 100 mm^2 的接触线最小抗拉强度为 355 MPa，计算出的接触线的额定拉应力不能超过其抗拉强度的 65%，根据 EN 50119 计算接触线允许张力荷载。

解：$\sigma_w = \sigma_{min} \times 0.65 \times K_{temp} \times K_{wear} \times K_{icewind} \times K_{eff} \times K_{clamp} \times K_{joint}$

$$= 355 \times 0.65 \times 0.9 \times 0.8 \times 0.95 \times 0.95 \times 0.90 \times 0.96 \text{ N/mm}^2$$
$$\approx 355 \times 0.365 \text{ N/mm}^2$$
$$= 129.575 \text{ N/mm}^2$$

在这种情况下，横截面积为 100 mm^2 的接触线的是额定工作张力不能大于 129×100 N=12.9 kN。

【习题 3】计算出的线索的运行拉应力不允许超过确定的额定抗拉强度的 65%。下面的确定允许的运转拉应力的例子适用于额定拉应力为 25 kN、截面为 50 mm^2 的线索。根据 EN 50119 计算绞线最大

工作荷载。

解：$F_w = F_{Bmin} \times 0.65 \times K_{temp} \times K_{wind} \times K_{ice} \times K_{eff} \times K_{clamp} \times K_{load}$

$= 25 \times 0.65 \times 1.0 \times 0.9 \times 0.95 \times 1.0 \times 1.0 \times 0.8$ kN

$= 11.115$ kN

第十三节　接触线磨耗计算

一、概　　述

接触线在运行中，受电弓和接触线的摩擦会造成接触线截面积减小，称为接触线磨耗，常用接触线磨耗百分比表示，即接触线磨耗面积/截面积×100%。接触线的磨耗使接触线截面积减小，直接影响接触线的运行安全。

普速铁路，铜或铜合金接触线在接触线允许磨耗百分比 20%的情况下，其强度安全系数不应小于 2.0。运营中，当接触线磨耗达到接触线截面积 20%的限度时应局部补强或更换。如发现全锚段接触线平均磨耗百分比超过 20%时，应全部更换。《高速铁路接触网运行维修规则》第一百条给出了高速铁路不同导线截面和材质、工作张力接触线允许最大局部磨耗面积的警示值和限界值。某高速铁路站线使用接触线接头线夹对接触线补强如图 1.13.1 所示。

本节建议列为职工应熟悉内容。

二、原理和方法

接触线磨耗测量一般一年一次，测量点通常选在定位点、电连接线、导线接头、中心锚结、电分相、电分段、锚段关节、跨距中间等处。测量磨耗要利用游标卡尺，测量磨耗后接触线的直径剩余高度，如图 1.13.2 所示。根据直径剩余高度可以计算得到接触线磨耗面积，如图 1.13.3 所示。

图 1.13.1　某高速铁路站线接触线补强

图 1.13.2　接触线剩余高度测量磨耗

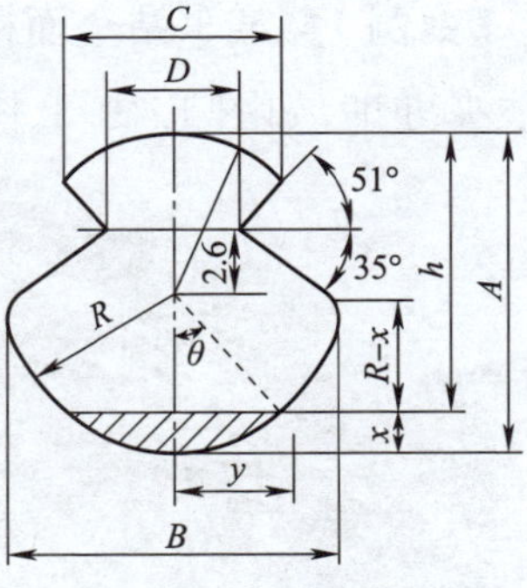

图 1.13.3　接触线磨耗面积计算

图 1.13.3 中阴影部分的面积即为接触线的磨耗面积，公式为

$$a=2\left(\pi R^2\ \frac{\theta}{360}-\frac{R-x}{2}y\right)=\pi R^2\ \frac{\theta}{180}-(R-x)y \tag{1-13-1}$$

将 $y=R\sin\theta$ 代入式(1-13-1)得

$$a=\pi R^2\ \frac{\theta}{180}-(R-x)R\sin\theta \tag{1-13-2}$$

$$\theta=\arccos\left(1-\frac{A-h}{R}\right) \tag{1-13-3}$$

式中，a 为接触线的磨耗面积，mm^2；R 为接触线圆截面半径，mm；h 为接触线剩余高度，mm；x 为实际磨耗高度，$x=A-h$。

现场应用中，一般是用游标卡尺量出接触线的直径剩余高度，对照该型号接触线磨耗表，查出该点接触线磨耗截面积。常用接触线磨耗换算见附录 A。

三、应用示例

1. 案例

【案例 1】 某车站全面检查时发现一处导线损伤，安装了接触线接头线夹处理，如图 1.13.4、图 1.13.5 所示。

图 1.13.4 接触线局部磨耗超限

图 1.13.5 接触线补强

【案例 2】 某城际车间日常巡视时发现某动车所 D1 轮对库处 3 台分段接头处导线磨损严重，其中 N144～166 号岔间接触线回头处磨断，存在严重安全隐患，如图 1.13.6 所示。因该弓形分段生产厂家目前已停产，后改造为另一种分段绝缘器，如图 1.13.7 所示。

图 1.13.6　分段接头处磨损状况

图 1.13.7　更换新分段绝缘器

【案例 3】 2021 年 11 月 24 日—2022 年 1 月 30 日，某维管段接收 3C 系统终端实时报警 4 次：某高速铁路下行线 K12＋746 处存在二级燃弧缺陷。分析数据发现，2021 年 11 月 24 日—2022 年 2 月 15 日间，3C 系统报警某区间下行 K12＋746 处(285 号定位点)二级缺陷 9 次，异常信息 22 次。发现存在定位器弯曲、接触线硬弯和磨损等问题，天窗点内对定位器进行更换，对接触线进行整正、打磨。现场检查发现 285 号支柱反定位定位器弯曲变形，定位器靠近定位线夹侧 250 mm 处发生弯曲，如图 1.13.8 所示。弯曲角度约 5.6°，弯曲方向与下行线行车方向一致，定位器本体无击打痕迹，结构无硬伤，定位线夹螺栓紧固良好，接触线入槽状态良好。定位器坡度为 8°，限位间隙 17 mm。该处定位点接触线有硬弯，硬弯凸变点位于定位线夹顺线路方向边沿位置，接触线垂直方向内变形角度约为 1°～2°，经测量最小线径为 11.71 mm，换算磨耗 17.5％，如图 1.13.9 所示。

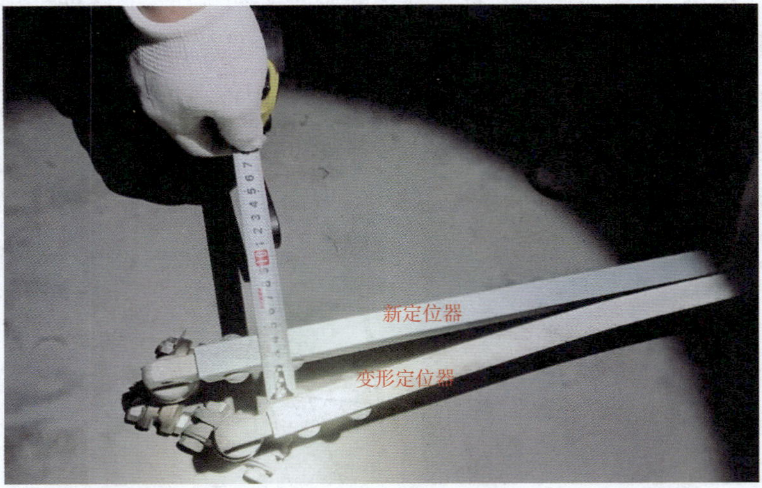

图 1.13.8　定位器靠近定位线夹侧 250 mm 处发生弯曲

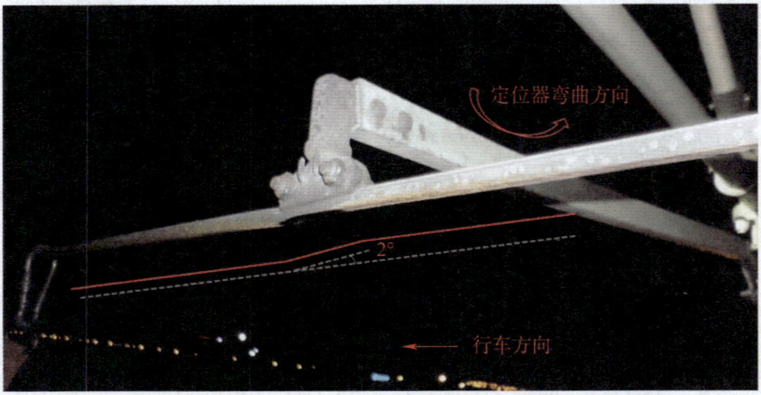

图 1.13.9　定位点处接触线局部磨耗严重

原因分析：检查定位器外观无明显击打痕迹，定位器表面无裂纹和凹陷，排除硬物打击和弓网故障原因造成定位器弯曲。分析为定位器尾钩在定位支座环内长期别劲卡住，接触线受温度变化伸缩拉弯定位器，造成线夹处接触线弯曲形成硬点，导致受电弓拉弧，长期运行定位线夹处接触线异常磨损。

【案例 4】 2023 年，某高速铁路运维公司对全线前期确定的 400 处接触线磨耗较大处所持续跟踪盯控，复核数据显示接触线磨耗值进一步增长，如某段集中修测量发现某区间 61 号支柱下行侧接触线中锚线夹处剩余高度为 12.05 mm；某段集中修测量发现某区间 762～764 号支柱中锚附近接触线剩余高度为 12.03 mm，磨耗较去年增长 1.8%。目前全线较大磨耗处所主要发生在中锚线夹、电连接线夹、定位点等集中负荷处所，接触线磨耗已成为集团公司接触网重点风险项点，根据《高速铁路接触网运行维修规则》要求，现阶段集团公司计划对接触线磨耗超过警示值的处所纳入三级修申报大修计划进行整锚段更换，确保设备安全运行，其余磨耗较大处所建立台账定期进行检测，对新发现磨耗大的处所同步补充纳入管理，形成“400＋N”接触线磨耗管理方式，全面掌握接触线磨耗发展规律，及时做好预防措施，确保接触网安全运行。

2. 知识拓展

【知识扩展 1】 日本内置磨损探测丝的接触线用来检测接触线的磨耗状况，该种线材 1996 年安装于东海道新干线（600 km）。接触线截面如图 1.13.10～图 1.13.12 所示。

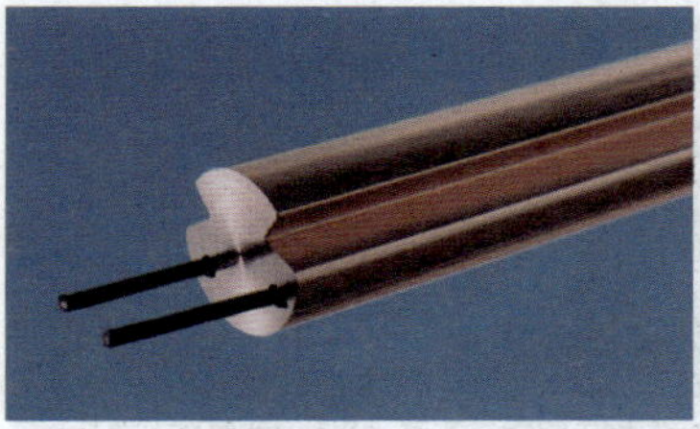

图 1.13.10　内置磨损探测丝的接触线

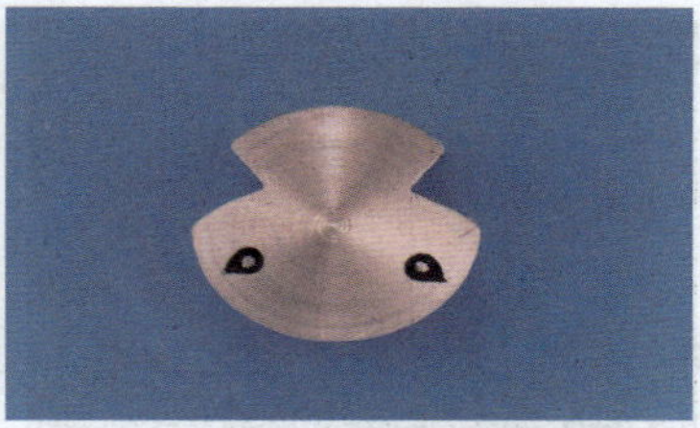

图 1.13.11　内置磨损探测丝的接触线截面

图 1.13.12　内置磨损探测丝接触线的应用

【知识扩展 2】2019 年，西南交通大学方岩等人对已运营 10 余年的京津城际铁路全线接触线的磨耗状态进行连续测量，以找到磨耗规律。采用激光 3D 光切技术，通过图形识别适配、空间坐标转换等算法，实现对接触线磨耗参数的连续、高精度测量，如图 1.13.13 所示。

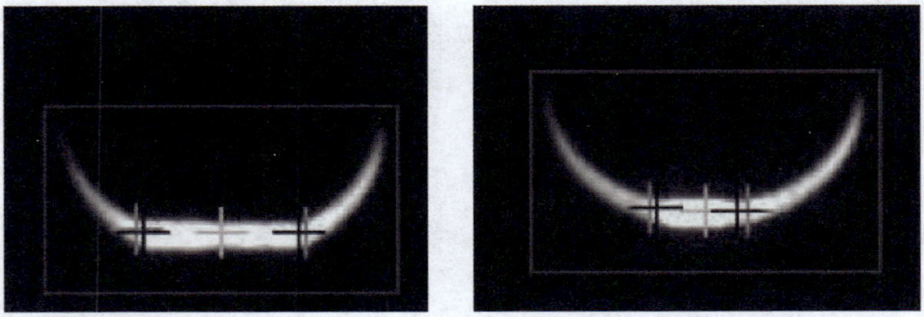

图 1.13.13　磨耗后的接触线断面光切照片

京津城际万弓架次平均磨耗量为跨中 0.009 1～0.009 69 mm，定位点 0.008 5～0.008 9 mm。最大磨耗量在锚段关节转换过渡跨，0.999～1 mm。对应的磨耗面积为 4.669 mm^2，占接触线标称截面积的 3.86%。考虑接触线磨耗掉的高度和通过的弓架次成正比关系，以接触线最大磨耗数据为分析依据，磨耗掉 13%的标称截面积（磨耗高度为 2.29 mm）还需 12 年，磨耗掉 17%的标称截面积（磨耗高度为 2.76 mm）还需 17 年，磨耗掉 20%的标称截面积（磨耗高度为 3.11 mm）还需 21 年。若按该方法计算，21 年后需换线，接触线的磨耗不足 200 万弓架次。

从测试数据分析来看，锚段关节过渡跨接触线的平均磨耗高于一般跨跨中接触线的磨耗；曲线区段接触线的平均磨耗量普遍高于直线区段；吊弦点、双支定位点以及单支定位点处接触线的平均磨耗统计值依次降低。

【知识扩展 3】 关于接触线补强，可以采用接触线接头线夹，也可以采用并沟线夹在接触线局部损伤处并联固定一根接触线来增强其导电能力，如图 1.13.14 所示。

图 1.13.14 车站采用并沟线夹对接触线补强

【知识扩展 4】德国、日本对接触线磨耗的测量

德国用检测车以 80 km/h 速度、25 mm 间隔、0.1 mm 的精确度通过无接触扫描接触线的安装底面剩余宽度 W 和直径 $2r$，计算接触线的剩余高度，在线计算接触线磨耗数据，接触线磨耗测量装置布置如图 1.13.15 所示，光学与人工测量接触线磨耗偏差对比如图 1.13.16 所示，检测车正反方向运行接触线磨耗测量值对比波形如图 1.13.17 所示。日本则是以 275 km/h 速度、50 mm 间隔测量。接触线磨耗示意如图 1.13.18 所示，剩余高度$=\sqrt{r^2-(W/2)^2}+r$。

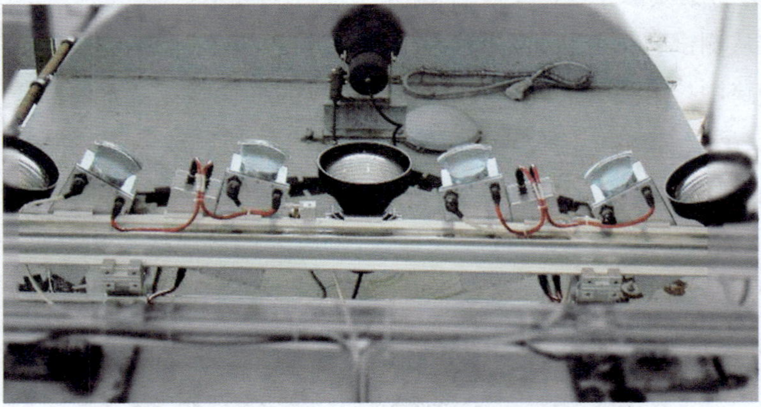

图 1.13.15　德国 DB 公司的光学接触线磨耗测量装置(室外部分)

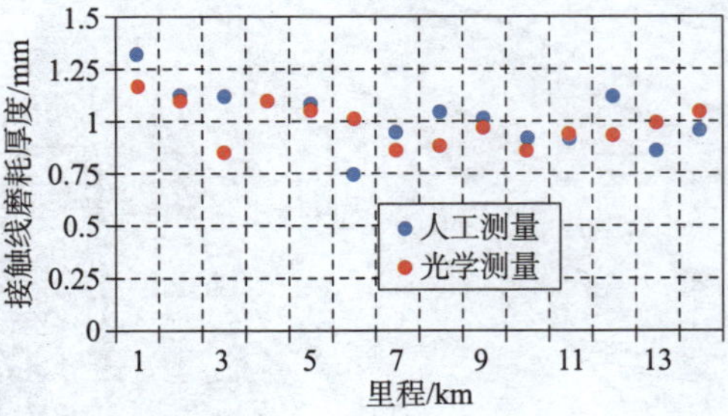

图 1.13.16　光学与人工测量接触线磨耗偏差对比

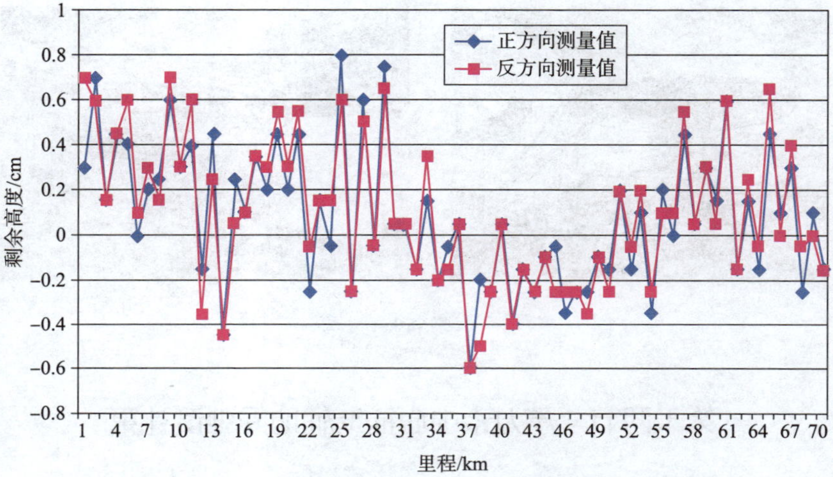

图 1.13.17　检测车正反方向运行接触线磨耗测量值波形对比

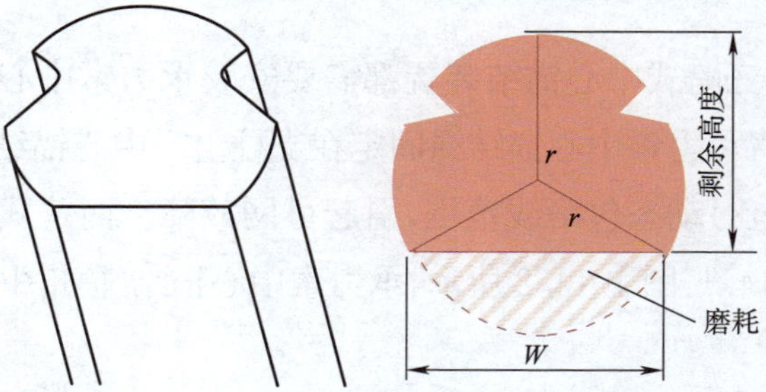

图 1.13.18　磨耗后的接触线剩余高度

【知识扩展 5】为了对接触线的耐磨性进行评价，TB/T 2809—2017《电气化铁路用铜及铜合金接触线》规定了接触线型式检验时必须在高速弓网关系载流磨耗试验台上进行载流磨耗试验。试验过程中接触线与受电弓保持一定的接触力，受电弓固定不动，试验圆盘旋转，同时试验圆盘在旋转的同时通过径向运动实现接触线在滑板上的横向运动，实现模拟实际线路中接触线拉出值的效果，如图 1.13.19 所示。由于载流磨耗的需要，磨耗试验过程中，接触线和滑板之间施加与现场实际情况相同的电流。

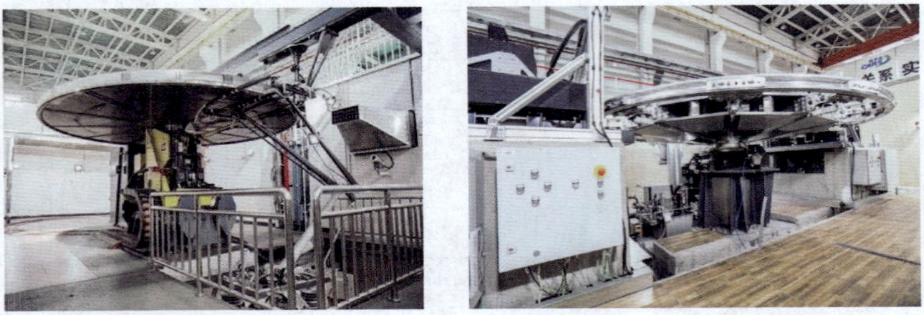

图 1.13.19　接触线磨耗性能检测装置

第十四节　承力索中心锚结辅助绳弛度计算

一、概　　述

两跨式、三跨式中心锚结装置都需要安装承力索中心锚结绳，它是以硬锚方式将承力索中心锚结绳固定在支柱上。中心锚结绳弛度过大，可能侵入受电弓动态包络线范围，引起弓网故障。两跨式、三跨式中心锚结如图 1.14.1、图 1.14.2 所示，承力索中心锚结绳如图 1.14.3 所示。

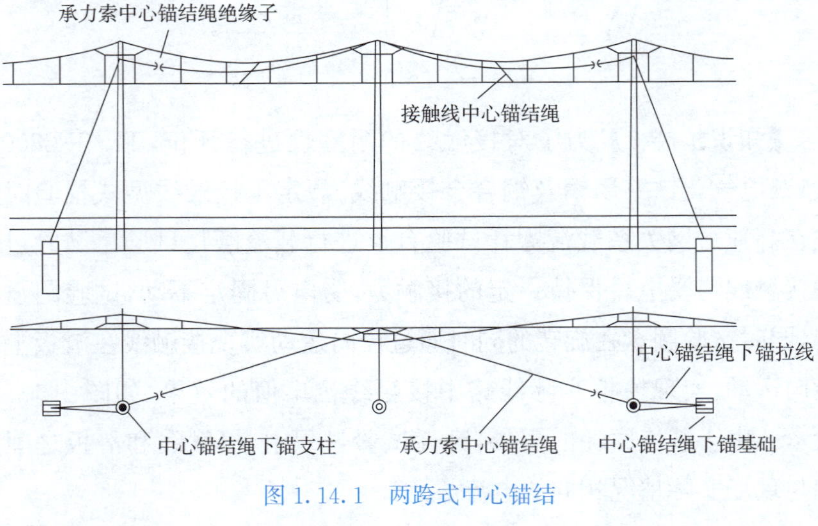

图 1.14.1　两跨式中心锚结

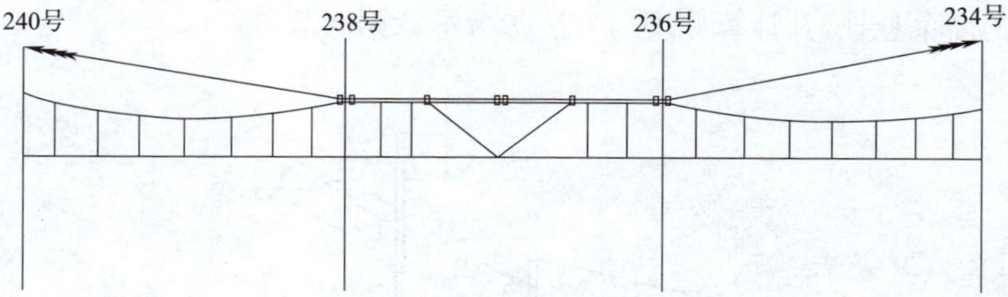

图 1.14.2　三跨式中心锚结

图 1.14.3　承力索中心锚结绳现场照片(一侧)

本节建议列为职工应熟悉内容。

二、原理和方法

承力索中心锚结绳安装曲线的工程应用,和附加悬挂不同的地方是线索材质(如 JTMH120)不同,线胀系数(1.7×10^{-5}/ ℃)不同,单位长度质量不同,最大许用张力(21 kN)也不同。最高温度 60 ℃,最大弛度约 700 mm(跨距 50 m)。中心锚结绳示意及安装曲线如图 1.14.4 所示,在现场检调或施工时,可以根据环境温度,通过确定弛度或者张力的方式满足中心锚结绳的设计工作状态。对于中心锚结绳,其工作状态为无补偿的简单悬挂，其计算原理与方法参考本章第四节。

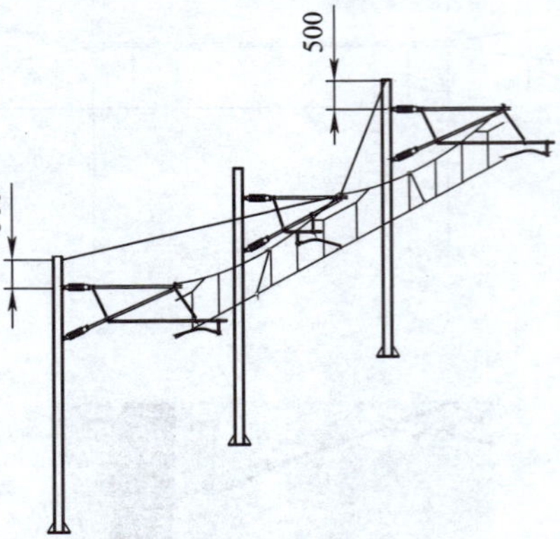

(a)中心锚结绳(单位:mm)

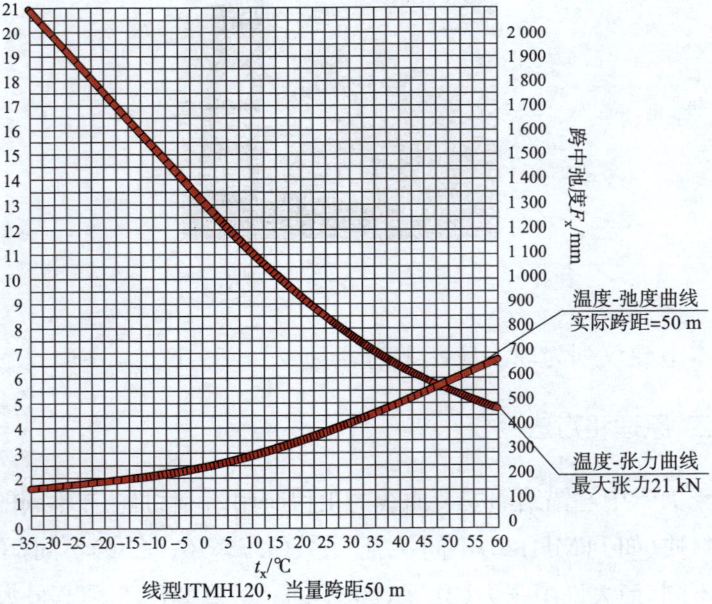

(b)中心锚结绳安装曲线

图 1.14.4　中心锚结绳示意及安装曲线

三、应用示例

【案例 1】 2018 年 7 月 31 日，某高速下行线 706 km＋500 m 处，接触网承力索中心锚结绳低于导线面，与通过的动车组发生刮弓故障。回放该动车组 3C 视频，发现 07 车受电弓在 G055 号至 G057 号支柱间第 3、第 4 根吊弦间左侧弓角从承力索中心锚结绳上方钻入，受电弓随着中心锚结绳位移抬升产生变形，与 G057 号支柱定位装置刮碰，如图 1.14.5 所示。

(a)受电弓钻入承力索中心锚结绳

(b)受电弓碰撞定位器

(c)故障后接触网状态线

图 1.14.5　受电弓钻入承力索中心锚结绳故障

据悉 G055 号至 G057 号至 G059 号为防断防窜式接触网中心锚结，承力索中心锚结绳落锚低于水平腕臂底座 200 mm 预留孔内安装(安装图)。G053 号至 G055 号间接触网跨距 51.2 m，G055 号至 G057 号间接触网跨距 59.5 m，G057 号至 G059 号间接触网跨距 49.6 m；故障区段线路曲线半径 2 200 m，外轨超高 80 mm。现场 G055 号至 G057 号支柱间中心锚结绳距线路中心 975 mm(即受电弓中心点与弓角距离)处有明显划痕，第 3 根吊弦处承力索中心锚结绳低于接触线 173 mm，第 4 根吊弦处承力索中锚绳高于接触线 7 mm。

竣工图如图 1.14.6 所示，该处中心锚结设计位置在 G057 号至 G059 号至 G061 号支柱间，因 G055 号至 G057 号间有下穿公路桥涵(宽

53.5 m)，使得 G057 号无法落锚，施工时将中心锚结改移到 G055 号至 G057 号至 G059 号间。查阅“中心锚结绳张力及弛度曲线图”，跨距 60 m、气温 40 ℃时，中锚绳弛度为 680 mm。由于设计杆位无法落锚，施工单位将承力索中心锚结绳改移至大跨距支柱位置，且未按照“中心锚结绳张力及弛度曲线图”标准安装调整线索弛度，高温极端天气情况下造成承力索中心锚结绳弛度过大低于接触线，引发弓网故障。

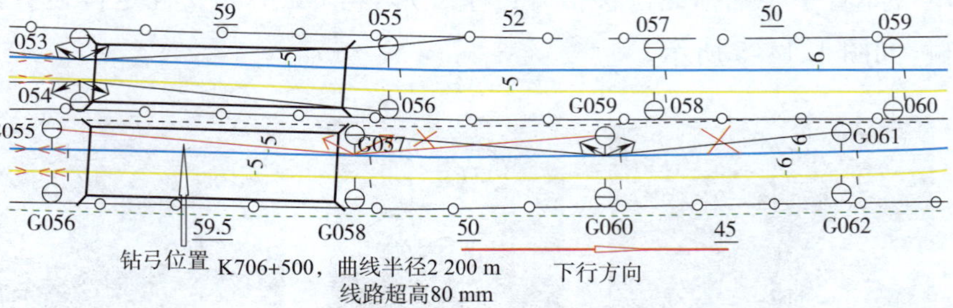

图 1.14.6　中心锚结竣工图

此次故障也暴露出供电段设备接管验收把关不严，未按图组织验收；设备日常维护管理不到位，导致造成线索弛度过大隐患长期存在(设备开通运行 5 年多)；没有针对高温天气对接触网线索弛度、补偿装置等技术状态进行检查整治等问题。

【案例 2】 2019 年 4 月 23 日 14 时 23 分，某高速铁路发生一起弓网故障。抢修人员到达现场发现该线路 H1265 号支柱定位管、定位器折断，弹性吊索拉断；H1267 号支柱定位器折断。H1263 号至 H1265 号支柱间 3 根吊弦松弛，H1289 号支柱接触线补偿绳脱出。

天窗内更换 H1263 号至 H1267 号支柱吊弦 4 根，H1265 号支柱定位管 1 根，H1265 号、H1267 号定位器 2 个，H1265 号弹性吊索 1 根、承力索底座 1 个及电气连接线 1 根，H1263 号至 H1265 号支柱间中心锚结绳 1 根，恢复 H1289 号支柱接触线补偿装置。

事故原因是 H1289 号支柱接触线棘轮安装偏斜(棘轮偏斜量为 24 mm,不符合小于 5 mm 的要求),接触线落锚补偿绳未完全入槽,部分补偿绳缠绕在棘轮齿边外侧,在温度变化棘轮转动情况下,造成大轮补偿绳从槽道内脱出,大轮补偿绳卡在小轮上,造成接触线补偿失效,接触线张力减小,不同日期的 4C 检测照片如图 1.14.7、图 1.14.8 所示。在受电弓抬升力作用下接触线抬高 700 mm,受电弓弓角从承力索中心锚结辅助绳上方钻入,受电弓随着承力索中心锚结辅助绳位移抬升产生变形,与 H1265 号支柱定位装置刮碰,受电弓损坏,拉断弹性吊索,折断的弹性吊索搭接动车组放电,造成接触网跳闸。3C 监测视频分析如图 1.14.9 所示,弓网故障过程如图 1.14.10 所示。

图 1.14.7 4 月 15 日 H1289 号棘轮补偿 4C 检测照片

图 1.14.8 4 月 23 日 H1289 号棘轮补偿照片(补偿绳脱出)

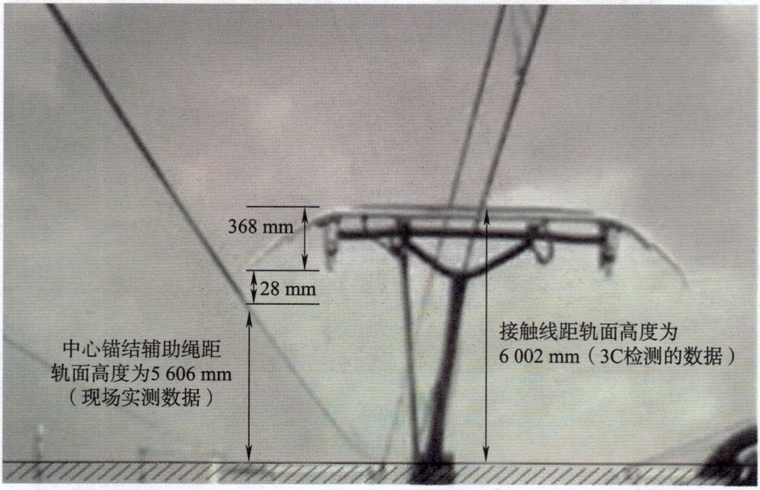

图 1.14.9 3C 监测视频分析

图 1.14.10　3C 视频检测还原故障发生过程

【案例 3】 2022 年 5 月 1 日 13 时 57 分，某高速铁路线路站间发生弓网故障。13 时 58 分动车组（CRH380B 型，8 辆总重 495 t，计长 18.5）因无网压停于下行线 K14＋309 处，14 时 11 分 G××××次司机汇报：随车机械师发现 2 车受电弓故障。

调阅该动车组车载视频，发现 13 时 57 分 06、07 秒动车组受电弓通过 569 号至 567 号接触网支柱间时，受电弓弓角与承力索中心锚结绳刮碰、钻弓，受电弓损坏，如图 1.14.11 所示。

承力索中心锚结平面布置如图 1.14.12 所示，在 569 号至 567 号至 565 号接触网支柱间安装有承力索中心锚结，为两跨式防断中心锚结。因承力索中心锚结绳在施工时安装不到位，弛度过大，同时受整锚段向青岛北侧窜动及温度变化因素影响，弛度进一步增大，最终侵入受电弓动态包络线，导致受电弓钻弓，引发弓网故障。

图 1.14.11　受电弓弓角与承力索中心锚结绳刮碰、钻弓

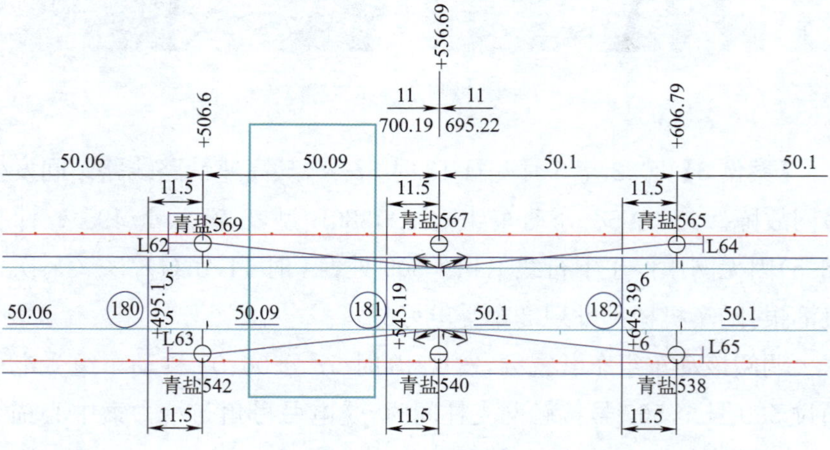

图 1.14.12　承力索中心锚结平面布置(单位:mm)

【案例 4】2022 年 5 月 3 日 14 时 28 分,某线路站间上行供电臂跳闸,重合失败。14 时 40 分,货运列车(HXD3 型,47 辆,4 066 t,计长 69.9)请求救援。14 时 44 分,该线路上行供电臂试送电成功。14 时 54 分,司机请求停电登顶处理受电弓。15 时 11 分,该线路站间上行

供电臂接触网停电。15 时 48 分，供电段销记。

设备基本情况如下：该处接触网设备为全补偿简单链型悬挂，承力索型号为 JTM150，导线型号为 CTHA120。该锚段为第 12 锚段，全长 1 623 m，综合张力为承力索 16.66 kN＋接触线 13.23 kN。中心锚结为三跨防断式中心锚结，位于 234～240 号，如图 1.14.13 所示。该中心锚结距离大公里标车站约 6 km，基本处于两站间的中间位置。该区段有接触网 4 个锚段，关键设备有 4 组三跨非绝缘锚段关节、4 组三跨式中心锚结、隧道 1 处(93.5 m)、曲线 8 处(最大曲线半径 1 200 m，长度 1 70 m；最小曲线半径 400 m，长度 450 m)。

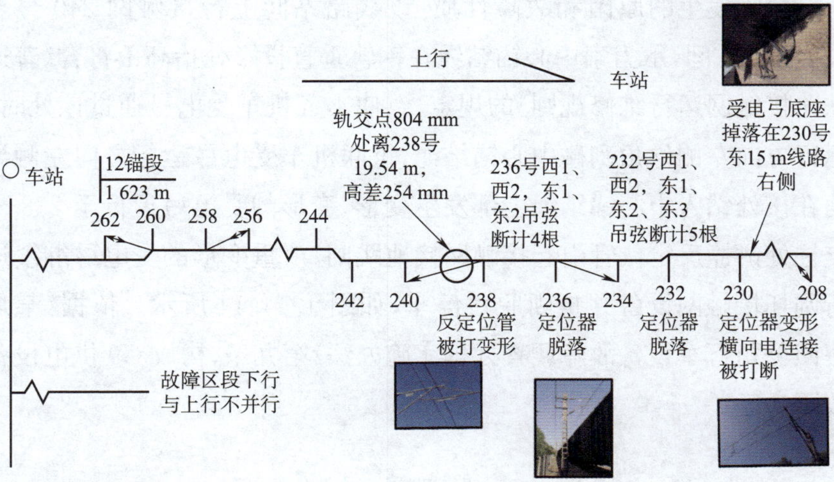

图 1.14.13　三跨中心锚结布置

现场检测，发现接触网支柱 238 号至 240 号间距 238 号 1 m 处，承力索中心锚结绳上有约 200 mm 的剐蹭痕迹，承力索中心锚结绳距线路中心 1 152 mm 处有明显的触碰痕迹。承力索中心锚结绳与接触线高差：相对线路中心 804 mm 处高差 254 mm，1049 mm 处高差 134 mm，1 112 mm 高差 132 mm，1 152 mm 处高差 117 mm(《普速铁路接触网运行维修规则》第一百一十六条规定：承力索中心锚结绳弛度应等于或略高于该处承力索弛度，承力索中心锚结绳在其垂直投影与线路钢轨交叉处，应高于接触线 300 mm 以上）。

检测发现承力索中心锚结绳与接触线高差数据不符合技术标准后，询问车间抢修负责人，车间抢修负责人告知中心锚结 240 号支柱下锚拉线因支柱顺线路反倾，中心锚结绳与接触线的高差超限，采取紧固下锚拉线方法调整了高差，但调整过程无视频及数据记录。分管副段长随后又组织调整了下锚斜拉线约 10 mm，承力索中心锚结绳与接触线高差 388 mm，符合《普速铁路接触网运行维修规则》技术标准规定。

故障发生的原因和故障性质：该线路站间上行接触网 240 号至 238 号支柱间，承力索中心锚结绳在钢轨垂直投影处抬高不符合《普速铁路接触网运行维修规则》的规定，致使本务机车受电弓通过该处时，运行方向左侧导角刮碰中心锚结绳，重联机车受电弓运行方向左侧导角在该处钻入中心锚结绳上部发生变形，变形的受电弓运行至 238 号支柱处碰撞反定位管引起接触网接地跳闸，严重变形的受电弓继续运行刮坏接触网设备并折断脱落停车，如图 1.14.14 所示。依据《某局集团公司行车设备故障调查处理实施办法》第九条，构成 G9 供电设备故障。

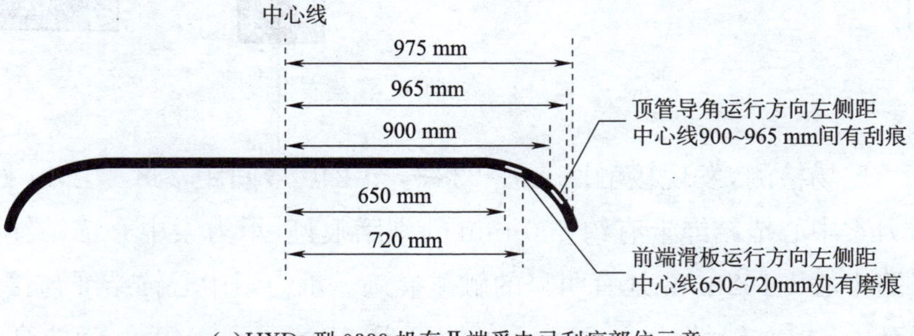

(a)HXD3 型 0339 机车Ⅱ端受电弓刮痕部位示意

图 1.14.14

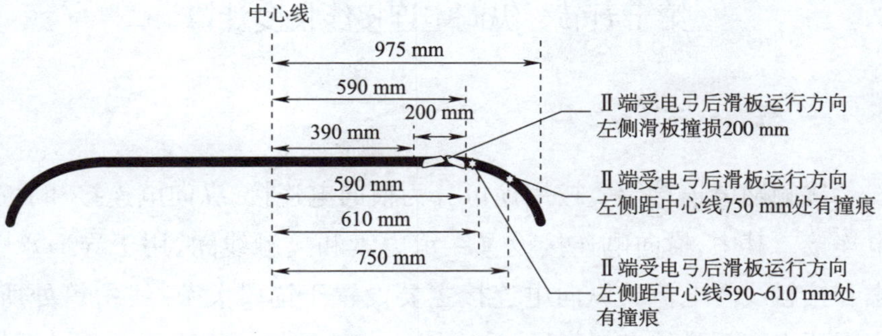

(b)HXD3 型 0403 机车Ⅱ端受电弓撞损、撞痕部位示意

图 1.14.14　受电弓刮痕示意

【案例 5】 2022 年 5 月 23 日，某供电段 2C 分析发现陇海线某区间 110 号至 112 号承力索中心锚结绳弛度大，立即通知车间处理，经现场复测承力索中心锚结绳垂直投影与线路钢轨交叉处抬高量为 320 mm，调整后 563 mm，调整前后中心锚结绳的状态如图 1.14.15 所示。

(a)处理前

(b)处理后

图 1.14.15　中心锚结绳处理前后示意

第十五节　纵向电连接线长度计算

一、概　　述

接触网电连接装置按用途可分为横向电连接、纵向电连接和股道电连接。其中，横向电连接设置在承力索和接触线间，用于导通承力索和接触线间电流。纵向电连接主要设置于锚段关节、线岔等处所，实现两支接触悬挂电气联通，被连接的接触悬挂属于串联关系。现场一组接触网锚段关节处电连接如图 1.15.1 所示。

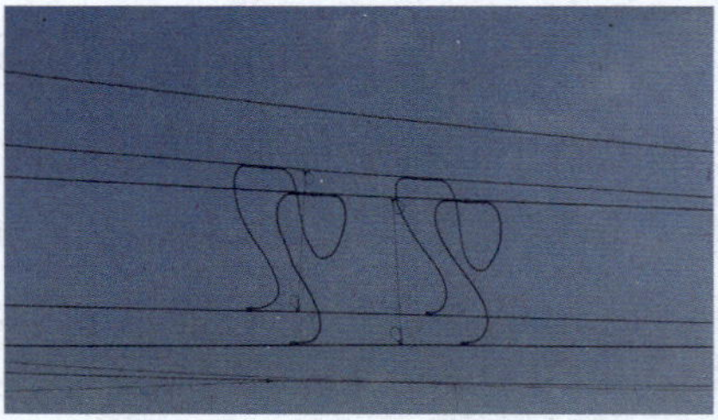

图 1.15.1　现场一组接触网锚段关节处电连接

为使电连接适应接触线和承力索热胀冷缩变化，早期建设的普速铁路接触网电连接线采用螺旋（弹簧圈）形式，随着铜合金材质承力索、接触线广泛使用和电连接压接技术的推广使用，接触网电连接普遍采用 C 形和 S 形。其中安装处所结构高度 $H \leqslant 1\ 000$ mm 时，采用 C 形电连接；$H > 1\ 000$ mm 时，采用 S 形电连接。

本节建议列为职工应掌握内容。

二、原理和方法

1. 横向电连接

常见的横向电连接主要类型如图 1.15.2 所示。

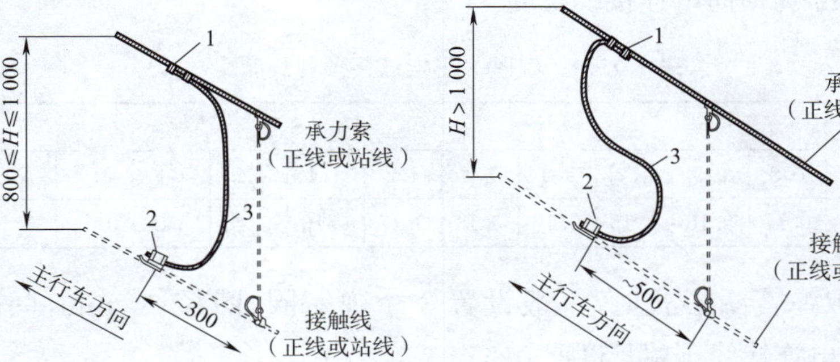

(a)C形电连接　　　　　　　　　　　(b)S形电连接

1—承力索电连接线夹；2—接触线电连接线夹；3—电连接线。

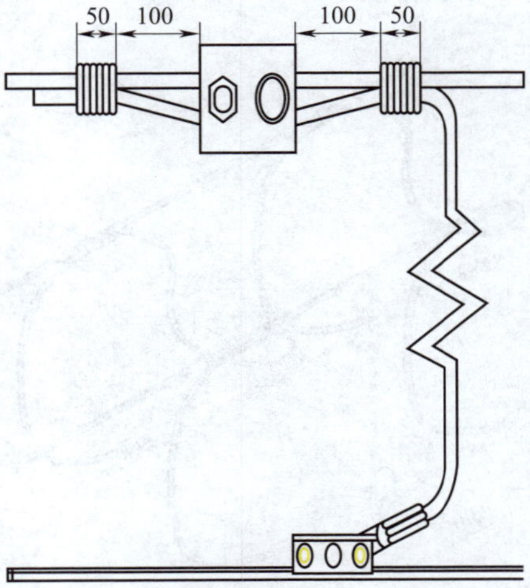

(c)螺旋形电连接

图 1.15.2　横向电连接主要类型(单位:mm)

承力索与接触线间电连接线预留长度考虑减小设置电连接时的应力集中，改善接触悬挂的弹性，电连接线需预留一定长度。电连接采取C形、S形时，预留长度见表1.15.1。电连接线的下料长度 $L=$

$H+K$，K 为横向电连接线长度。

表 1.15.1　C 形、S 形电连接预留长度

电连接	C 形			S 形							
H/m	0.8	0.9	1.0	1.1	1.2	1.3	1.4	1.5	1.6	1.7	1.8
K/m	0.17	0.16	0.15	0.19	0.18	0.17	0.16	0.15	0.15	0.14	0.13

采取弹簧圈形式时，一般设置 3 个弹簧圈、圈径 80 mm，间距 50 mm，电连接线预留长度取 0.65 m。

2. 双根关节(非开关侧)、线岔电连接

双根 C 形、S 形关节(非开关侧)、线岔电连接如图 1.15.3 所示。H 为电连接处接触网结构高度。

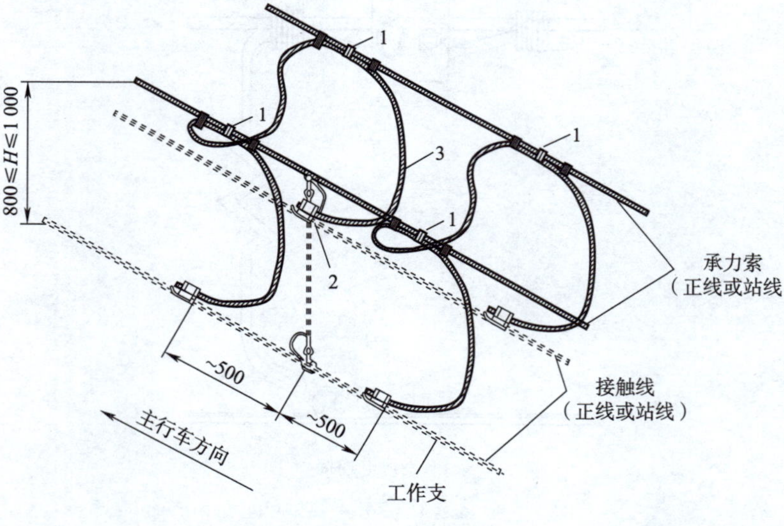

(a)双 C 形电连接

1—承力索电连接线夹；2—接触线电连接线夹；3—电连接线。

图　1.15.3

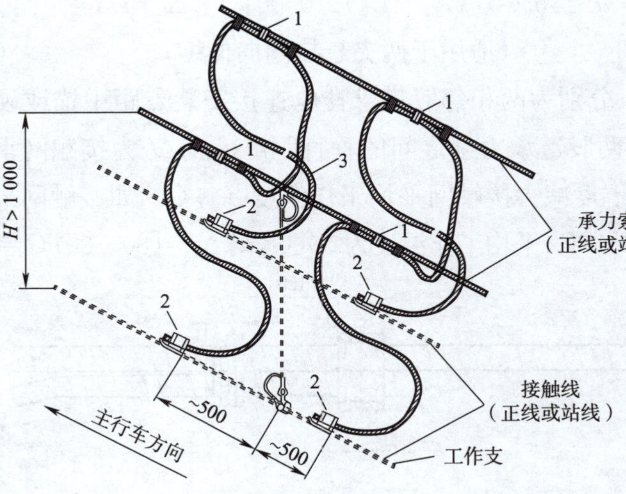

(b)双S形电连接

1—承力索电连接线夹；2—接触线电连接线夹；3—电连接线。

图 1.15.3　双根C形、S形关节(非开关侧)、线岔电连接(单位：mm)

电连接线参考长度 L(cm)为

$$L=H_1+K_1+a+H_2+K_2+10+10 \tag{1-15-1}$$

式中，H_1+K_1 和 H_2+K_2 分别为两支悬挂的承力索与接触线间电连接线长度，H_1、H_2 由工程实际确定，K_1、K_2 取值参考表 1.15.1；10 cm 为绑扎线与电连接线夹间的长度，电连接线在承力索侧的绑扎如图 1.15.4 所示。a 为两支接触悬挂承力索间电连接线长度。对于线岔和锚段关节电连接，考虑电连接预定安装点与两支接触悬挂中锚(或硬锚)距离不同，受线索热胀冷缩影响会产生相对偏移，两支接触悬挂承力索电连接线夹间的电连接线需预留一定长度 a。可分别根据式(1-15-2)、式(1-15-3)进行计算确定：

$$a\approx 15+\sqrt{[(L_1+L_2)\times 0.001\,7\times \Delta t]^2+C^2}$$

(适用于两支悬挂异向伸缩)　　(1-15-2)

$$a \approx 15+\sqrt{[(L_1-L_2)\times 0.0017\times \Delta t]^2+C^2}$$

（适用于两支悬挂同向伸缩）　　(1-15-3)

式中，L_1、L_2 分别为两相邻股道悬挂电连接安装点距中锚或硬锚的距离，cm；C 为两股道承力索之间的垂直距离，cm；Δt 为接触网承力索最大计算工作温度减去接触网平均工作温度 T_0，℃。如接触网最大计算工作温度为 80 ℃，平均工作温度为 30 ℃，则 $\Delta t=(80-30)$℃$=50$ ℃。

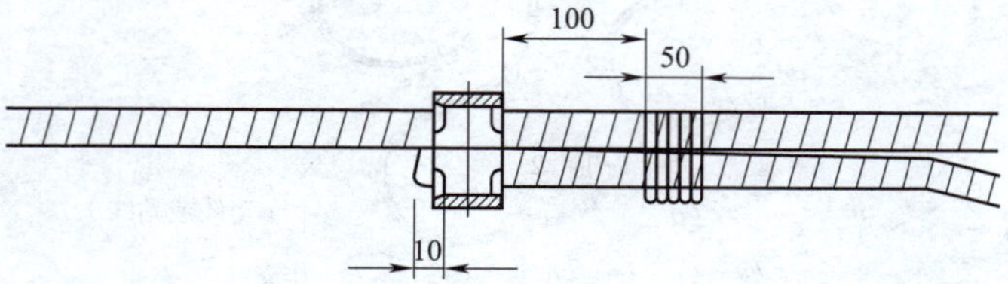

图 1.15.4　电连接线在承力索侧的绑扎(单位：mm)

为什么 Δt 不是安装时的接触网温度减去接触网工作平均温度 T_0？这是因为两支承力索间的电连接长度除了满足安装时温度两支承力索相对位置要求，还应满足极限温度时伸缩要求。承力索最大计算工作温度为 80 ℃，平均温度为 30 ℃时，两支悬挂异向伸缩的纵向电连接线夹安装位置示意如图 1.15.5 所示。$d_1=L_1$，$d_2=L_2$，预留长度 $A=a$。S 为安装温度(t)时两股道承力索相对位移。S_{max} 为承力索最大工作温度(T_{max})时两股道承力索相对位移。

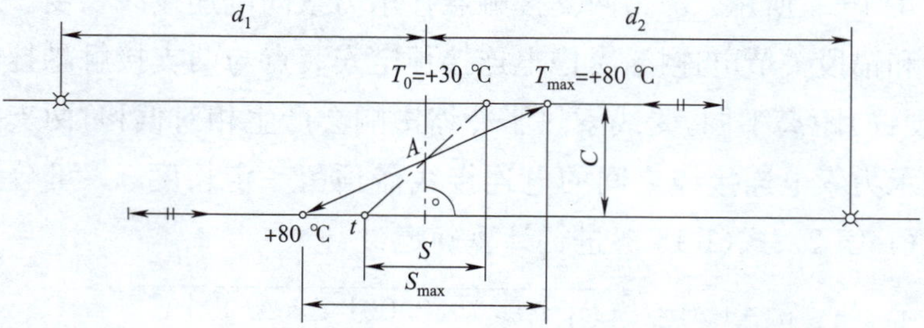

图 1.15.5　两支悬挂异向伸缩的纵向电连接线夹安装位置示意

3. 股道电连接

股道电连接如图 1.15.6 所示。

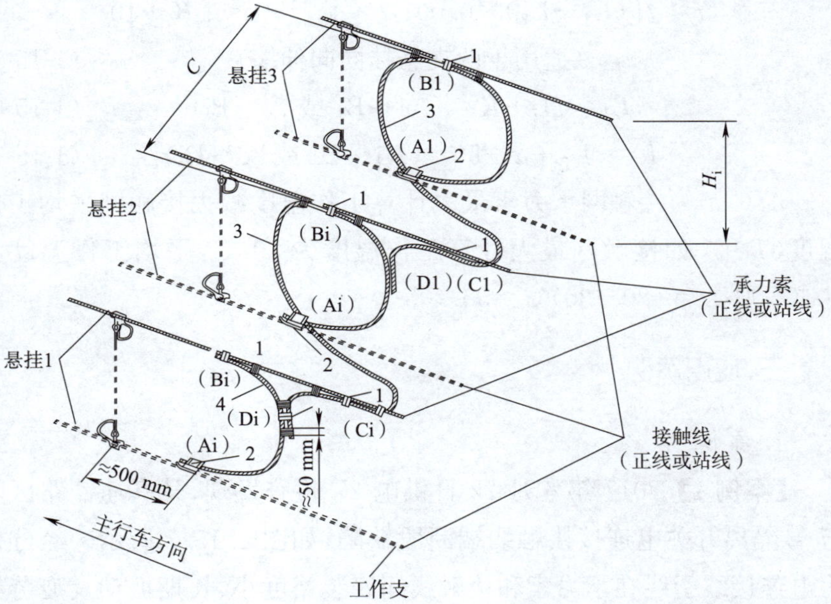

1—承力索电连接线夹；2—接触线电连接线夹；3—两股道间连通两根承力索和一根接触线的股道电连接线；4—接触线和承力索电连接线。

图 1.15.6　股道电连接

图 1.15.6 中，H_i 为每股道的接触线与承力索的垂直距离（单位：cm）；C 为两股道承力索之间的垂直距离（单位：cm）；L_1、L_2 分别为两相邻股道悬挂电连接安装点距中锚或硬锚的距离（单位：cm）；a 为 B1、C1 段（或 Bi、Ci 段）电连接线的长度（单位：cm）；L_A 为 A1、B1、C1、D1 段（或 Ai、Bi、Ci、Di 段）电连接导线长度（单位：cm）；L_B 为 A1、B1 段（或 Ai、Bi 段）电连接导线长度（单位：cm）。可分别根据式(1-15-4)～式(1-15-7)进行计算确定：

$$a \approx \sqrt{[(L_1+L_2)\times 0.001\,7\times \Delta t]^2+C^2}+K+10$$

（适用于两支悬挂异向伸缩） (1-15-4)

$$a \approx \sqrt{[(L_1-L_2)\times 0.001\,7\times \Delta t]^2+C^2}+K+10$$

（适用于两支悬挂同向伸缩） (1-15-5)

$$L_B \approx H_i+K \quad (\text{A1}\sim\text{B1 或 Ai}\sim\text{Bi}) \tag{1-15-6}$$

$$L_A \approx L_B+a+50 \quad (\text{A1}\sim\text{D1 或 Ai}\sim\text{Di}) \tag{1-15-7}$$

Δt(℃)为接触网承力索最大计算工作温度减去接触网平均工作温度(T_0)。如接触网最大计算工作温度为 80 ℃，平均工作温度为 30 ℃，则 $\Delta t=(80-30)$℃$=50$ ℃。

三、应用示例

1. 案例

【案例 1】 2017 年 6 月 22 日供电 2C 检查发现，某高速铁路区间 77 号隔离开关电连接接触线端断股缺陷，如图 1.15.7 所示。经分析为电连接线引线在承力索和接触线间安装裕度小、长期振动及疲劳等原因造成。

【案例 2】 通化(2016)1302-Ⅻ《时速 350 km 高速铁路接触悬挂安装图(隧道外)(吊弦及电连接)》第 29～33 页给出了中国高速铁路接触网两支悬挂异向伸缩的锚段关节、线岔电连接和股道电连接在两支悬挂承力索间预留长度 A 和安装温度对应的两支悬挂承力索电连接线线夹相对位移(S)表。作为示例，最大计算工作温度为 80 ℃，平均工作温度 T_0 为 15 ℃工况下两支悬挂异向伸缩的承力索间预留长度 A 见表 1.15.2。安装温度对应的两支悬挂承力索电连接线线夹相对位移 S 见表 1.15.3。电连接线夹安装位置示意如图 1.15.8 所示。$t>T_0$ 时，承力索电连接线夹安装于预定位置向下锚方向 $S/2$ 处；$t<T_0$ 时，承力索电连接线夹安装于预定位置向中锚(或硬锚)方向 $S/2$ 处。

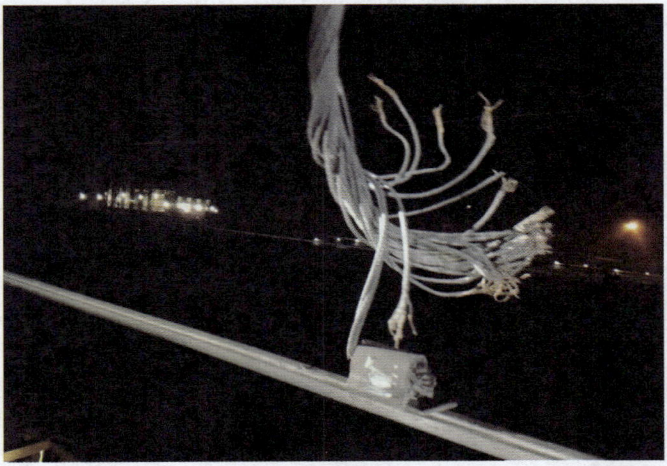

图 1.15.7　电连接断股缺陷

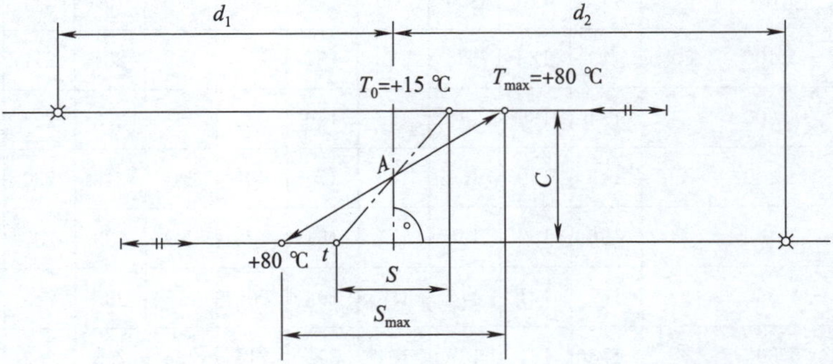

图 1.15.8　电连接线夹安装位置示意

表 1.15.2 两承力索间预留长度 A 取值（t_0=15 ℃）

d_1+d_2 两中锚点之间的距离/m	两支悬挂间距离 C/cm									
	20	40	60	80	100	120	140	160	180	200
200	30	46	64	83	102	122	142	162	181	201
300	39	52	69	87	105	124	144	163	183	203
400	49	60	75	91	109	128	147	166	185	205
500	59	68	82	97	114	132	151	169	188	207
600	69	77	89	104	120	137	155	173	192	211
700	80	87	98	111	126	143	160	178	196	214
800	91	97	107	119	133	149	166	183	201	219
900	101	107	116	128	141	156	172	188	206	223
1 000	112	118	126	136	149	163	178	194	211	228
1 100	123	128	136	146	157	171	185	201	217	234
1 200	134	139	146	155	166	179	193	208	224	240
1 300	145	149	156	164	175	187	201	215	230	246
1 400	156	160	166	174	184	196	209	223	237	253
1 500	167	171	176	184	194	205	217	230	245	260
1 600	178	181	187	194	203	214	226	238	252	267
1 700	189	193	198	205	214	224	235	247	260	274
1 800	200	206	210	217	225	235	245	255	268	282
1 900	211	218	223	229	237	246	256	264	277	290

表 1.15.3 两支悬挂承力索电连接线线夹相对位移 S 取值（$t_0=15$ ℃）（单位：cm）

d_1+d_2 两中锚点之间的距离/m	安装温度 t												
	$t_0=$ 15 ℃	+20 ℃ 或 +10 ℃	+25 ℃ 或 +5 ℃	+30 ℃ 或 +0 ℃	+35 ℃ 或 −5 ℃	+40 ℃ 或 −10 ℃	+45 ℃ 或 −15 ℃	+50 ℃ 或 −20 ℃	+55 ℃ 或 −25 ℃	+60 ℃ 或 −30 ℃	+65 ℃ 或 −35 ℃	+70 ℃ 或 −40 ℃	+75 ℃ 或 −45 ℃	+80 ℃ 或 −50 ℃
200	0	2	3	5	7	9	10	12	14	15	17	19	20	22
300	0	3	5	8	10	13	15	18	20	23	25	28	31	33
400	0	3	7	10	14	17	20	24	27	31	34	37	41	44
500	0	4	9	13	17	21	26	30	34	38	43	47	51	55
600	0	5	10	15	20	26	31	36	41	46	51	56	61	66
700	0	6	12	18	24	30	36	42	48	54	60	65	71	77
800	0	7	14	20	17	34	41	48	54	61	68	75	82	88
900	0	8	15	23	31	38	46	54	61	69	77	84	92	99
1 000	0	9	17	26	34	43	51	60	68	77	85	94	102	111

续上表

d_1+d_2 两中锚点之间的距离/m	安装温度 t													
	t_0= 15 ℃	+20 ℃ 或 +10 ℃	+25 ℃ 或 +5 ℃	+30 ℃ 或 +0 ℃	+35 ℃ 或 −5 ℃	+40 ℃ 或 −10 ℃	+45 ℃ 或 −15 ℃	+50 ℃ 或 −20 ℃	+55 ℃ 或 −25 ℃	+60 ℃ 或 −30 ℃	+65 ℃ 或 −35 ℃	+70 ℃ 或 −40 ℃	+75 ℃ 或 −45 ℃	+80 ℃ 或 −50 ℃
1 100	0	9	19	28	37	47	56	65	75	84	94	103	112	122
1 200	0	10	20	31	41	51	61	71	82	92	102	112	122	133
1 300	0	11	22	33	44	55	66	77	88	99	111	122	133	144
1 400	0	12	24	36	48	60	71	83	95	107	119	131	143	155
1 500	0	13	25	38	51	64	77	89	102	115	128	140	153	166
1 600	0	14	27	41	54	68	82	95	109	122	136	150	163	177
1 700	0	14	29	43	58	72	87	101	116	130	145	159	173	188
1 800	0	15	31	46	61	77	92	107	122	138	153	168	184	199
1 900	0	16	32	48	63	81	97	113	129	145	162	178	194	210

2. 习题

【习题 1】 在结构高度 900 mm、1 200 mm 处设置横向电连接，接触线、承力索处均使用压接型电连接线夹，计算电连接线长度。

解：(1) 已知结构高度 $H=0.9$ m，设置 C 形电连接。查表 1.15.1，$K=0.16$ m；电连接线长度 $L=H+K=(0.9+0.16)$ m$=1.06$ m。

(2)已知结构高度 $H=1.2$ m，设置 S 形电连接。查表 1.15.1，$K=0.18$ m；电连接线长度 $L=H+K=(1.2+0.18)$ m$=1.38$ m。

【习题 2】 非绝缘锚段关节需在下锚支与工作支间的水平距离为 2 m 处，设置压接型电连接，如图 1.15.9 所示。该处接触网结构高度

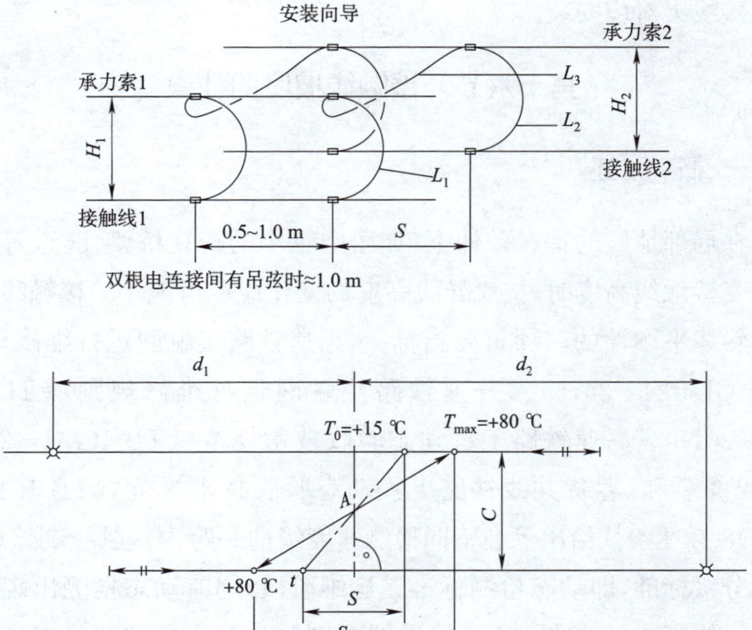

图 1.15.9　电连接安装示意

工作支为 1.0 m，下锚支为 0.9 m，两支接触悬挂承力索中心锚结间的距离为 1 200 m，接触网无偏移温度 t_0 = 15 ℃，现场安装温度 25 ℃，用查表法计算单根电连接线长度并确定安装位置。

解：已知结构高度 $H_1=1.0$ m，$H_2=0.9$ m；查表 1.15.1，$K_1=0.15$ m，$K_2=0.16$ m；查表 1.15.2，$A=2.4$ m。

$$L_1=H_1+K_1=(1.0+0.15)\text{m}=1.15\text{ m}$$

$$L_2=H_2+K_2=(0.9+0.16)\text{m}=1.06\text{ m}$$

$$L=L_1+L_2+A+0.2=(1.15+1.06+2.4+0.2)\text{m}=4.81\text{ m}$$

查表 1.15.3，$S=0.2$ m。两接触悬挂承力索电连接线夹应安装于既定电连接安装位置向下锚方向 0.1 m 位置，同支接触悬挂接触线电连接线夹对应安装。

第十六节　接触线坡度的计算

一、概　　述

在局部地段的特殊条件下（如净空较小的跨线桥梁、隧道等），需要改变接触线高度时，接触导线高度的变化应尽可能小。接触线坡度是接触线平顺性的一项重要指标。《高速铁路接触网运行维修规则》（TG/GD 124—2015）、《普速铁路接触网运行维修规则》（TG/GD 116—2017）、《高速铁路工程动态验收技术规范》（TB 10761—2013）8.2.2 条款和《客货共线铁路工程动态验收技术规范》（TB 10461—2019）8.2.2 条款给出了在不同检测速度级的一跨内接触线高差（2A）缺陷分级标准，即动态检测标准。运维阶段，遇有动态检测出现一跨内接触线高差（2A）缺陷时，接触网高度调整工作要按照静态接触线坡度的标准进行。

本节建议列为职工应掌握内容。

二、原理和方法

接触线坡度是指接触网两个连续的悬挂点(A 与 B)之间钢轨水平面上的接触线高差与悬挂点之间距离的比例,用千分比表示。

$$i=\frac{H_A-H_B}{1\,000l}\times 1\,000‰ \tag{1-16-1}$$

式中,i 为接触线坡度;H_A、H_B 为跨距两端的接触线轨面高度差,mm;l 为跨距,m。

《高速铁路接触网运行维修规则》(TG/GD 124—2015)第一百条对接触线坡度(工作支接触线相邻悬挂点高度变化)调整要求为:

标准值:$v\leqslant 250$ km/h 时,坡度≤1‰,$v>250$ km/h 时,坡度为 0。

标准状态:$v\leqslant 250$ km/h 时,坡度≤1‰,$v>250$ km/h 时,坡度≤0.5‰。

警示值:$v\leqslant 250$ km/h 时,坡度≤1‰,$v>250$ km/h 时,坡度≤0.5‰。

限界值:$v\leqslant 250$ km/h 时,坡度≤1.5‰,$v>250$ km/h 时,坡度≤1‰。

《高速铁路接触网运行维修规则》(TG/GD 124—2015)附件 5 规定了动态检测时接触线平顺性的硬点和一跨内接触线高差评价标准。其中一跨内接触线高差 $2A\geqslant 150$ mm 时属于一级缺陷,100 mm$\leqslant 2A<150$ mm 属于二级缺陷。

TB 10009—2016《铁路电力牵引供电设计规范》5.1.6 条款明确了各种速度下,接触线最大坡度和坡度变化的要求,具体见表 1.16.1。

表 1.16.1　接触线最大坡度和坡度变化

设计速度/(km·h^{-1})	接触线最大坡度/‰	接触线最大坡度变化/‰
120	4.0	2.0
160	3.3	1.7
200	2.0	1.0
250	1.0	0.5
300	0	0
350	0	0

三、应用示例

1. 案例

【案例 1】 综合检测列车 2020 年 6 月检出某客运专线上行 K474.946 处最大弓网接触力一级超限，且该处前一跨内接触线高差超过 200 mm，硬点传感器加速度值也出现波动。该局集团公司对该处所进行了现场测量及整治，图 1.16.1 为该处整治前后波形对比，整

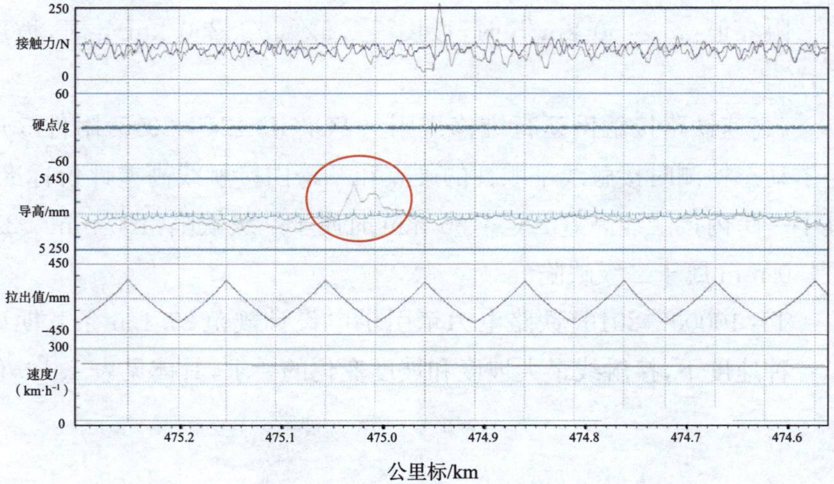

图 1.16.1　某客运专线上行 K474+946 处弓网接触力检测波形对比

治完成后最大接触力缺陷及加速度波动消除，接触线高度平顺性得到改善。

【案例 2】图 1.16.2 为某线下行 K1691.538 处一跨内接触线高差缺陷波形。由图可知其发生在四跨锚段关节的转换柱与下锚柱之间，缺陷原因应为锚段关节接触网几何参数调整不到位。

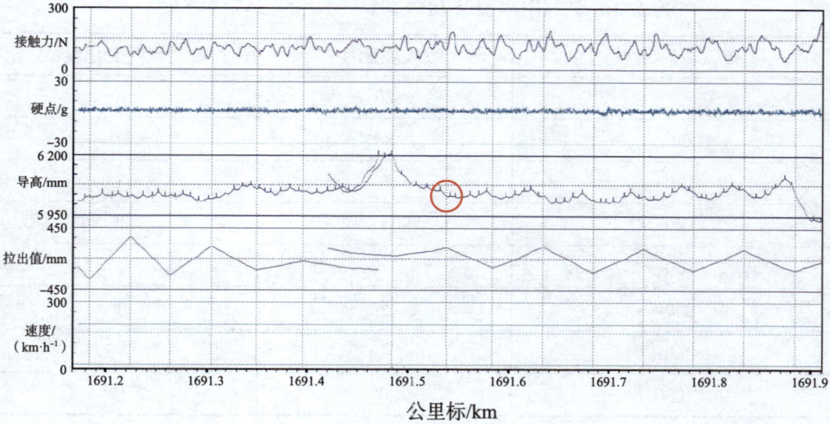

图 1.16.2　某线下行 K1691.538 处一跨内接触线高差缺陷波形

2. 习题

【习题】设计速度为 200 km/h 的线路，跨距为 50 m，两相邻悬挂点的高度分别为 5 575 mm、5 500 mm。问是否满足《高速铁路接触网运行维修规则》标准要求。

解：已知 $H_A=5\ 575\ \text{mm}$，$H_B=5\ 500\ \text{mm}$，$l=50\ \text{m}$。

$$坡度\ i=\frac{H_A-H_B}{1\ 000l}\times 1\ 000‰=\frac{5\ 575-5\ 500}{1\ 000\times 50}\times 1\ 000‰=1.5‰$$

根据《高速铁路接触网运行维修规则》接触线坡度（工作支接触线相邻悬挂点高度变化）要求，可知该坡度值 1.5‰超过了警示值：$v\leqslant 250$ km/h 时，坡度≤1‰的标准，但在限界值≤1.5‰的标准范围内。

3. 知识扩展

《轨道交通　地面装置　电力牵引架空接触网》(GB/T 32578—2016)规定了不同运行速度下的接触线坡度。相比《铁路电力牵引供电设计规范》(TB 10009—2016),GB/T 32578—2016 包含了时速 120 km 以下线路的接触线坡度要求,具体见表 1.16.2。

表 1.16.2　GB/T 32578—2016 规定的接触线坡度

速度/($km \cdot h^{-1}$)	最大坡度/‰	最大坡度变化量/‰
50	25	20
60	20	10
100	6	3
120	4	2
160	3.3	1.7
200	2	1
250	1	0.5
>250	0	0

第十七节　锚段关节闭口侧吊弦防磨计算

一、概　　述

一般情况下,常用的三跨、四跨和五跨锚段关节的两支接触悬挂均存在开口侧和闭口侧。五跨非绝缘锚段关节平面布置如图 1.17.1 所示,五跨绝缘锚段关节平面布置如图 1.17.2 所示,闭口侧转换柱 D 的安装示意如图 1.17.3 所示。由于锚段关节处两支接触悬挂在温度变化时伸缩方向相反,所以理论上若相互间距不能保证,极限温度时工作支吊弦或非工作支吊弦均存在被磨损的可能。闭口侧的非工作支下锚需要跨过工作支进行下锚,易造成非工作支吊弦与工作支承力索接触互磨,或者工作支吊弦与非工作支接触线接触互磨。若存在接

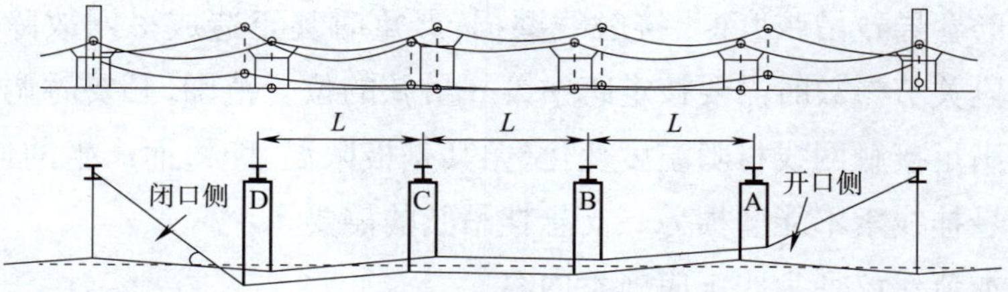

图 1.17.1　五跨非绝缘锚段关节平面布置

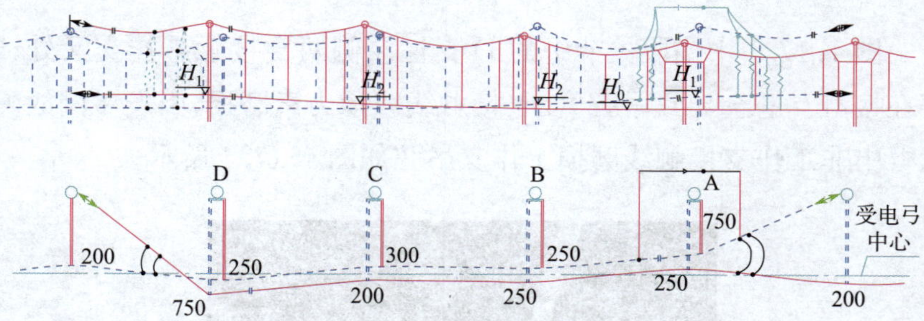

图 1.17.2　五跨绝缘锚段关节(直线段)平面布置(单位:mm)

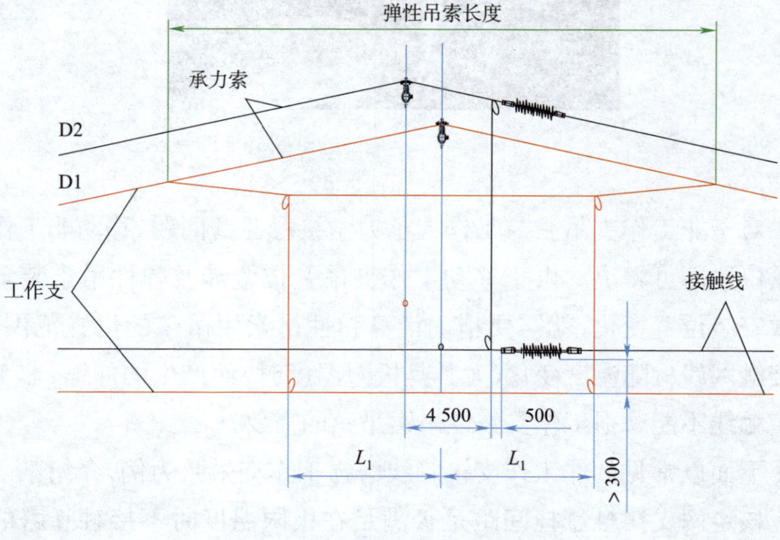

图 1.17.3　D 支柱安装示意(单位:cm)

触互磨会导致吊弦磨断、接触线磨损，严重时甚至造成弓网故障。检测锚段关节参数时需要核定跨中第一吊弦的位置范围，必要时调整位置以满足接触网线材随温度变化(尤其是极限温度时)而产生的伸缩，一支悬挂线索不能磨损另一支悬挂吊弦的需要。

本节建议列为职工应熟悉内容。

二、原理方法

图 1.17.1 中锚段关节中的 D 支柱左侧两支接触悬挂交叉处，若存在接触互磨会导致吊弦磨断、接触线或承力索磨损，引发弓网故障。运行中非工作支接触线磨损工作支吊弦如图 1.17.4 所示。

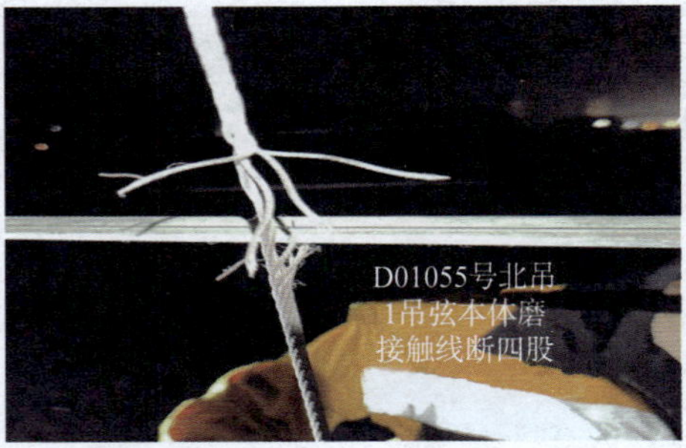

图 1.17.4　运行中非工作支接触线磨损工作支吊弦

对于非工作支吊弦与工作支承力索接触互磨问题，移动非工作支吊弦位置即可解决。由于移动工作支吊弦位置涉及弹性吊索装置的正常安装位置变化，就需要精确计算弹性吊索用吊弦的位置范围，满足接触网线材随温度变化(尤其是极限温度时)而产生的伸缩，非工作支接触线不能磨损工作支弹性吊索吊弦的需要。

下面以常见的非工作支接触线磨损工作支吊弦为例，介绍某一温度下核定两支接触悬挂间距是否满足在极限温度时不接触互磨的计

算方法。若 ΔL(m)为工作支接触线在极限温度时相对现场实际温度的移动值,显然有下面计算公式:

$$\Delta L = L_x \cdot \varphi \cdot \Delta t \tag{1-17-1}$$

式中,L_x 为接触线交点至工作支接触悬挂中锚中心距离,m;φ 为工作支接触线的线胀系数,1/℃;Δt 为极限温度与现场实际温度的差值,℃。

三、应用示例

【习题】非绝缘锚段关节闭口侧第一吊弦与非工作支接触线磨损示意如图 1.17.5 所示。2023 年 8 月 9 日天窗点内现场发现某高速铁路一处非工作支接触线磨闭口侧工作支第一根吊弦,现场温度为 22 ℃,接触网设计最高温度 80 ℃,最低气温 −25 ℃。接触网工作支锚段长度为 2×700 m,跨距为 50 m 等跨距,五跨锚段关节,接触线线胀系数为 1.7×10^{-5}。请计算现场温度为 22 ℃时,邻近的工作支吊弦距离交叉点的最小距离。

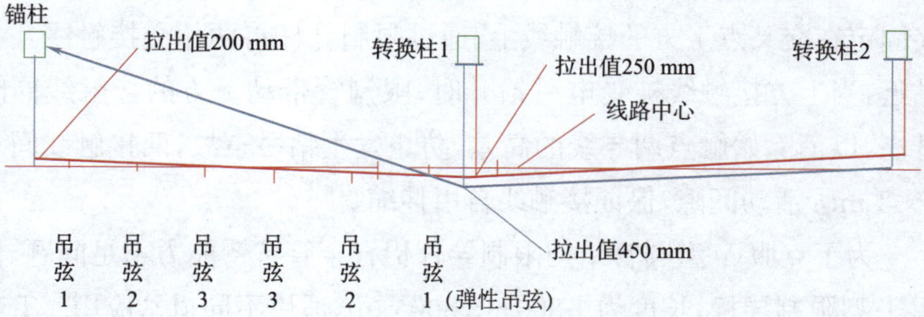

图 1.17.5　非绝缘锚段关节闭口侧第一吊弦与非工作支接触线磨损示意

解:已知闭口侧接触线交叉点到接触网工作支中心锚结的距离约为(700−200)m=500 m;

接触网最高温度 80 ℃时:

$$\Delta L = L_x \cdot \varphi \cdot \Delta t = 500 \times 1.7 \times 10^{-5} \times (80 - 22)\,\text{m} = 0.493\ \text{m}$$

接触网最低气温−25 ℃时：

$$\Delta L = L_x \cdot \varphi \cdot \Delta t = 500 \times 1.7 \times 10^{-5} \times (-25 - 22)\,\text{m} = -0.3995\ \text{m}$$

即在接触线交叉点处，温度较低时，下锚方向的吊弦向非工作支接触线移动，因此工作支接触线下锚方向的邻近吊弦应保证与接触线交叉点相距 399.5 mm；温度较高时，中锚方向的吊弦向非支接触线移动，因此中锚方向的邻近吊弦应保证与接触线交叉点相距 493 mm，方可防止工作支吊弦与非工作支接触线互磨情况发生。

第十八节　线岔限制管位置安装计算

一、概　述

线岔处两接触线相交，两条接触线在交叉处用限制导杆约束，限制两相交接触线位置，称为交叉线岔。交叉线岔是由两相交接触线、限制导杆（旧称限制管）和固定限制导杆的线夹、螺栓和吊弦等组成，Y型圆管结构限制管交叉线岔如图 1.18.1 所示。限制导杆两端，用线夹固定在交叉点下方的接触线上，通过限制导杆将两相交接触线互相贴近，当上方接触线被受电弓抬升时，限制管带动下方的接触线同时升高，以消除始触点两导线的高差，防止发生钻弓事故，两接触线间有 1～3 mm 活动间隙，保证接触线自由伸缩。

为了克服 Y 型圆管结构限制导杆铝合金管抗弯能力不足问题，使用 T 型限制导杆，长度为 1 800～2 500 mm，适用不同道岔应用。T 型限制导杆强度较高，自重较大，两端各使用两个固定线夹固定在下方接触线上，为了减少 T 型限制导杆的硬点，在导杆两端设置吊弦，安装处接触线导高比标准导高有所抬升，如图 1.18.2 所示。

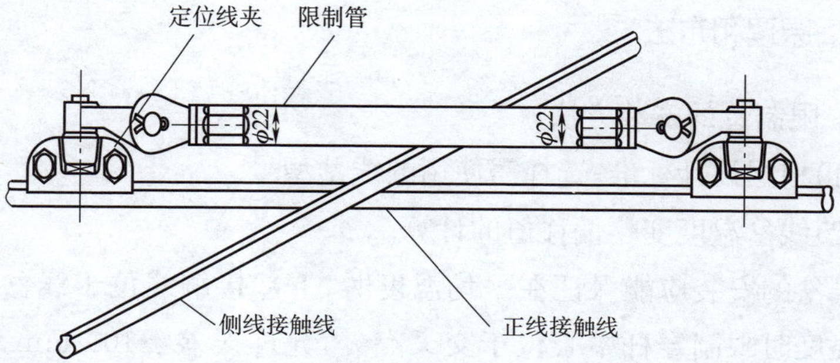

图 1.18.1　Y 型圆管结构限制管交叉线岔(单位:mm)

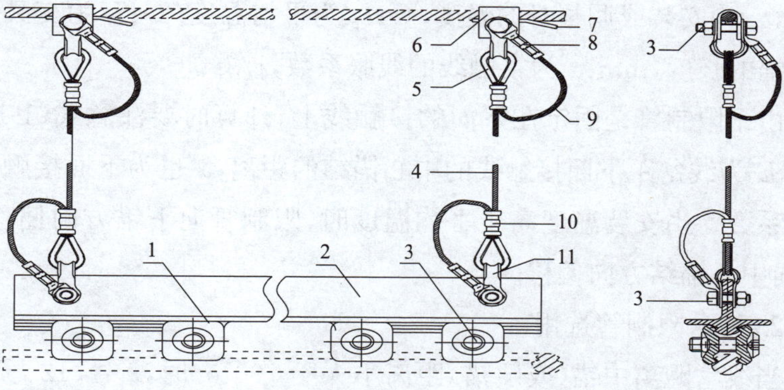

1—固定线夹;2—限制导杆;3—螺栓及其附件;4—吊弦线;5—心形护环;
6—承力索吊弦线夹;7—螺纹卡子;8—压接端子;9—载流环;
10—压接管;11—U 形环。

图 1.18.2　T 型线岔示意

由正线与侧线组成的交叉线岔,正线接触线位于侧线接触线的下方,其基本结构如图 1.18.1 所示;由侧线和侧线组成的线岔,距中心锚结较近的接触线位于下方。由于侧线接触线需要跨过正线接触线进行下锚,易造成侧线接触线与限制管定位线夹互磨。

本节建议列为职工应熟悉内容。

二、原理和方法

1. 限制管的安装方法

(1)根据设计标准,选择需使用的线岔型号。

(2)线岔温度变化偏移值的计算。

线岔的安装应能保证在平均温度时,上部接触线位于线岔中央,平均温度时限制导杆中心位于交叉点处,允许误差±100 mm。非平均温度安装线岔时,其偏移计算公式与腕臂偏移相同,即

$$E=L\alpha(t_x-t_p) \tag{1-18-1}$$

式中,t_x 为安装或调整时的温度,℃;t_p 为平均温度,℃;L 为交叉点距离中锚的长度,mm;α 为接触线的线胀系数,1/℃。

由于限制管是固定在下面的接触线上,计算时要注意式(1-18-1)中的 L 为线岔距下面接触线的中心锚结的距离,α 也为下面接触线的线胀系数。当安装温度高于平均温度时,限制管向下锚方向偏移,反之,向中心锚结方向偏移。

2. 线岔限制管选用

当线岔距离中锚(或硬锚)距离不大于 700 m 时,9 号、12 号道岔选用 L=1 800 mm 限制管,18 号道岔选用 L=2 500 mm 限制管;线岔距离中锚(或硬锚)大于 700 m 时,线岔限制管长度由设计单位计算确定。限制管安装间隙保证一支接触线抬高 15~20 mm 的技术要求。

3. 交叉吊弦计算

在线岔交点两端,在辙岔区两工作支侧,正线接触线和侧线中心线距、侧线接触线和正线线路中心线距均在 550~600 mm 之间,设置两根交叉吊弦,即将侧线接触悬挂的承力索悬吊正线接触悬挂的接触线,而正线接触悬挂的承力索悬吊侧线接触悬挂的接触线,如

图 1.18.3 所示。机车受电弓将正(侧)线接触线抬升时,通过交叉吊弦的作用可将侧(正)线的接触线同步抬升。

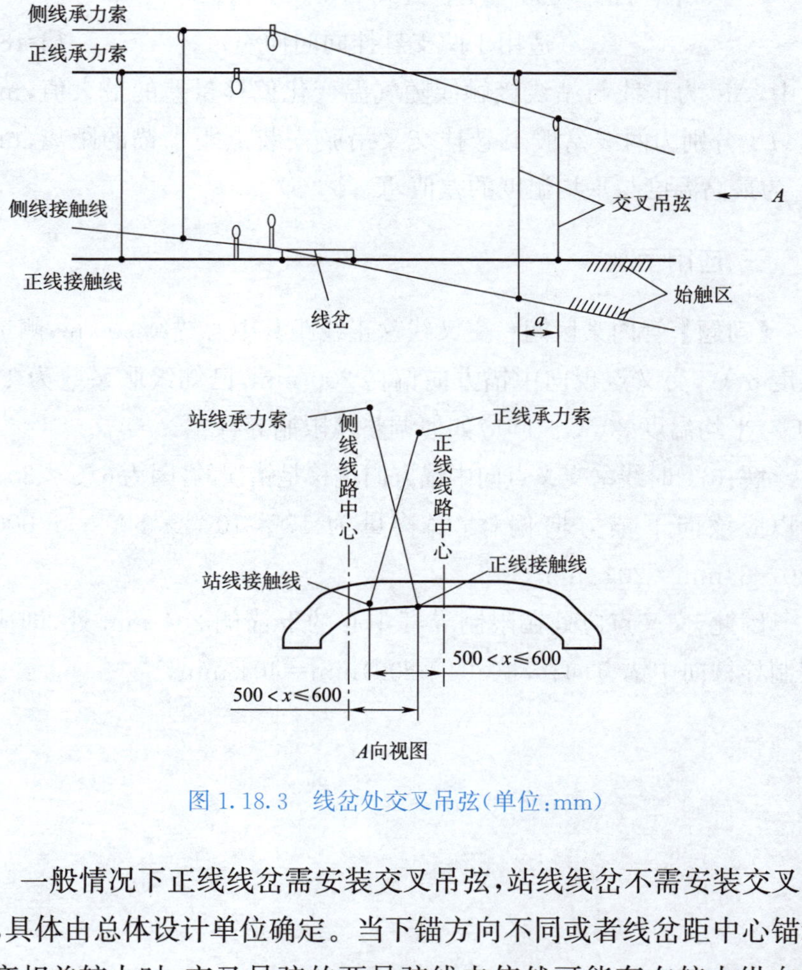

图 1.18.3 线岔处交叉吊弦(单位:mm)

一般情况下正线线岔需安装交叉吊弦,站线线岔不需安装交叉吊弦,具体由总体设计单位确定。当下锚方向不同或者线岔距中心锚结距离相差较大时,交叉吊弦的两吊弦线夹依然可能存在较大纵向移动,将导致交叉吊弦处的导线被倾斜的吊弦拉高,引发弓网事故,这时交叉吊弦应采用滑动吊弦。

图 1.18.3 中交叉吊弦纵向距离为

$$a=\Delta L+200=(L_1+L_2)\times 0.0017\times \Delta t+200$$

（适用于两支悬挂异向伸缩） （1-18-2）

$$a=\Delta L+200=(L_1-L_2)\times 0.0017\times \Delta t+200$$

（适用于两支悬挂同向伸缩） （1-18-3）

式中，ΔL 为正线与站线接触线随气温变化偏移量差的最大值，mm；L_1、L_2 分别为两线岔股道悬挂交叉吊弦安装点距中锚的距离，mm；Δt 为最高温度与平均温度的差值，℃。

三、应用示例

【习题】 管内某区间一交叉线岔正线距其中心锚结 500 m，测量时温度 6 ℃，交叉点现向中锚方向偏移 200 mm，已知线胀系数为 17×10^{-6}，平均温度 30 ℃。问应如何调整该限制导杆？

解： 6 ℃时线岔交叉点向中锚方向偏移是错误的，因为 6 ℃<30 ℃，所以应该向下锚方向偏移，偏移量为 $17\times10^{-6}\times500\times1\ 000\times(30-6)$mm=204 mm。

因此，交叉点应处在限制导杆中心的下锚侧 204 mm 处，即应将限制导杆向中锚方向移动(204+200)mm=404 mm。

第二章　定位支撑装置

第一节　腕臂结构尺寸计算

一、概　　述

在接触悬挂系统中，接触网腕臂支持结构起到了支撑、定位并承受机械与电气荷载的作用。腕臂结构的工作性能直接影响接触悬挂系统的稳定性与可靠性。工厂化预配是提高接触网安装精度和规范化安装的重要手段，腕臂预配计算是接触网施工的一项重要内容。目前，电气化铁路接触网腕臂计算主要运用计算机软件进行，可精确地计算出平、斜腕臂及定位管的长度，为工厂化预配安装提供精确的技术支持。运维阶段，现场一般没有专用的计算机软件，能否快速、准确计算及预配腕臂，影响事故抢修工作水平和效率。我国高速铁路接触网在工程建设阶段，运营单位提前介入掌握的一杆一档数据的腕臂预配数据，在运营阶段设备故障恢复时可以使用。在接触网维修维护中，没有专业的计算软件和腕臂预配数据时，为了提高工作效率，人工对支柱腕臂结构尺寸进行计算，然后进行工厂化预配，以减少现场调整作业工作量，提高劳动效率。正定位腕臂结构如图 2.1.1 所示。

图 2.1.1　正定位腕臂结构

本节建议列为职工应熟悉的内容。

二、原理和方法

腕臂预配计算受到接触悬挂的结构高度、接触线高度、支柱线路侧斜率、侧面限界和支柱所在位置(即支柱设在直线上还是曲线段)等因素的影响。影响腕臂计算的主要结构尺寸如图 2.1.2 所示。腕臂预配计算的软件很多,各工程并不通用。

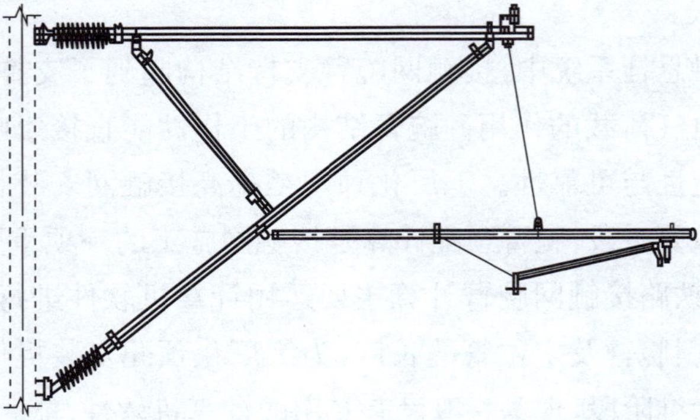

图 2.1.2　影响正定位腕臂计算的主要结构尺寸

传统简便的几何算法如下:斜率的测量值以支柱内沿的倾斜率为准。激光测量仪置于线路平行于支柱的线路上,激光置于轨面红线处,测量数据为侧面限界 C_X;再用激光测量仪置于线路平行于支柱的线路上,测量位置为距轨面红线 1 m 处的侧面限界,测量数据为 1 m 处的限界 C_{X1}。支柱的斜率为 $f=(C_{X1}-C_X)/1\ 000$。

使用腕臂预配计算的软件时,测量任务完成后,将测量结果列表整理,输入计算软件进行计算。计算时需要输入需扣除的零部件长度。

在计算过程中,为保证计算结果的准确性,现场测量时应尽量减少测量误差。

假设水平腕臂有一定低头(或抬高,本处以低头为例推导),水平腕臂与水平线的夹角为 α。接触网腕臂计算简图如图 2.1.3 所示,具有以下几个特点:

1. 在平腕臂上安装承力索座,承力索座为双槽设计,承力索放置时考虑到受力因素,一般正定位承力索放置在内侧,反定位承力索放置在外侧。由于夹角 α 很小,针对工程计算,可以直接省略某些计算项目,因而公式为近似计算数学公式。

2. 充分考虑零件长度,使计算结果直观明了,可以提高预制效率。

3. 计算中充分考虑支柱挠度,并以 mm 为计算单位,以提高计算精度。

平腕臂长度(单位:mm)计算如下:

计算总长 $L_{PZC}=C_X+H_S\times f-[a-(H_j\times\Delta h)/L]+L_{平腕臂露头}$;

腕臂复核 $L_{PFH}=L_{PZC}-L_{上底座长度}$;

平腕臂下料 $L_{PXL}=L_{PFH}-L_{棒}+L_{内}$。

式中,C_X 为支柱侧面限界;H_S 为上腕臂底座相对轨面高度;f 为支柱整正后斜率;a 为拉出值;Δh 为外轨超高,直线时 $\Delta h=0$;L 为轨距,通常取 1 435 mm;H_j 为接触线高度;$L_{平腕臂露头}$ 为平腕臂外端距离承力索座中心的距离;$L_{棒}$ 为棒式绝缘子长度;$L_{内}$ 为腕臂插入绝缘子连接套管的深度。

斜腕臂长度(单位:mm)计算如下:

直角边 $A=WZ_1+L_{棒}-L_{内}-f\times(H_S-H_X)$;

直角边 $B=H_S-H_X-H_{低头}-H_{耳}$。

斜腕臂长度计算示意如图 2.1.4 所示。

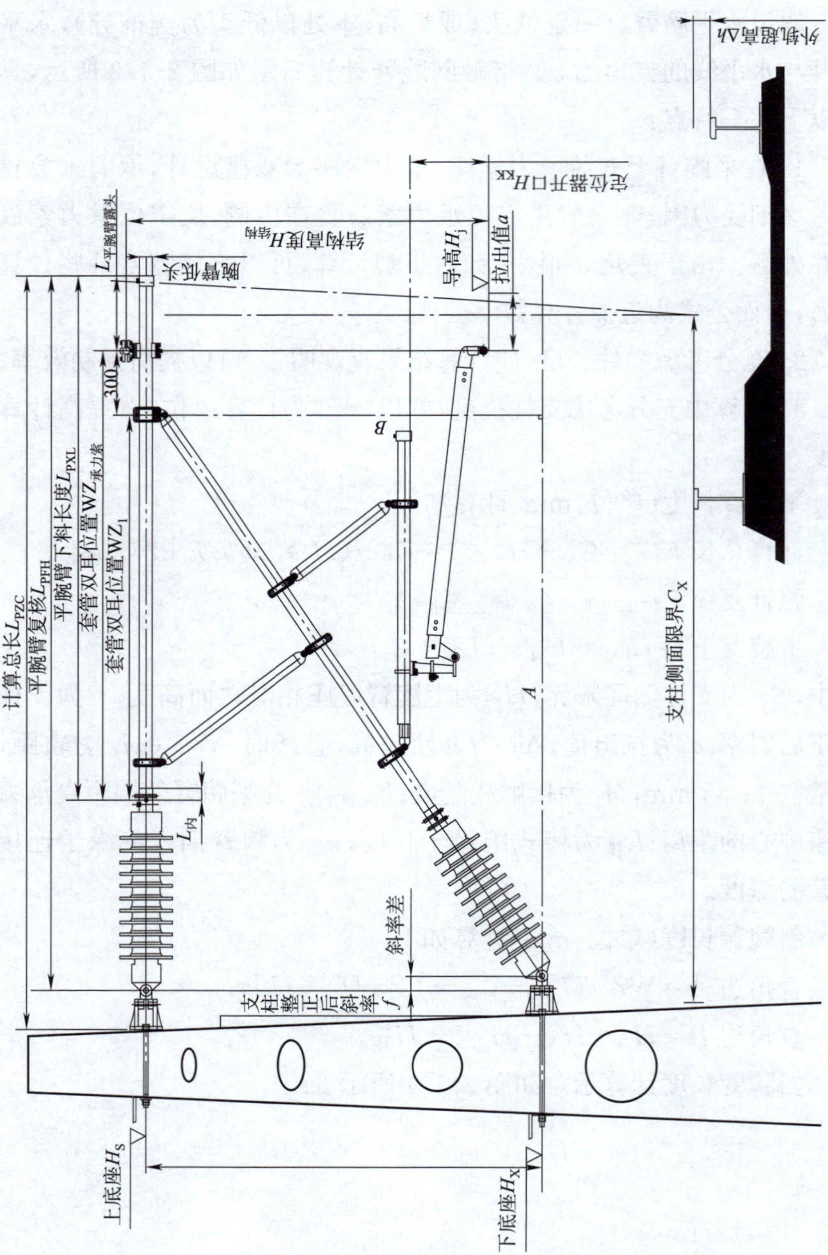

图 2.1.3 正定位腕臂计算简图(单位:mm)

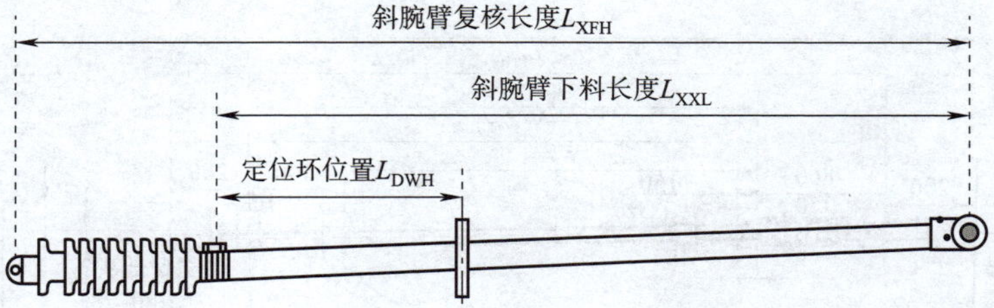

图 2.1.4　斜腕臂长度计算示意

斜腕臂复核长度 $L_{XFH}=\sqrt{A^2+B^2}$；

斜腕臂下料长度 $L_{XXL}=L_{XFH}-L_{棒}+L_{内}$。

斜腕臂定位环位置 L_{DWH} 计算公式为

$$L_{DWH}=\frac{L_{XFH}}{B}\times(H_j+H_{KK}-H_X)-L_{棒}+L_{内} \tag{2-1-1}$$

式中，H_X 为斜腕臂底座相对轨面高度；$H_{低头}$ 指平腕臂低头尺寸；$H_{耳}$ 为套管双耳长度，即套管双耳顶端到平腕臂中心的距离，一般为 50 mm；H_{KK} 为定位器开口大小，一般为 400 mm。其余物理量含义同平腕臂长度计算。

三、应用案例

平腕臂结构尺寸计算模型如图 2.1.5 所示。

1. 平腕臂低头 52(如果未特别说明，单位均为 mm，下同)时与水平线夹角为 1°，对平腕臂长度影响为 0.3，忽略不计。

2. 斜腕臂计算利用直角三角形计算，其中 A、B 值按下面方法求得：

直角边 $A=WZ_L+30$(套管双耳半宽)$+860$(双重绝缘 860，普通 750)-85(套筒长度)$-1\ 750f$(斜率差)；

直角边 $B=1\ 750$(底座间距)-50(此处腕臂低头折算值)-80(套

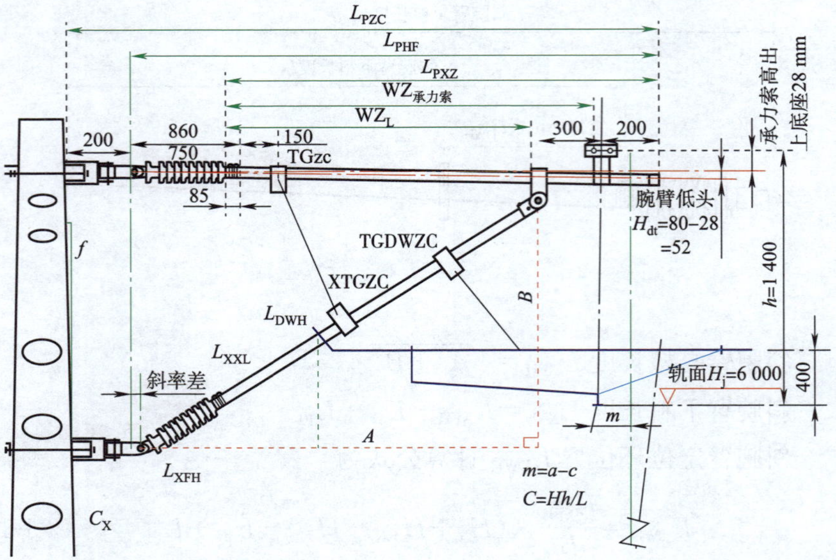

图 2.1.5　平腕臂结构尺寸计算模型(单位:mm)

管双耳扣料长度)。

3. 测量数据:支柱侧面限界 C_X、线路超高 h、支柱斜率 f。

4. 已知参数:上底座高度 H_S = 7 372(7 822),上下底座间距 1 750,下底座高度 5 622,线间距 1 440,定位器开口 400(350、250)。

5. 材料数据:(上下)底座长度 200;棒式绝缘子(双重绝缘 860,普通 750)长度 860−85(750−85),承力索座高度 80,定位环长度 50。

6. 图纸数据:导高 6 000(6 450),拉出值 a,结构高度 1 400。

7. 平腕臂计算:

计算总长:$L_{PZC}=C_X+H_S\times f-m+200$(腕臂头外露);

腕臂复核:$L_{PFH}=L_{PZC}-200$(底座扣料);

腕臂下料:$L_{PXZ}=L_{PFH}-860$(双重绝缘 860,普通 750)+85(套筒长度);

承力索座：$WZ_{承力索}=L_{PXZ}-200-30$(承力索座半宽)；

套管双耳 wb：$WZ_{L}=L_{PXZ}-500-30$(套管双耳半宽)；

套管双耳 zc：TGzc＝150－30(套管双耳半宽)。

8. 斜腕臂计算：

斜腕臂复核长度：$L_{XFH}=\sqrt{A^2+B^2}$；

斜腕臂下料长度：$L_{XXL}=L_{XFH}-860+85$；

定位环位置：$L_{DWH}=(6\ 000+400-5\ 622)\times L_{XFH}/B-860+85$。

9. 定位管上计算：

正定位定位管长度：$ZDWGC=C_X+5\ 622f-m-(6\ 000+400-5\ 622)A/B-200$(底座扣料)－50(定位环扣料)＋600(防风拉线长度)＋200(定位管外露长度)；

反定位定位管长度：$FDWGC=C_X+5\ 622f+m-(6\ 000+400-5\ 622)A/B-200$(底座扣料)－50(定位环扣料)＋1 200(1050 定位器长度)＋200(定位管外露长度)；

正定位管上定位环位置：ZGSDWH＝ZDWGC－1 200(1050 定位器长度)－600－200；

反定位管上定位环位置：FGSDWH＝FDWGC－200；

正定位防风拉线定位环位置：ZFFDWH＝ZDWGC－200；

反定位防风拉线定位环位置：FFFDWH＝FDWGC－1 200(1050 定位器长度)－600－200；

定位管卡子位置：DWGKZ＝500。

【习题】一根支柱简统化接触网定位支撑结构装配如图 2.1.6 所示。直线地段，平腕臂不低头，定位拉出值 200 mm，侧面限界为 2 500 mm，支柱内缘外倾斜率为 0.5%，棒式绝缘子到支柱上、下底座内侧缘的距离均取 880 mm，承力索支座距离腕臂端部 300 mm，上底座距轨面距离为 7 300 mm，上、下两底座间距为 2 000 mm。计算平腕臂和斜腕臂的长度。

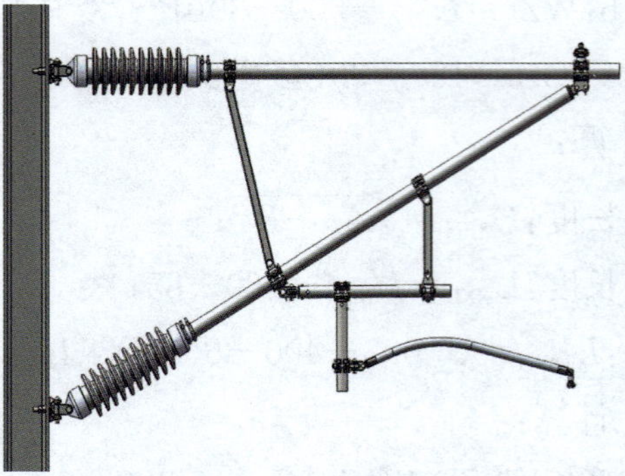

图 2.1.6　简统化接触网定位支撑结构装配示意

解:已知 $C_X=2\ 500$ mm,$H_上=7\ 300$ mm,$\delta=0.5\%$,$L_上=880$ mm,$L=2\ 000$ mm

(1)计算偏斜值

上底座偏移值:$E_上=H_上\times\delta=7\ 300\times0.5\%$ mm$=36.5$ mm

下底座偏移值:$E_下=H_下\times\delta=(7\ 300-2\ 000)\times0.5\%$ mm$=26.5$ mm

(2)计算平腕臂长度

$X=C_X+E_上-200+300-880=(2\ 500+36.5-200+300-880)mm=1\ 756.5$ mm

(3)计算斜腕臂的长度

$Y=\sqrt{L^2+(C_X+E_下-200)^2}-880=[\sqrt{2\ 000^2+(2\ 500+26.5-200)^2}-880]mm\approx(3\ 068-880)mm=2\ 188$ mm

答:平腕臂长度为 1 756.5 mm,斜腕臂长度为 2 188 mm。

第二节　定位器允许抬升量计算

一、概　　述

受电弓经过定位点时，在受电弓抬升压力作用下，支柱处接触线会抬升一定的高度。2020 年某高速铁路线路（运营速度 350 km/h）接触线定位点抬升现场测量值分布如图 2.2.1 所示。

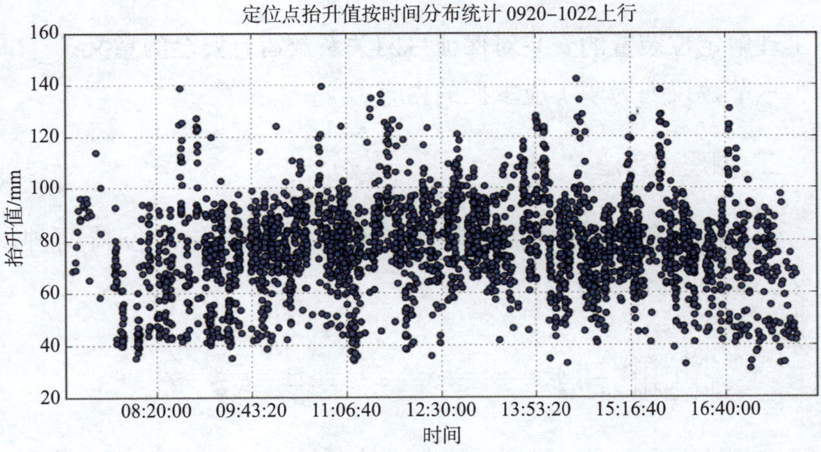

图 2.2.1　2020 年某高速铁路接触线定位点抬升现场测量值分布

受电弓通过定位点处引起的接触线抬升会使定位器的角度发生变化。如果定位点处定位器最大允许抬升量不能满足接触线最大允许抬升值，采用限位定位器时，受电弓通过时会产生硬点。采用非限位定位器或者采用限位定位器因安装原因而限位未起作用，因受电弓与定位器发生机械打击而引起弓网事故。受电弓通过定位点时引起定位器状态改变如图 2.2.2 所示。

掌握受电弓动态抬升量与定位器最大允许抬升量的关系，有助于

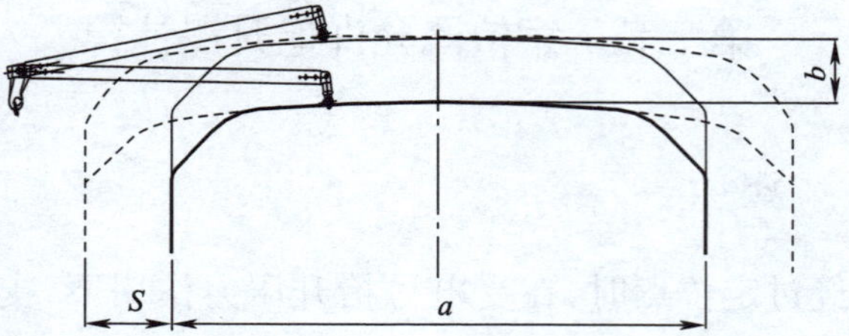

a—弓头长度；*b*—最大允许抬升；*S*—受电弓的摆动范围。

图 2.2.2 受电弓通过定位点时引起定位器状态改变

职工理解定位装置的安装对保证弓网关系及运行安全的意义。

本节建议列为职工应掌握的内容。

二、原理和方法

常用的接触网定位器有非限位定位器和限位定位器两种，如图 2.2.3、图 2.2.4 所示。

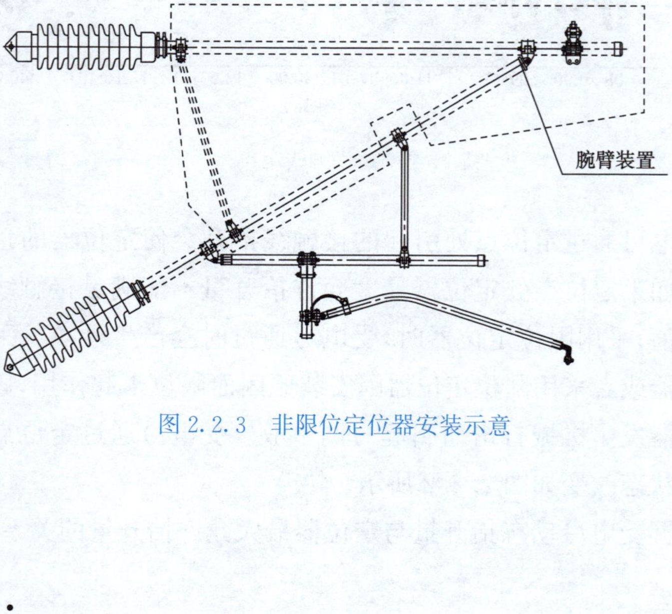

图 2.2.3 非限位定位器安装示意

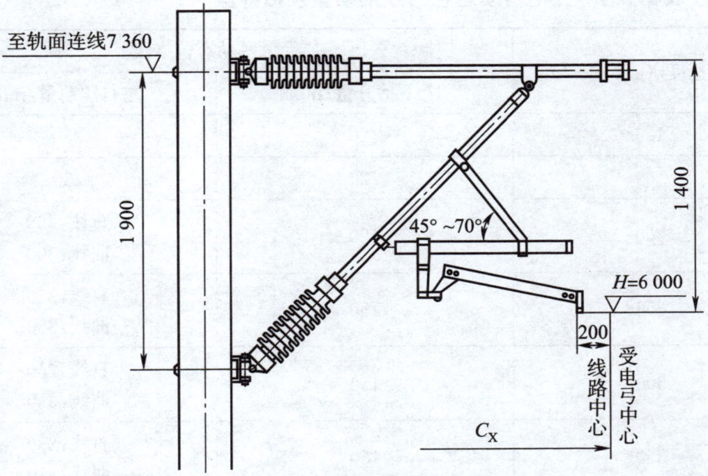

图 2.2.4　限位定位器安装示意(单位:mm)

《高速铁路设计规范》(TB 10621—2014)第 11.5.7 条规定:悬挂点处安装设计应按不小于 1.5 倍的动态最大抬升量进行安全校验,没有限位装置工作时,应按不小于 2 倍的动态最大抬升量进行安全校验。即

使用非限位定位器时定位器允许抬升量用式(2-2-1)计算。

$$u \geqslant 2.0b \tag{2-2-1}$$

使用限位定位器时定位器允许抬升量用式(2-2-2)计算。

$$u \geqslant 1.5b \tag{2-2-2}$$

式中,b 为受电弓最大动态抬升量,mm。

《铁路电力牵引供电设计规范》(TB 10009—2016)第 5.1.10 条规定了受电弓动态包络线摆动量及抬升量,见表 2.2.1。

表 2.2.1　受电弓动态包络线摆动量及抬升量(TB 10009—2016)

设计速度/(km·h^{-1})	受电弓动态包络线	
	上下抬升量/mm	左右摆动量/mm
120	120	250
160	120	250
200	120	直线:250 曲线:300
250	150	直线:250 曲线:350
300	150	直线:250 曲线:350
350	150	直线:250 曲线:350

三、应用示例

1. 案例

【缺陷案例】2014 年 4 月 23 日,某接触网工区在某车站进行全面检查作业,发现 177 号柱定位处导线磨耗严重(图 2.2.5),当晚对该处进行补强。

图 2.2.5　现场 177 号柱定位处导线磨耗严重

该处 1/41 无交分线岔为站区 6 号道岔。现场检查 177 号柱辅线采用反定位管+T 型定位器安装形式，由于 T 型定位器抬升量不足，如图 2.2.6 所示。T 型定位器抬升后可碰触到反定位管，造成该处定位器位置实际表现较两侧线索抬高较低(硬点)，在长期动车高速通过的情况下(目前该地段动车组日通行量已达 60 余趟)，定位器处接触线被持续啃磨，磨耗已达 30%以上，当日天窗点内进行临时补强。通过现场采集视频观察，基本能够满足单弓运行受电弓的抬升量，当双弓运行时，后弓抬升可碰触到反定位管。后续措施：一是更换临潼东站辅 3 锚段导线 260 m；二是对管内 1/41 线岔、锚段关节等处的 T 型定位器与定位管间隙进行排查调整。

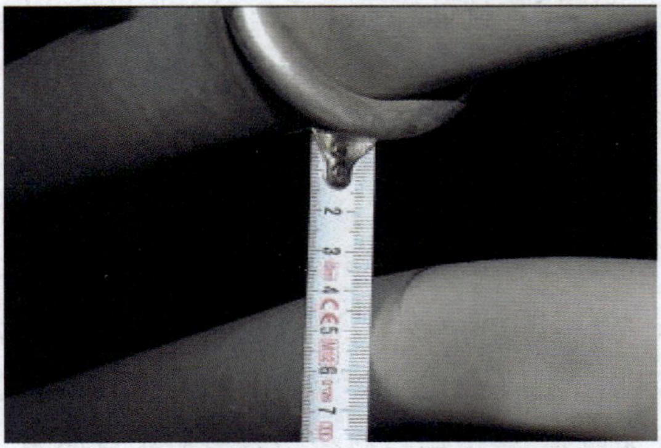

图 2.2.6 现场 T 型定位器抬升量不足

【故障案例 1】2023 年 10 月 16 日 13 时 43 分，某供电段 2C 分析发现某区间下行 K151+363，接触网支柱 21 号定位器脱落，不影响行车。区间下行 21 号支柱处于桥梁地段，机车通过时，桥梁振动造成定位器支座限位止钉逐渐退出，致使止钉间隙不足，受电弓通过时定位器与限位止钉形成硬点造成定位器支座与定位器钩环互磨，最终定位器支座磨穿后造成定位器脱出，如图 2.2.7 所示。

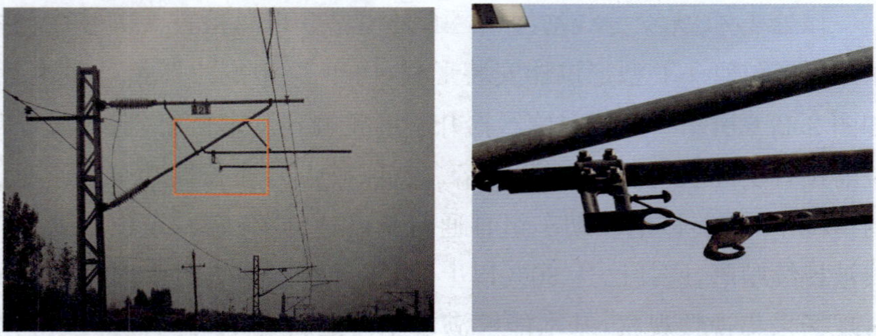

(a)远景照片　　(b)近景照片

图 2.2.7　定位器限位间隙不足导致定位器支座磨穿后造成定位器脱出

【故障案例 2】 2010 年 11 月 4 日 17:50—20:23，某区间上行冲隧道 T008 号处，发生了连续四列动车受电弓打坏故障，中断接触网供电 1 h 37 min。T008 号(K1743＋298)定位管挂在离 T008 号定位点往北约 4 m 处的弹吊与承力索之间，定位器被打碎散落在线路两旁，斜拉线在与定位管连接处松脱，另一端与腕臂正常连接。G××××动车组受电弓前滑板右侧被打变形，碳条打掉。原因分析为 T008 号定位点抬升限界值为 138 mm，如果受电弓最大抬升量超过 138 mm，定位器产生负坡度，造成了受电弓导角与定位器发生碰撞。现场定位器角度如图 2.2.8 所示，受电弓打碰定位器分析示意如图 2.2.9 所示。

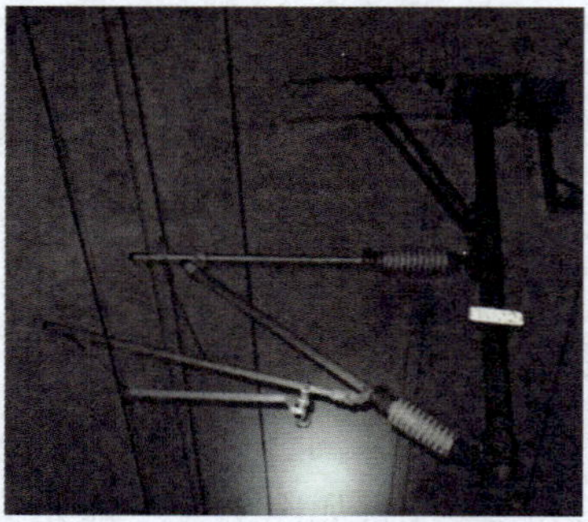

图 2.2.8　现场定位器角度偏小

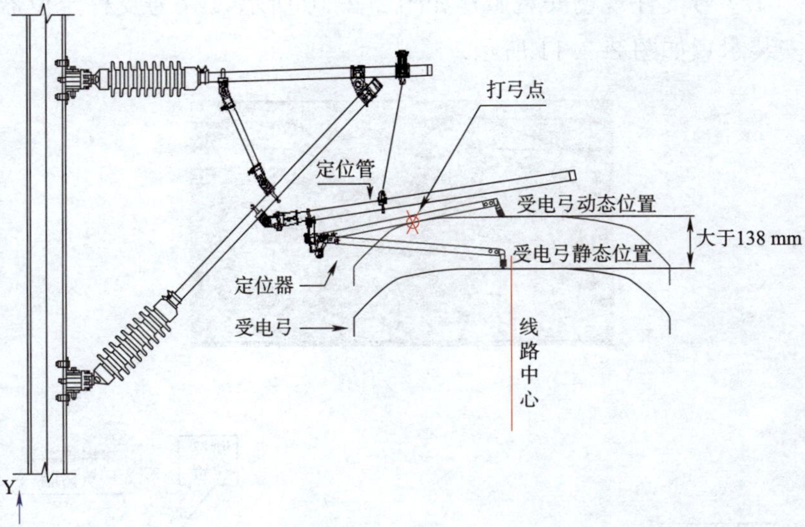

图 2.2.9 受电弓打碰定位器分析示意

【故障案例 3】 2022 年 1 月 2 日 13 时 27 分，某区间下行线 127 号支柱处，接触网抬高支定位管根部发生断裂侵入受电弓动态包络线，打坏 G××××次受电弓，受损受电弓在未自动降弓的情况下持续运行，使得接触网设备进一步损坏，后续 G××××次受电弓再次破坏，接触网未跳闸。巡视发现区间下行 K2358＋000—K2363＋000 间接触网设备受损严重，登记限速、降弓运行。经过视频分析，第一故障点位于区间下行线 127 号（K2355＋120）支柱处。1 月 3 日凌晨天窗时间，调查组组织该供电段进行现场排查进一步确认，127 号支柱处抬高支定位器管与定位套筒连接轴内 2 cm 处发生断裂，其中套筒连接轴断口 3/4 左右为旧痕。经排查，在 K2355＋120—K2362＋324 范围内共计发现 21 处定位器损坏。

127 号支柱位于区间下行 K2355＋120，为某六跨两断口分相大里程侧中心柱，断裂定位装置为抬高支，设计安装图的定位器角度为

12°。127 号支柱现场安装照片如图 2.2.10 所示，127 号支柱定位器设计安装示意如图 2.2.11 所示。

图 2.2.10 127 号支柱现场安装照片

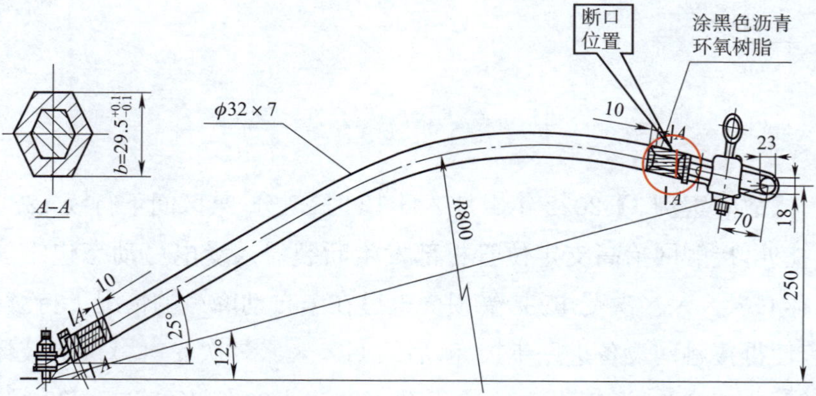

图 2.2.11 127 号支柱定位器设计安装示意(单位:mm)

原因分析:该区间下行线 127 号支柱定位器的定位管与定位套筒连接轴连接部位发生断脱，定位管侵入受电弓动态包络线，打坏 G××××次受电弓，受损受电弓进一步损坏接触网设备，又导致 G××××次受电弓损坏。该高速铁路定位器有两种型号:1200 型 8°定位器(图 2.2.12)用于直线区段，1200 型 12°定位器(图 2.2.13)用于曲线区段。分别与两种型号定位支座匹配使用。

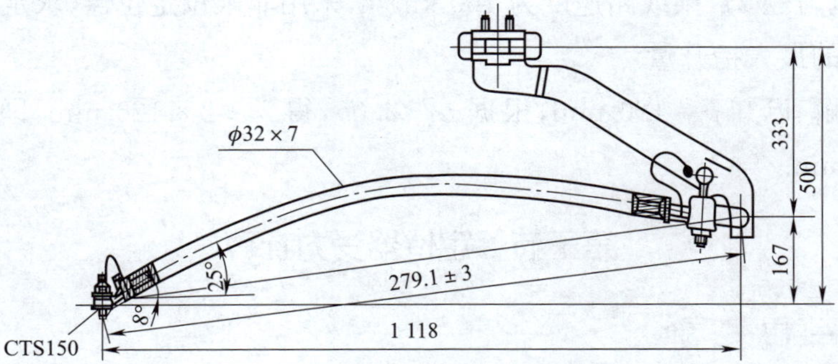

图 2.2.12　直线区段 1200 型 8°定位器(单位:mm)

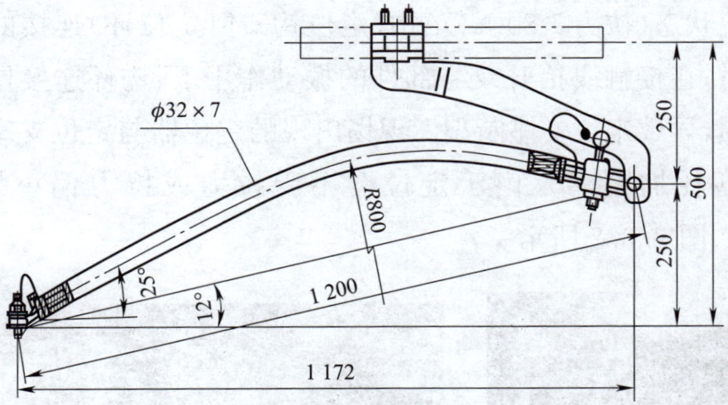

图 2.2.13　曲线区段 1200 型 12°定位器(单位:mm)

实际上现场错将直线区段的定位器用在了曲线地段,而定位器支座未更换。安装后定位器线夹承受接触线向下作用力,这与现场检查发现的开裂源区在上的情况是一致的。

2. 习题

【习题 1】某线路速度为 350 km/h,采用限位定位器,求定位器允许的最大抬升量。

解:已知 $b=150$ mm,根据 $u\geqslant 1.5b$,得 $u\geqslant 1.5\times 150$ mm,即 $u\geqslant$ 225 mm。

【**习题 2**】某线路速度为 160 km/h，采用非限位定位器，求定位器允许的最大抬升量。

解：已知 $b=120$ mm，根据 $u \geqslant 2.0b$，得 $u \geqslant 2 \times 120$ mm，即 $u \geqslant 240$ mm。

第三节　定位器受力计算

一、概　　述

《高速铁路接触网运行维修规则》第一百一十九条规定，定位器应处于受拉状态（拉力≥80 N）。钩（定位钩）环（定位环）连接的定位器不受力时，在接触线抬升及零部件的振动作用下，钩环连接处会造成异常磨损，导致定位支座断裂。现场出现的定位器与定位支座钩环连接部位磨耗加剧多是由于定位器不受拉力或拉力偏小导致，如图 2.3.1、图 2.3.2 所示。

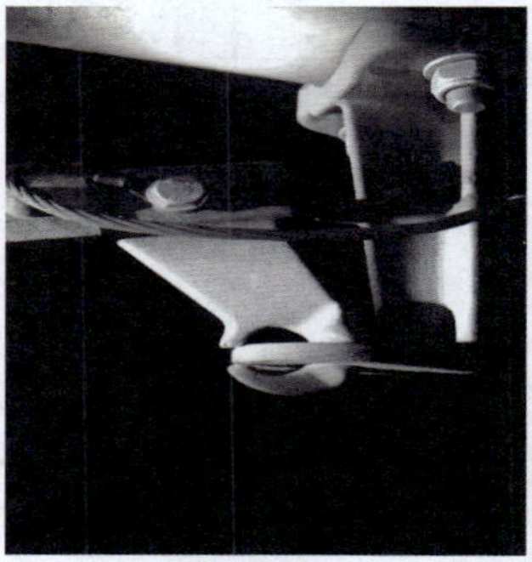

图 2.3.1　不受力的定位器

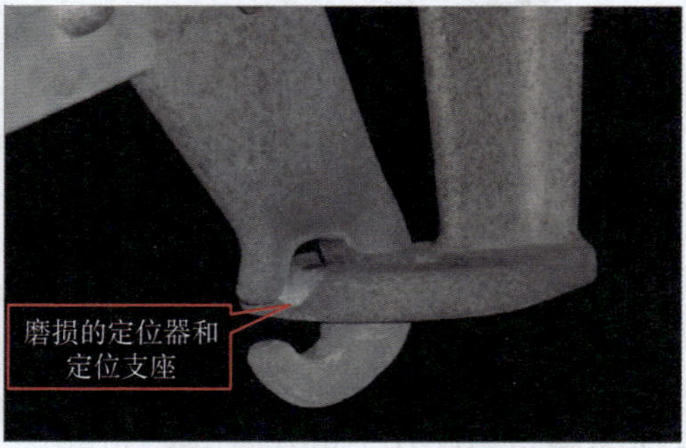

图 2.3.2　钩环连接部位磨损

带 U 形销钉的定位器，在定位器不受拉力时还会造成定位线夹内部 U 形销钉的异常磨损，定位线夹与定位器本体脱落，引发严重的弓网故障。

本节建议列为职工应熟悉的内容。

二、原理和方法

通常利用相对于水平面的角度衡量定位器的工作状态，而定位器的角度是由其所受的外力决定的。定位器受到的力可以分解为水平分力和垂直分力，如图 2.3.3 所示。

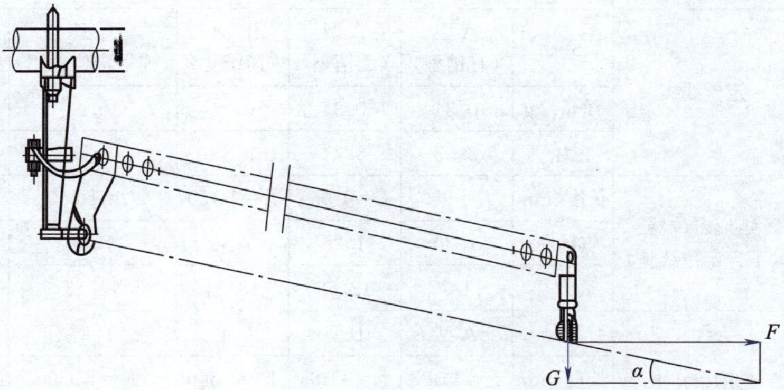

图 2.3.3　定位器的受力分析

依据定位器的受力分析可以计算出定位器的角度为

$$\alpha = \arctan\frac{G}{F} \tag{2-3-1}$$

式中，G 为定位器所受的垂直分力，N；F 为定位器所受的水平分力，N。

G 主要由以下几部分组成：①与接触线相连的定位线夹重量；②定位器重量的一半；③定位器两侧吊弦之间接触线重量的一半；④曲线区段还应考虑由于定位点和左右相邻吊弦点的水平高差引起的垂直分力。

$$G = G_w + \frac{G_{dw}}{2} + 9.8\times\left(\frac{m_j d_1}{2} + \frac{m_j d_2}{2}\right) + G_R \tag{2-3-2}$$

式中，G_w 为定位线夹自重，N；G_{dw} 为定位器重量，N；m_j 为接触线单位长度质量，kg/m；d_1 为定位点距左侧最近吊弦的距离，m；d_2 为定位点距右侧最近吊弦的距离，m；G_R 为定位点与两侧最近吊弦的水平高差引起的垂直分力，N，如在同一水平面内，$G_R=0$。

部分接触网常用定位器规格型号及质量见表 2.3.1。

表 2.3.1　部分接触网常用定位器规格型号及质量

序号	名称	规格					
1	定位线夹	型号	A 型（有销型）	A 型（无销型）	B 型（简统化）	C 型（弹性定位器用）	
		质量/kg	0.34	0.34	0.34	0.4	
		重力/N	3.33	3.33	3.33	3.92	
2	矩形定位器（不含定位线夹）	长度/mm	$L=950$	$L=1\,050$	$L=1\,150$	$L=1\,250$	
		质量/kg	1.20	1.28	1.36	1.44	
		重力/N	11.77	12.56	13.34	14.13	
3	特型定位器（不含定位线夹）	型号	A 型	B 型	C 型	D 型	E 型
		长度/mm	$L=1\,385$	$L=1\,385$	$L=1\,560$	$L=1\,050$	$L=800$
		质量/kg	2.64	2.74	2.98	2.16	1.94
		重力/N	25.90	26.88	29.23	21.19	19.03

水平分力 F 与接触悬挂参数及线路状态有关，线路状态又分为直线区段与曲线区段。

1. 直线区段

直线区段的定位器受力如图 2.3.4 所示。

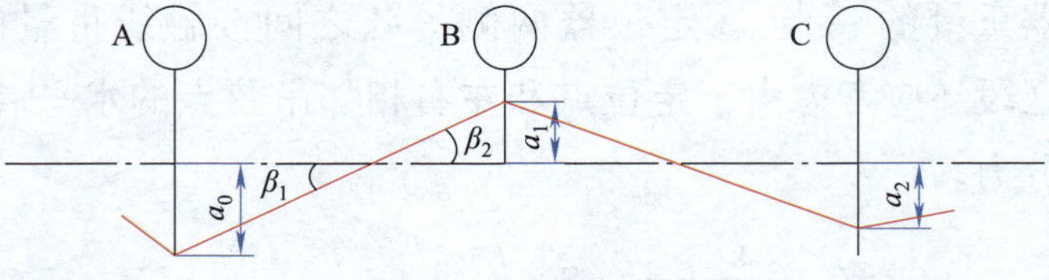

(a)直线区段接触网平面布置

图　2.3.4

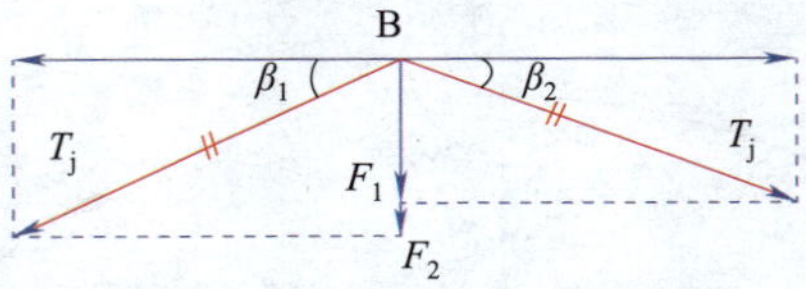

(b)直线区段定位器所受的水平分力

a_0、a_1、a_2—拉出值；β_1、β_2—接触线和线路中心夹角。

图 2.3.4　直线区段的定位器因接触线之字形布置受到水平力作用

因接触线和线路中心线的夹角很小，β_1、β_2 可忽略，则定位器受到的水平分力为

$$F=F_1+F_2=T_j\left(\frac{-a_0+a_1}{L_1}+\frac{a_1-a_2}{L_2}\right)\qquad(2\text{-}3\text{-}3)$$

式中，F 为水平分力的合力，N；F_1、F_2 为水平分力，N；T_j 为接触线张力，N；L_1 为 AB 柱之间的跨距，m；L_2 为 BC 柱之间的跨距，m；a_0、a_1、a_2 为拉出值，正定位时为正值，反定位时为负值。

2. 曲线区段

在曲线区段，线索改变方向后产生指向曲线内侧的水平分力，如图 2.3.5 所示。

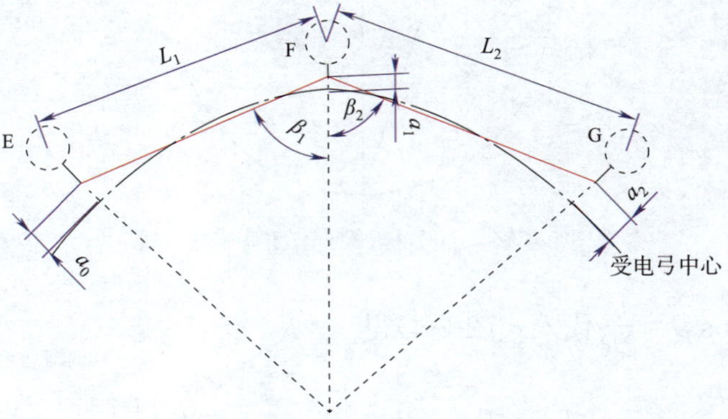

(a)曲线区段接触网平面布置

图　2.3.5

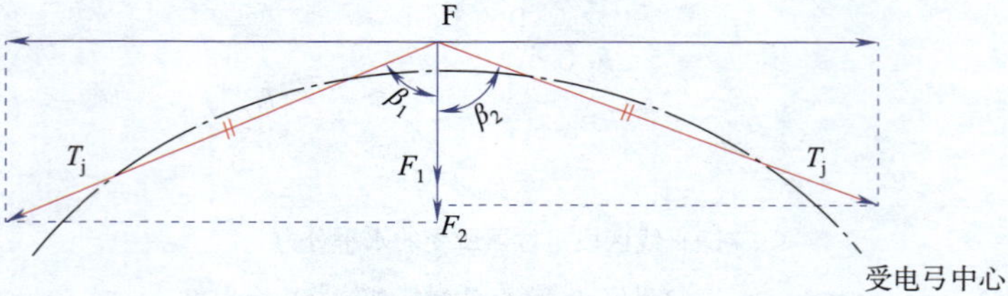

(b)曲线区段定位器所受水平分力

图 2.3.5　曲线区段的定位器因接触线折线布置受到水平力作用

由力三角形与几何三角形相似可知，曲线力 F_3 为

$$F_3=F_1+F_2=T_j\cos\beta_1+T_j\cos\beta_2 \tag{2-3-4}$$

根据几何特性，图 2.3.6 中 θ 角为直径所对的圆周角，一定为直角，故有 $\cos\beta=\dfrac{L}{2R}$。

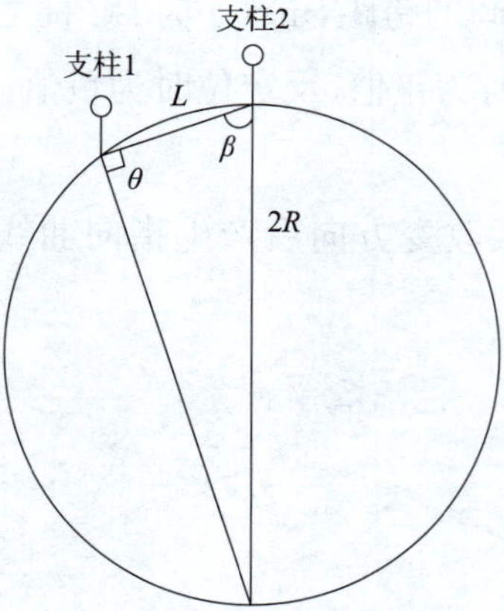

图 2.3.6　直径所对的圆周角

将 $\cos\beta=\dfrac{L}{2R}$ 代入式(2-3-4)得

$$F_3=F_1+F_2=T_j\cos\beta_1+T_j\cos\beta_2=T_j\left(\frac{L_1}{2R}+\frac{L_2}{2R}\right) \tag{2-3-5}$$

式中，R 为支柱所在位置的曲线半径，m。

除曲线力外，还应考虑因拉出值的不同所产生的水平分力，所以，曲线区段定位器受到的水平分力为

$$F=F_3+T_j\left(\frac{a_1-a_0}{L_1}+\frac{a_1-a_2}{L_2}\right)=T_j\left(\frac{L_1}{2R}+\frac{L_2}{2R}\right)+T_j\left(\frac{a_1-a_0}{L_1}+\frac{a_1-a_2}{L_2}\right) \tag{2-3-6}$$

将定位器受到的垂直分力与水平分力代入式(2-3-1)，即可计算出定位器相对于水平面的角度 α，也可计算出定位器的坡度

$$\tan\alpha=\frac{G}{F} \tag{2-3-7}$$

值得注意的是，定位器的角度是相对水平面而言的，在曲线区段进行定位器的安装计算时，应充分考虑到外轨超高的情况，以便适当地预留定位点的抬升空间。

三、应用案例

1. 案例

【缺陷案例 1】某高速铁路铁接触网中心柱定位异常磨损

四跨绝缘锚段关节结构布置如图 2.3.7 所示。ZF3 定位正好处于 ZF1、ZF2 的连线上，中心柱处定位器不受力，定位钩环连接处于自由状态(有的处于受顶状态)，在风振和动车组受电弓通过时接触线抬升及振动的作用下，定位器与定位支座互磨，造成定位挂钩和定位支座异常磨耗。异常磨耗的接触网定位器支座如图 2.3.8 所示。

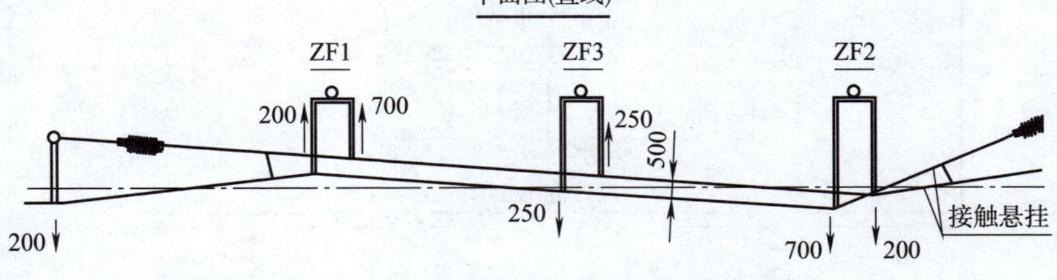

图 2.3.7　某高速铁路四跨锚段关节平面布置(单位：mm)

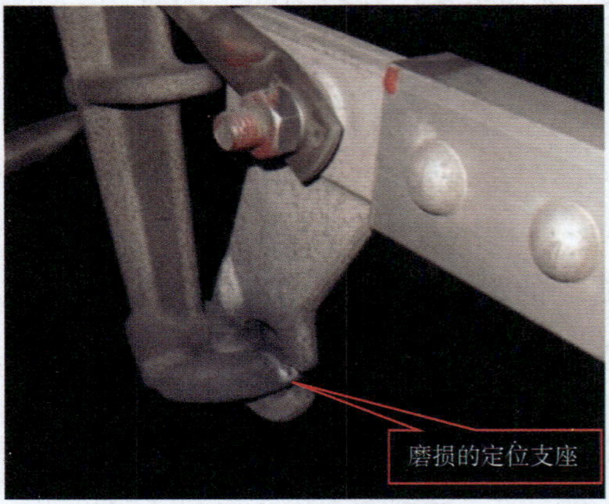

图 2.3.8 异常磨耗的接触网定位器支座

【缺陷案例 2】 接触网 1C 波形如图 2.3.9 所示。通过分析 1C 波形，发现某区间 2427 号支柱相邻三支定位同方向且拉出值趋于直线，查阅技术资料显示 2427 号支柱位于直线区段中间柱，2425～2427 号跨距 $L_1=50$ m，2427～2429 号跨距 $L_2=45$ m。工作支定位器采用全长 1 050 mm 矩形定位器，定位线夹采用 A 型有销型，接触网导线组合 JTMH120＋CTMH150，张力组合 21 kN＋30 kN，2427 号支柱定位点距两侧最近吊弦的距离均为 5 m，求该 2427 号支柱定位器水平受力。

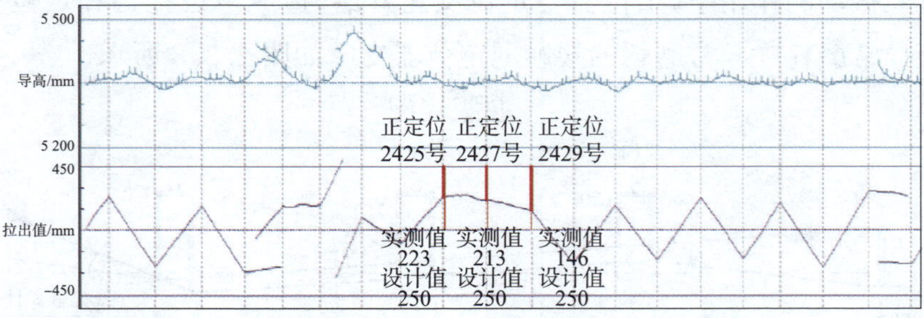

图 2.3.9 接触网 1C 波形

已知 $m_j = 1.35\ \mathrm{kg/m}$，$T_j = 30\ \mathrm{kN}$，$G_w = 3.33\ \mathrm{N}$，$G_{dw} = 11.77\ \mathrm{N}$。

查阅 1C 波形可知 2425 号支柱拉出值 $a_0 = 0.223\ \mathrm{m}$，2427 号支柱拉出值 $a_1 = 0.213\ \mathrm{m}$，2429 号支柱拉出值 $a_2 = 0.146\ \mathrm{m}$。

根据式(2-3-3)，得

$$F = 30\,000 \times \left(\frac{-0.223 + 0.213}{50} + \frac{0.213 - 0.146}{45}\right)\mathrm{N}$$

$$\approx 30\,000 \times (-0.000\,2 + 0.001\,5)\mathrm{N} = 39\ \mathrm{N}$$

2427 号支柱工作支定位器受力仅为 39 N，小于标准 80 N，经现场打开定位器检查，发现定位线夹 U 形销存在异常磨损，如图 2.3.10、图 2.3.11 所示。

图 2.3.10　定位线夹 U 形销正视图

图 2.3.11　定位线夹 U 形销俯视图

原因为该处定位器原设计采用反定位安装，现场实际为正定位安装，造成拉出值调整不标准，在对该处定位器进行更换并调整拉出值后，经现场测量拉力结合 1C 波形检测，恢复标准状态。缺陷处理前后接触网 1C 波形对比如图 2.3.12 所示。

【故障案例 1】2021 年 4 月 27 日，某线路车站 40 号道岔柱处，接触网特型定位器因受力不良、定位线夹 U 形销磨损严重，定位器从定位线夹中脱落、侵限，与通过的某次动车组发生弓网故障，造成受电弓损坏,定位器被打落在线路路肩上。故障相关照片如图 2.3.13～图 2.3.16 所示。

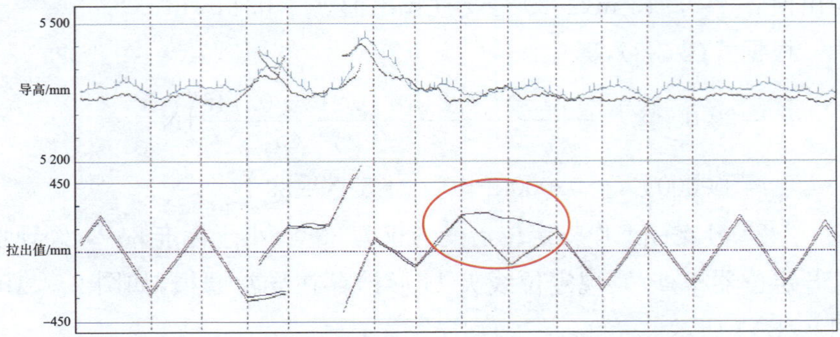

图 2.3.12　缺陷处理前后接触网 1C 波形对比

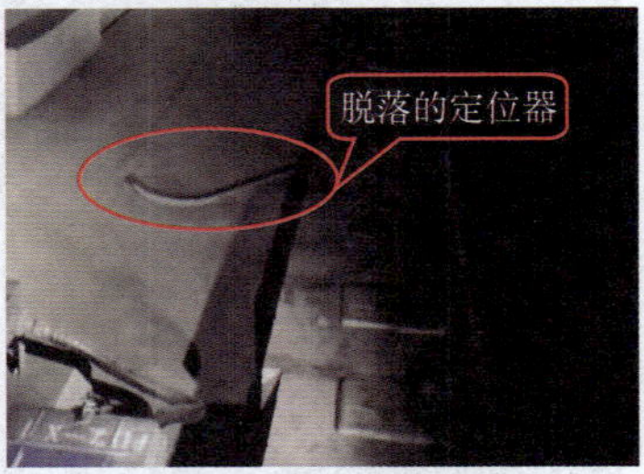

图 2.3.13　现场脱落的定位器

图 2.3.14　特型定位器现场安装工况

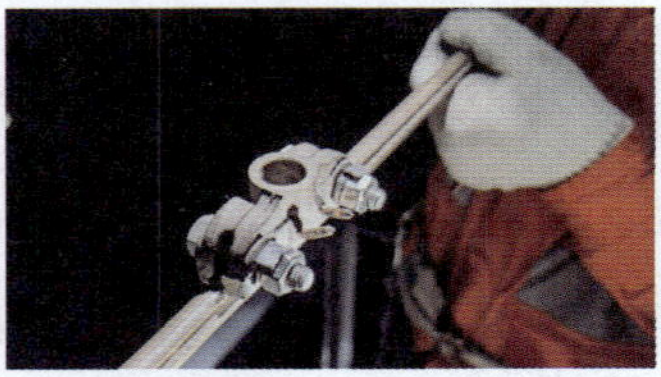

图 2.3.15　遗留在接触线上的 A 型定位线夹

图 2.3.16　U 形销磨损情况

【故障案例 2】2023 年 1 月 29 日,某区间下行 1111 号定位器从定位线夹处脱出，侵入受电弓动态包络线，击打某动车组受电弓，造成受电弓自动降弓停车，影响动车组 2 列在不同地点扣停。G×××次动车组安装的 EOAS 拍摄到的该区间下行 1111 号支柱定位器缺失照片如图 2.3.17 所示。

图 2.3.17 区间下行 1111 号支柱定位器缺失

检查发现故障定位器销轴存在局部异常磨损痕迹，定位器端部 200 mm 处被击打发生弯曲，定位器钩头冲击折断；定位线夹 U 形销磨断呈两截，定位线夹有环夹板端部磨光发亮。故障相关照片如图 2.3.18、图 2.3.19 所示。

图 2.3.18 定位器销轴异常磨损

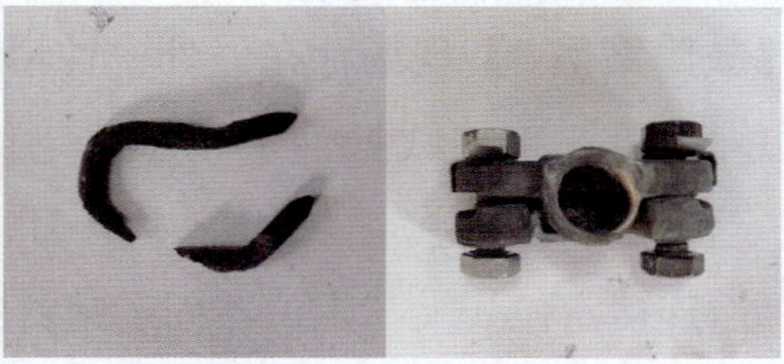

图 2.3.19 定位线夹和 U 形销磨损

故障前 1C 波形如图 2.3.20 所示。发现受现场定位布置方式影响，在 1109～1115 号间，1111 号支柱处于缓和曲线处，定位器受力未达到 80 N 标准要求。1111 号、1113 号同时布置为反定位，受缓和曲线的影响均存在不受力现象。

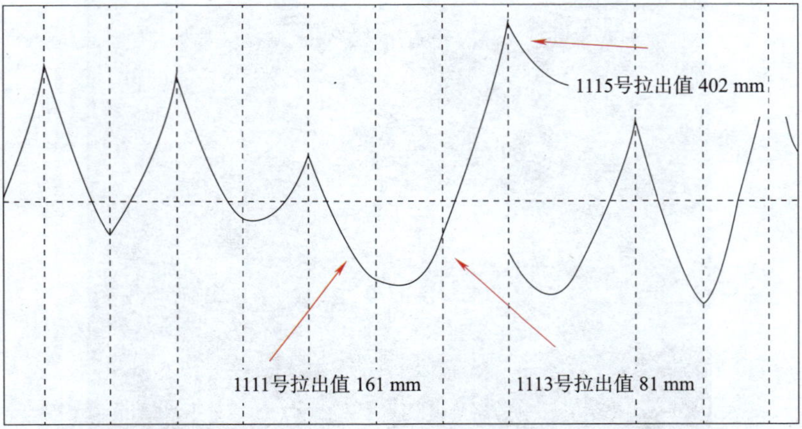

图 2.3.20　故障前 1C 波形

综合以上判断，拉出值不达标导致 1111 号曲外反定位处的定位器存在不受力现象，列车运行过程中受电弓抬升造成定位器销轴与定位线夹内 U 形销频繁发生互磨，导致 U 形销本体受磨损不断变细，最终发生变形折断。1111 号定位器从定位线夹处脱出，侵入受电弓动态包络线，击打 G×××次动车组列车受电弓，造成受电弓降弓。

【故障案例 3】现场存在另外一种情况，接触网锚段关节的转换柱虽然位于曲线，但曲线抵消了接触线定位的部分水平分力，此时也会造成定位器受力不足。2023 年 1 月 6 日，某高速铁路区间上行 1376 号支柱处，连接定位线夹与定位器固定销钉的 U 形销未安装到位，U 形销与定位器固定销钉有间隙，长期振动磨损折断，定位器固定销钉从定位线夹中抽出，定位器脱落过程中对 G×××次列车车顶放电跳闸。

故障点 1376 号支柱特型定位器为四跨非绝缘锚段关节中心柱，定位装置型号为特型定位器 A 型，定位线夹为 U 形销形式。线路曲线半径 7 996 mm，外轨超高 155 mm。两支接触线在中心柱处为等高点，定位线夹处冲击力较大，该高速铁路 350 km/h 运营后，接触网振动进一步加剧，磨损加快。事故现场照片如图 2.3.21 所示。故障示意如图 2.3.22 所示，接触网 1C 波形如图 2.3.23 所示。

图 2.3.21　事故现场照片

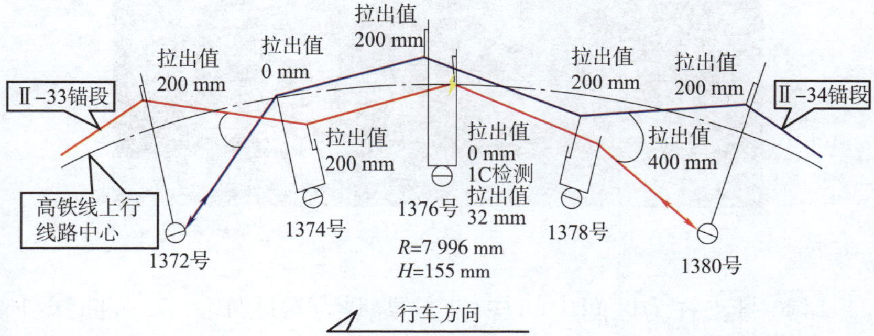

图 2.3.22　故障示意

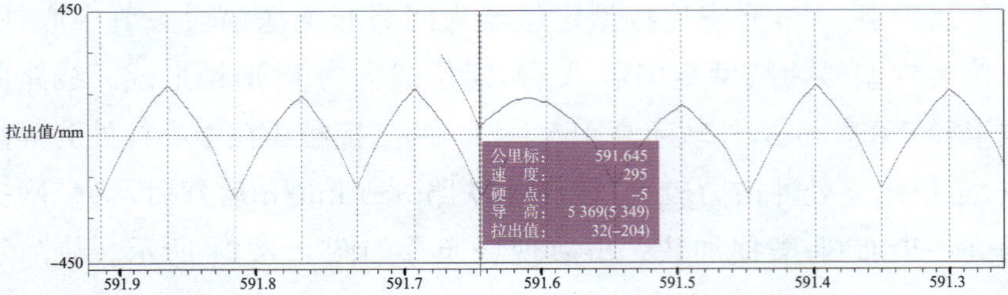

图 2.3.23　接触网 1C 波形

【故障案例 4】2023 年 6 月 18 日，某次列车在某高速铁路上行线 K823＋000 处自动降弓停车，归属铁路局集团公司高速铁路基础设施段监控中心调阅 HMVP 视频（图 2.3.24）发现对应区间上行 1430 号杆定位器脱落。

图 2.3.24　HMVP 视频截图

1430 号支柱为区间中间柱，支柱类型为 GH240A/7.6，曲线外侧反定位装配，腕臂安装图号 H05M1W2，设备投运日期为 2014 年 9 月。结构高度为 1 600 mm，定位器长度 1 250 mm，设计拉出值 50 mm，曲外反定位装配，曲线超高 175 mm。2022 年 11 月 24 日，该综合维修工区进行定位线夹排查，对 1430 号定位线夹进行了更换，如图 2.3.25 所示。接触网 1C 波形如图 2.3.26 所示，损坏零部件照片如图 2.3.27 所示。

图 2.3.25　定位线夹更换作业

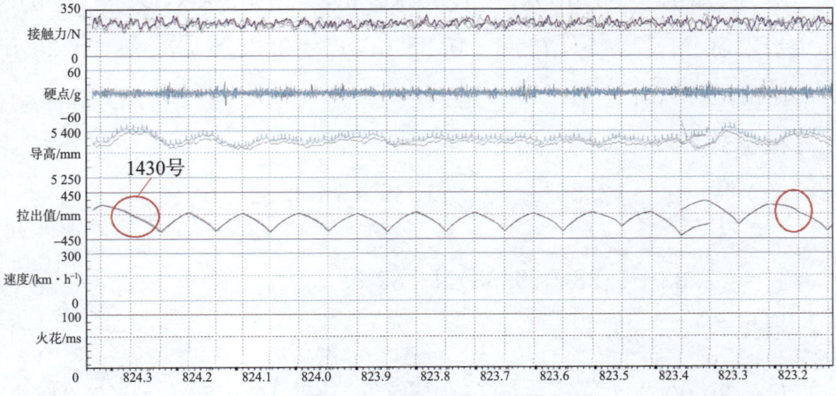

图 2.3.26　接触网 1C 波形

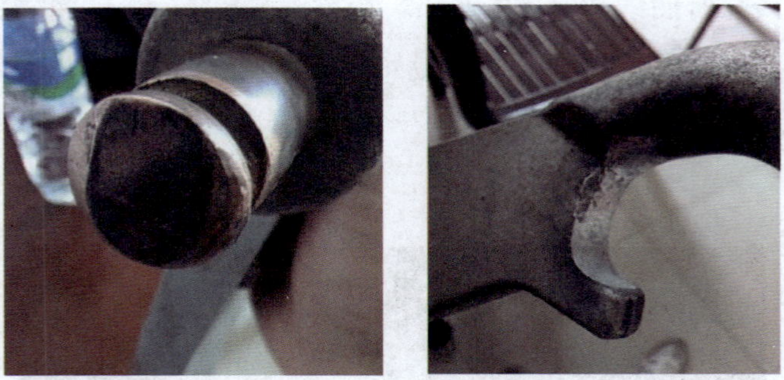

图 2.3.27　损坏零部件照片

2. 习题

【习题 1】 某线路直线区段，接触网按“之”字形布置，拉出值为 ±250 mm，定位线夹采用 A 型无销型；定位器采用全长 1 050 mm 矩形定位器；接触线单位长度质量 m_j 为 1.35 kg/m，接触线张力 30 kN；定位点距两侧最近吊弦的距离均为 6 m，定位点与两侧最近吊弦的水平高差均为 0，支柱跨距均为 55 m，求直线区段定位器水平受力和垂直受力，并计算定位器坡度。

解： 已知 $L=55$ m，$m_j=1.35$ kg/m，$T_j=30$ kN，$G_w=3.33$ N，$G_{dw}=12.56$ N，$G_R=0$，$a_0=-0.25$ m，$a_1=0.25$ m，$a_2=-0.25$ m，$d_1=6$ m，$d_2=6$ m。

根据式(2-3-2)，得

$$G=\left[3.33+\frac{12.56}{2}+9.8\times\left(\frac{1.35\times 6}{2}+\frac{1.35\times 6}{2}\right)\right]\text{N}$$
$$=(3.33+6.28+79.38)\text{N}\approx 89\ \text{N}$$

根据式(2-3-3)，得

$$F=30\ 000\times\left(\frac{0.25+0.25}{55}+\frac{0.25+0.25}{55}\right)\text{N}\approx 30\ 000\times 0.018\ \text{N}$$
$$=540\ \text{N}$$

根据式(2-3-1)，得

$$\alpha=\arctan\frac{G}{F}=\arctan\frac{89}{540}=\arctan 0.16481\approx 9.36^\circ$$

【习题 2】某线路曲线半径 8 000 m，接触网按等“之”字布置，拉出值为±250 mm，定位器采用全长 950 mm 矩形定位器，定位线夹为 A 型有销型，接触线张力为 28.5 kN，接触线采用 CTMH150 型，定位点距两侧最近吊弦的距离均为 6 m，支柱跨距均为 55 m，曲线区段定位点与两侧最近吊弦的水平高差引起的垂直分力 G_R 为 0，求该曲线区段定位器水平受力和垂直受力，并计算定位器坡度。

解：已知 $L=55$ m，$m_j=1.35$ kg/m，$T_j=28.5$ kN，$G_w=3.33$ N，$G_{dw}=11.77$ N，$G_R=0$，$a_0=-0.25$ m，$a_1=0.25$ m，$a_2=-0.25$ m，$d_1=6$ m，$d_2=6$ m，$R=8\,000$ m。

根据式(2-3-2)，得

$$G=\left[3.33+\frac{11.77}{2}+9.8\times\left(\frac{1.35\times 6}{2}+\frac{1.35\times 6}{2}\right)\right]\text{N}$$
$$=(3.33+5.885+9.8\times 8.1)\text{N}\approx 88.6\text{ N}$$

根据式(2-3-6)，得

$$F=\left[28\,500\times\left(\frac{55}{16\,000}+\frac{55}{16\,000}\right)+28\,500\times\left(\frac{0.5}{55}+\frac{0.5}{55}\right)\right]\text{N}$$
$$\approx(196+518)\text{N}=714\text{ N}$$

根据式(2-3-1)，得

$$\alpha=\arctan\frac{G}{F}=\arctan\frac{88.6}{714}\approx\arctan 0.124\approx 7.069^\circ$$

【习题 3】直线区段“之”字值布置示意如图 2.3.28 所示。假设在直线区段，跨距均为 50 m，接触线张力为 30 kN，按定位器最低标准受拉力为 80 N 时，拉出值按照等“之”字布置的最小值为多少？

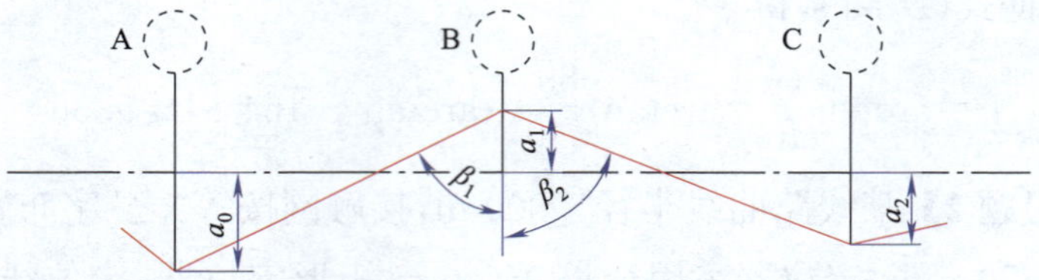

图 2.3.28　直线区段"之"字值布置示意

解：已知 $T_j=30$ kN，$F=80$ N，$L=50$ m；因拉出值按照等"之"字布置，可知 $a_0=a_2=-a_1$。

根据式(2-3-3)，得

$$80=30\ 000\times\left(\frac{-a_0+a_1}{50\ 000}+\frac{a_1-a_2}{50\ 000}\right)=30\ 000\times\left(\frac{-4a_0}{50\ 000}\right)$$

得出 $a_1=-a_0=-a_2\approx 33$ mm。

拉出值按照等"之"字布置最小值为 33 mm。

3. 知识拓展

某高铁段制定了如下排查方案，很好地指导了现场作业。

(1)初步筛查。通过 1C、4C 检测波形分析和 2C 监测照片确认，分别确定具体位置和支柱、定位器布置形式。包括但不限于以下处所：

①直线区段连续出现两处及以上正定位或反定位。

②锚段关节、关节式分相、线岔定位。

③直线与曲线过渡处所定位。

④曲外反定位和曲内正定位。

(2)现场确认。组织进行定位器受力状态确认。定位钩压在定位支座后侧(图 2.3.29)，确定为定位器受压。使用弹簧秤沿定位器向定位钩方向测试拉力值 F(图 2.3.30)。$F<80$ N 出现定位器卸载情形，确定为定位器拉力不达标；$F\geqslant 80$ N，确定为定位器拉力达标。

图 2.3.29　定位器受压

图 2.3.30　弹簧秤测定位器拉力

(3)上网核查。同步检查相应处所定位钩与定位支座磨损情况、有销型定位线夹 U 形销状态、锚支定位卡子 U 形销状态。

第四节　腕臂偏移计算

一、概　　述

当大气温度变化时，承力索和接触线都会发生线性伸长或缩短，接触网的腕臂偏移安装曲线就是指水平腕臂在温度变化情况下随承力索偏移的特性曲线。腕臂偏移指的是全补偿链型悬挂旋转腕臂依气温在其支撑(悬吊)承力索位置处顺线路偏移。《高速铁路接触网运行维修规则》第一百一十八条要求，腕臂偏移标准值：符合安装曲线要求；标准状态：标准值±50 mm；警示值：标准值±100 mm；限界值：任何情况下不得超过腕臂垂直投影长度的 1/3。

本节建议列为职工应掌握内容。

二、原理和方法

以吊弦及定位器处于正常位置时的腕臂位置为基准，当安装或调整温度低于正常位置温度 t_d 时，腕臂向中心锚结方向偏移；当安装温度或调整温度高于正常温度 t_d 时，腕臂向补偿器方向偏移。承力索的线胀系数为 α、腕臂至中心锚结的距离为 L、安装或调整时的温度为 t_x，则腕臂的偏移量 ΔL 为

$$\Delta L=\alpha L\Delta t=\alpha L(t_x-t_d) \tag{2-4-1}$$

设计部门据此给出全补偿链型悬挂旋转腕臂依气温变化偏移量的安装曲线。图 2.4.1 竖轴右侧部分为温度低于平均温度时旋转腕臂依气温变化偏移量的安装曲线。竖轴 L 为腕臂至中心锚结的距离，横轴为承力索座顺线路方向的偏移位置。正值为偏向下锚方向，负值为偏向中心锚结方向。Δt＝安装时的温度－腕臂正常位置时的气温（t_0），$\Delta t=0$ 时，Δt 线与竖轴重合，腕臂没有偏移。定位器偏移位置的安装曲线同图 2.4.1。图 2.4.2 为不同温度锚段内腕臂偏移示例。

锚段关节式电分相会存在双支定位均为反定位的情况，因此需考虑腕臂因温度变化旋转后两支定位管间距是否满足绝缘距离要求的问题，以避免造成相间短路。尤其是寒温寒冷地区，接触网腕臂及定位管偏移量很大（按设计温度－40～＋80 ℃、半锚段长度 700 m 考虑，在极限温度时转换柱定位管端部较平均温度时的偏移量约 0.85 m），常规的 1.6 m(1.8 m)腕臂底座间距无法满足定位管偏移后的绝缘距离要求，因此双腕臂底座间距设计要结合设计温度计算后合理确定。双腕臂安装及偏转示意如图 2.4.3 所示。

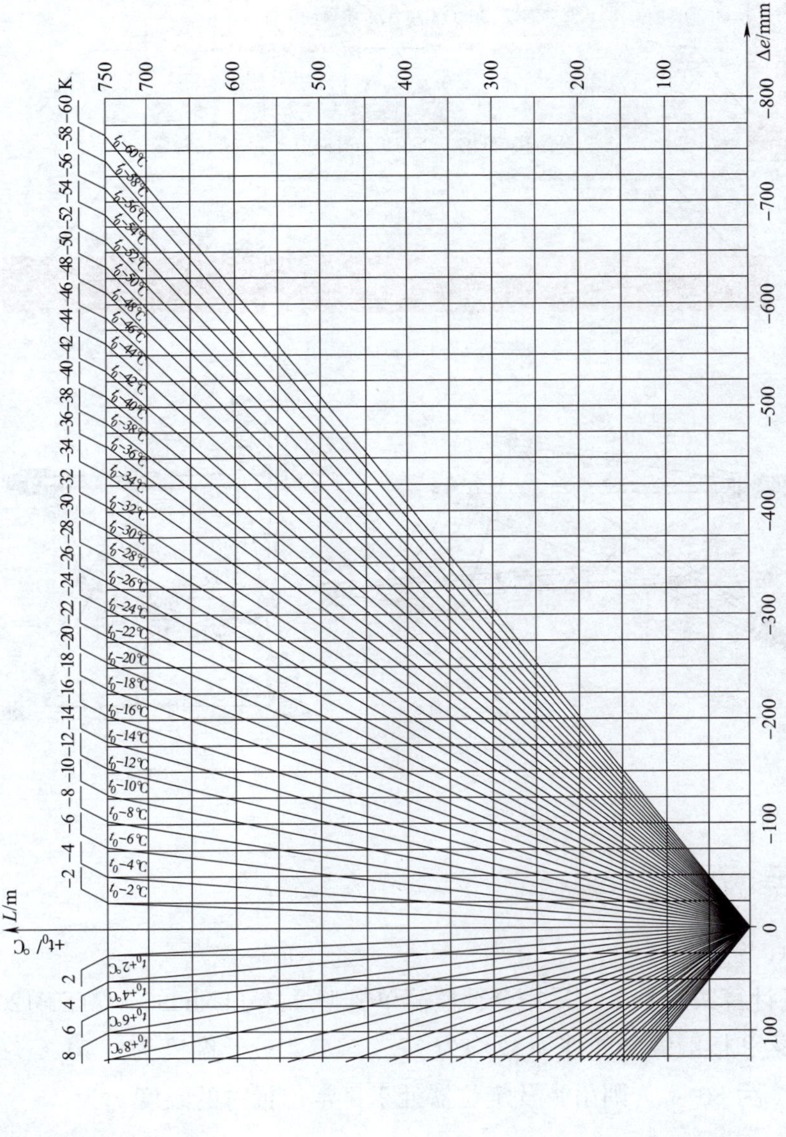

图 2.4.1　温度低于平均温度时旋转腕臂依气温变化偏移量的安装曲线

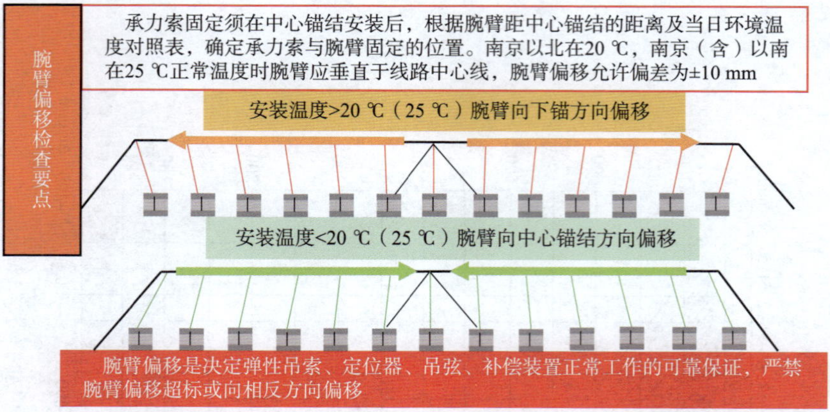

图 2.4.2　不同温度锚段内腕臂偏移示例[腕臂正常位置温度 20 ℃(25 ℃)]

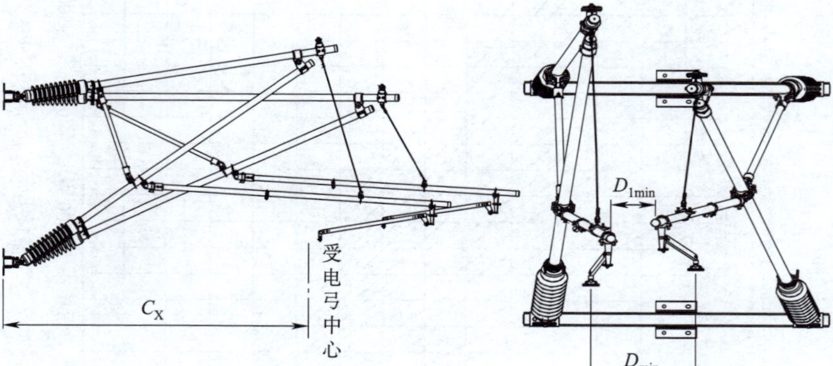

图 2.4.3　双腕臂安装及偏转示意

三、应用案例

1. 案例

【计算实例】某线采用全补偿简单链型悬挂 JTMH95＋CTSH120，承力索和接触线的线胀系数均为 17×10^{-6}。最低温度为－40 ℃，最高温度为 80 ℃。则吊弦及定位器处于正常位置时的温度 t_d为

$$t_d=\frac{t_{max}+t_{min}}{2}=\frac{80-40}{2}\ ℃=20\ ℃$$

将最高温度至最低温度的值以 5 ℃取整逐一代入式(2-4-1),即可计算出在不同气温、至中心锚结不同距离情况下的腕臂偏移安装曲线。

【缺陷案例】 2023 年 7 月 28 日,某供电车间对新建铁路某施工区段进行高温时段(当时气温 37 ℃)设备巡视,发现车站 136 号支柱(锚段关节转换柱)腕臂偏移严重,工作支和非工作支腕臂间距不足 100 mm,温度进一步升高将出现腕臂相互卡滞的隐患,进一步巡视发现两侧锚段内腕臂均有较大偏移,多处定位拉出值超标,存在较大安全隐患。7 月 31 日申请停电天窗,组织力量对车站 136 号转换柱偏移腕臂进行调整,对两侧锚段内设备偏移按照腕臂偏移曲线逐一进行处理,共计调整腕臂偏移 12 处、中心锚结 2 处,全面检查 4.2 条公里,及时有效消除设备隐患,确保暑期供电设备运行安全。整改前后现场如图 2.4.4 所示。

(a)处理前　　(b)处理后

图 2.4.4　整改前后现场

【故障案例】 2016 年 1 月 24 日 6 时 3 分,某牵引变电所 211、213 断路器跳闸,重合失败,下行故障。211 断路器电流速断保护动作,T 线电流 2 955 A,F 线电流 135 A;213 断路器电流速断保护动作,T 线电流 2 820 A，F 线电流 210 A。6 时 14 分，该变电所 211 号、213 号供电臂送电成功。7 时 2 分，该变电所 211 号、212 号、213 号、214 号四条供电臂同时跳闸，重合失败。7 时 15 分，该变电所 211 号、212 号、213 号、214 号试送电成功。跳闸时现场最低温度－15 ℃。变电所跳闸现场示意如图 2.4.5 所示。

设备状况：发生跳闸的故障公里标位于该变电所下行分相内，该处曲线半径 9 000 m，外轨超高 140 mm。该分相为六跨关节式分相加五跨绝缘锚段关节构成的十八跨关节式分相。分相东侧断口五跨绝缘关节有电侧悬挂为某区间第 85 锚段，锚段长度 1 324.8 m，1793 号支柱距中心锚结的距离为 588.96 m；中性区锚段悬挂为该区间第 87 锚段，锚段长度 834.88 m，1793 号支柱距中心锚结的距离为 297.64 m。

原因分析：该高速铁路线路设计接触线最低工作温度为－20 ℃，最高工作温度为 80 ℃，腕臂无偏移温度为 30 ℃。

1. 计算两支腕臂在承力索座处线相对位移。

根据式(2-4-1)可知，在现场气温为－15 ℃时，1793 号支柱两腕臂相向偏移为

$$\Delta L=\Delta L_1+\Delta L_2=17\times10^{-6}\times588.96\times(-15-30)+17\times10^{-6}\times297.64\times(-15-30)\text{ m}\approx-0.678\text{ m}$$

即两支腕臂在承力索座处相向共偏移 678 mm。

2. 四跨绝缘关节中心柱安装示意如图 2.4.6 所示。腕臂承力索座处偏移与反定位管末端偏移量的关系可由图 2.4.7 所示比例给出，即 $L_2=1.5L_1$。

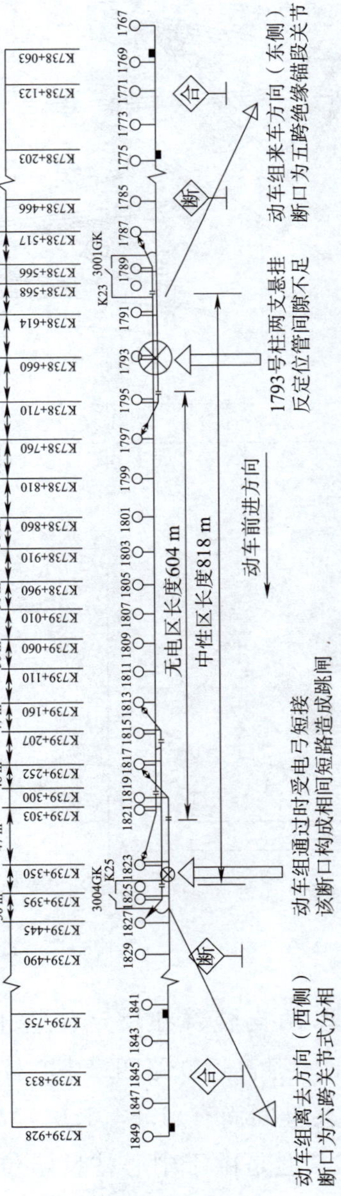

图 2.4.5　2016 年 1 月 24 日某变电所跳闸现场示意

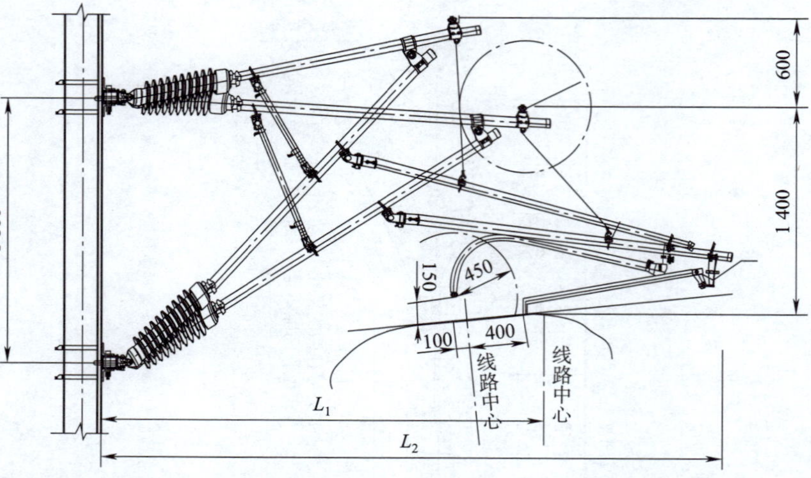

图 2.4.6　四跨绝缘关节中心柱安装示意(1793 号支柱)(单位:mm)

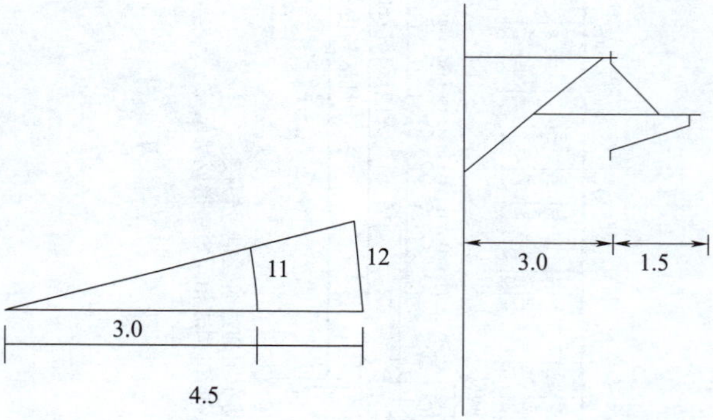

图 2.4.7　腕臂偏移与反定位管末端偏移的关系近似计算示意

由相似三角形原理,两支腕臂在反定位管末端相向偏移达到 1.5×0.678 m=1.017 m。某高速铁路四跨中心柱双腕臂底座间距为 1.6 m,应该说此时两支悬挂间尚有(1.6−1.017)m=0.583 m 间隙,可以满足分相绝缘要求。但是由于中心柱反定位管采用了吊线,吊线、反定位管、特型定位器组成了一个受力不稳定结构,致使反定位管与相应腕臂不在同一竖直面，两反定位管短接后失去空气绝缘，造成中性段一端被电气短接。1793 号支柱故障现场照片如图 2.4.8 所示。动车组通过西侧断口时，击穿东侧绝缘间隙，引发相间短路跳闸。

图 2.4.8 中心柱 1793 号处工作支、非工作支两定位管相互搭接照片

3. 整改方案。设计部门给出了以下改造调整方案：

(1)核实该高速铁路线路所有绝缘锚段关节(包括关节式分相各绝缘关节，下同)两支悬挂半锚段长度 L_1 和 L_2(L_1 和 L_2 分别为中心锚结至该绝缘关节下锚的距离)。当 $L_1+L_2\geqslant 1\ 000$ m 时，应按照以下方案进行调整：

①当 $1\ 250$ m$\leqslant L_1+L_2\leqslant 1\ 400$ m 时，将腕臂无偏移温度由 30 ℃调整为 20 ℃，同时将双腕臂的上部和下部底座由间距 1 600 mm 型更换为间距 1 800 mm 型。

②当 $1\ 100$ m$\leqslant L_1+L_2<1\ 250$ m 时，将腕臂无偏移温度由 30 ℃调整为 20 ℃。

③当 $1\ 000$ m$\leqslant L_1+L_2<1\ 100$ m 时，将腕臂无偏移温度由 30 ℃调整为 25 ℃。

(2)将中心柱两反定位管的定位吊线改为定位管支撑，目的是在一定程度上限制反定位管的不稳和偏转。

第五节　软横跨结构尺寸计算

一、概　　述

软横跨计算过程是一个烦琐、重要的过程，虽然随着电脑普及时代的来临有了软横跨的计算软件，但是它也仅仅是简化了其中的部分过程。软横跨的计算虽然有一定的误差范围，但是计算和预制得越准确，线索的受力越平衡，受电弓取流质量越好，施工方便且美观。所以，软横跨的计算是一个技术人员应该灵活掌握的。《铁路特有工种技能培训规范》中对于接触网技师的培训科目有明确的关于掌握软、硬横跨计算及指挥组装软、硬横跨技能的要求。如果软横跨（硬横跨）计算不准确，在新线建设或者既有线设备更新改造中会出现软横跨（硬横跨）绳索过长或不足，造成软横跨绳索松弛（图 2.5.1）或者无法安装，影响作业效率。

图 2.5.1　软横跨上下部固定绳松弛

本节建议列为职工应掌握内容。

二、原理和方法

1. 软横跨计算准备工作

绘制软横跨布置示意图时，必须充分研究接触网平面布置图。在站场咽喉区，接触线比较集中，软横跨对各道岔接触线的定位应合理；线间距离狭窄地段，下定位索的电分段不得影响定位器对接触线正常定位。

软横跨布置示意图采用单线图，如图 2.5.2 所示，硬横跨水平定位绳结构示意如图 2.5.3 所示。

2. 软横跨测量

测量内容如下：

(1)最高轨面与钢柱底面及各股道轨面高差 h_A、h_2…h_B 或最高轨面与混凝土软横跨柱地线孔位及各股道轨面高差 h_A、h_2…h_B。

钢柱底面或混凝土柱地线孔位线高于最高轨面时 h 取正值，低于最高轨面时取负值。

(2)钢柱外缘顶端垂线与钢柱外缘底部基点的距离 d（为便于测量，底部基点取钢柱底面以上 1 m 处，站台上钢柱取底面以上 0.3 m 处）或混凝土柱内缘顶端悬挂孔位垂线与外缘地线孔位的距离 d（若垂线偏于钢柱外缘内侧 d 取正值，反之取负值）。

(3)支柱外缘上述基点处至相邻线路中心距离 C'_X 及各线间 a_1、a_2、a_3…a_n（按承力索在线路中的投影位置测量）。

3. 软横跨计算原理

软横跨结构安装尺寸计算一般采用负载计算法。所谓负载计算法是以实际负载为计算条件，利用静力平衡原理，由负载的计算转化为结构尺寸计算的方法，因此，计算结果具有理想的准确度。该计算法完全是根据实际条件进行公式化的计算，不仅数据准确而且有较大

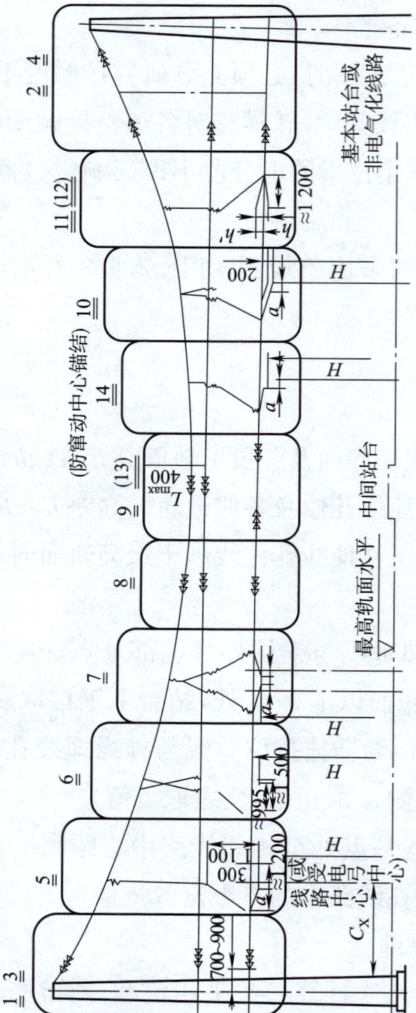

图 2.5.2 软横跨布置示意(单位:mm)

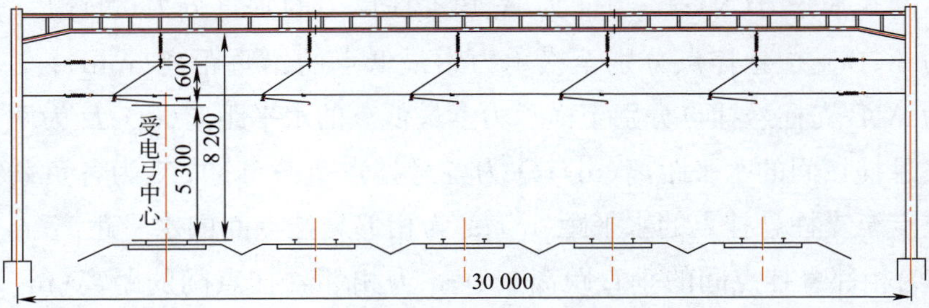

图 2.5.3 硬横跨水平定位绳结构示意(单位:mm)

的规律性,在大量计算时,便于使用电子计算机。需要说明的是计算出的横向承力索长度和上、下部固定绳长度并非横承力索与上、下部固定绳分段钢绞线的预制长度,其中包含了双耳线夹、球头挂环、绝缘子串、杵座线夹等零件安装长度,预制前需要将之减去。

计算前首先定义计算中需要的相关参数,参见软横跨计算原理(图 2.5.4)。图 2.5.4 中字母含义:T 为支柱反力的水平分力,即承力

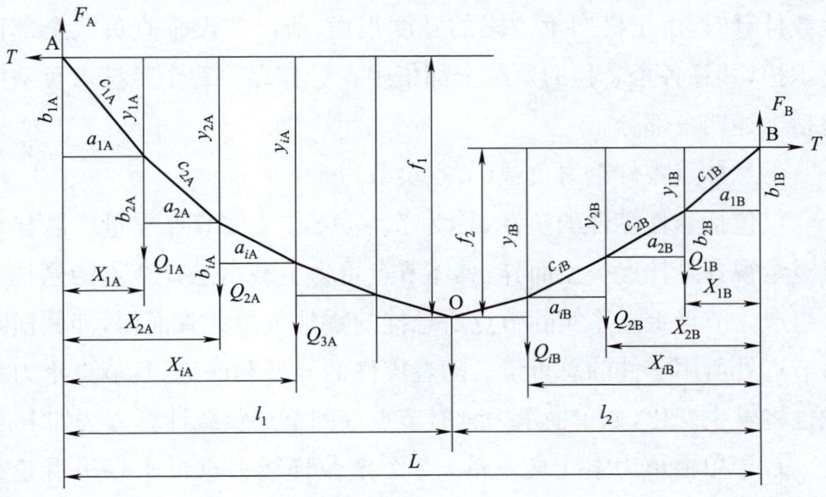

图 2.5.4 软横跨计算原理

索的水平张力(N);F_A、F_B 为 A、B 支柱反力的垂直分力(N);f_1、f_2 为 A、B 支柱悬挂点分别至横承力索最低点的铅垂距离(mm);l_1、l_2 为 A、B 支柱悬挂点分别至横承力索最低点的水平距离(m);L 为两支柱悬挂点间的水平距离(m);Q 为各悬挂点负载(kg);X 为各负载悬挂点至支柱悬挂点的水平距(m);a 为相邻悬挂点间的水平距离(m);b 为相邻悬挂点间的垂直距离(m);c 为相邻悬挂点间的距离(m);h 为 A、B 悬挂点高差(m),$h=f_1-f_2$。

4. 软横跨计算步骤

(1)悬挂负载的确定

软横跨负载的确定就是根据软横跨的节点类型求算悬挂负载。

在现场勘测时要根据线路的实际情况,绘制成软横跨示意图就可以确定悬挂负载了。

悬挂负载包括节点负载、纵向悬挂自重负载 nq_0l、绝缘子及分段绝缘子的重力负载以及横向承力索与上、下部固定绳的自重负载。在负载计算时,由于横向承力索的弛度很大,所以假设垂直负载全部由它承担,并且各个悬挂的负载全部集中在悬挂点。每个悬挂点负载应包括下述四个部分。

①悬挂点零件重力负载(节点负载)J_i

仅包括悬挂零件的负载,称为节点负载,又称节点重量。悬挂节点重量视各悬挂点类型而异,具体节点重力负载由悬挂节点的悬挂零件组成。节点重量系实际节点所悬挂的零件重量计算而得,即软横跨该节点处所用零件的总重量。随着零件的异型和改进,其节点重力负载也将发生变化,如单横承力索时节点 5 的节点负载计算方法如下:

J_5=单横承力索线夹重量+2 个定位环线夹重量+悬吊滑轮重量+下部吊线 $\phi4.0$ 镀锌铁线重量

在中间站台或有分段绝缘的股道,其分段绝缘子串重量应按距悬挂点远近分摊在绝缘子串两侧的两悬挂点上。

对于悬挂点 3 及 4 间，因有中间站台使用了节点 9，则认为相应节点都是直接加一串绝缘子串的自重负载。

②接触悬挂一个跨距的自重负载（悬挂自重负载）G_i

$$G_i = nq_0 l \tag{2-5-1}$$

式中，n 为悬挂点的接触悬挂数量；q_0 为接触悬挂每单位长度的自重负载，N/m；l 为悬挂的纵向跨距，$l=\frac{l_1+l_2}{2}$（l_1，l_2 为该软横跨相邻两纵向跨距），一般取 $l=l_{\max}=65$ m。

当接触悬挂中存在集中负载时（如分段绝缘器、中心锚结绳），应该分摊计入节点。

③横向承力索及上、下部固定绳的自重负载 P_i

横向承力索及上、下部固定绳的自重负载也应换算到悬挂点上，其方法是将单位长度自重负载乘以平均线间距（即取悬挂点两侧线间距的平均值）

$$P_i = \frac{a_i + a_{i+1}}{2} = 0.72(a_i + a_{i+1}) \tag{2-5-2}$$

在使用双横承力索时，应按实际情况予以计算。

$$P_i = \frac{a_i + a_{i+1}}{2}(2\times 0.615 + 2\times 0.411) = 1.026(a_i + a_{i+1}) \tag{2-5-3}$$

④中心锚结和下锚支自重负载 M_i

对于有中心锚结和有下锚支的悬挂，则根据实际应有的悬挂自重负载，经计算后加于相应的悬挂点上。对已经归算中心锚结和下锚支自重负载的节点负载，在计算悬挂负载时不再另行计算中心锚结自重负载。

上述各负载之和为该悬挂点的悬挂负载，即

$$Q_i = J_i + G_i + P_i + M_i \tag{2-5-4}$$

式中，Q_i 为节点的悬挂负载，N；G_i 为接触悬挂一个跨距的自重负载(悬挂自重负载)，N；J_i 为节点负载，N；P_i 为横向承力索及上、下部固定绳自重负载，N；M_i 为中心锚结和下锚支自重负载，当中心锚结和下锚支自重负载已经归算到节点负载 J_i 中去时，$M_i=0$。

软横跨计算中常用原始数据(结构参数)见表 2.5.1。

表 2.5.1 软横跨计算中常用原始数据(结构参数)

13 m 钢柱(G15/13、G20/13)	0.500 m
15 m 钢柱(G20/15、G25/15、G35/15、G25-25/15、G35-25/15)	0.400 m
15 m 钢柱(G45/15)	0.500 m
15.5 m 混凝土柱(H9/12+3.5、H13/12+3.5、H17/12+3.5、H17-25/12+3.5)	0.300 m
钢柱悬挂孔至柱顶距离	0.070 m
混凝土柱悬挂孔至柱顶距离	0.100 m
混凝土柱悬挂孔至地线孔距离	10.800 m
上部固定绳至纵向承力索距离	0.160 m
下部固定绳至接触线距离	0.300 m
支柱挠度 b'：15 m 钢柱	0.060 m

(2)根据原始数据及测量结果计算结构参数

①求横承力索弛度 f_1、f_2

钢柱 f_1 = 柱高 $-0.07-(H+h+0.16+0.50)+h_A$

钢柱 f_2 = 柱高 $-0.07-(H+h+0.16+0.50)+h_B$

混凝土柱 $f_1=10.80-(H+h+0.16+0.50)+h_A$

混凝土柱 $f_2=10.80-(H+h+0.16+0.50)+h_B$

式中，H 为接触线高度，以最高轨面为准；h 为结构高度。

②求横向跨距 L

钢柱 $a_{1A}=C'_{X1}-d_1-a_s-b'$

钢柱 $a_{1B}=C'_{X2}-d_2-a_s-b'$

混凝土柱 $a_{1A}=C'_{X1}-d_1-0.06-b'=C'_{X1}-d_1-0.01$

混凝土柱 $a_{1B}=C'_{X2}-d_2-0.06-b'=C'_{X2}-d_2-0.01$

横向跨距 $L=a_{1A}+a_2+\cdots+a_n+a_{1B}$

③求支柱水平反力 T 及垂直反力 F_A、F_B

a. 求横向承力索的水平张力 T。

$$T=\frac{M_1l_2+M_2l_1}{f_1l_2+f_2l_1}=\frac{M_1+nM_2}{f_1+nf_2} \tag{2-5-5}$$

b. 求不等高悬挂的均衡力。

$$r=T\tan\alpha=Th/L$$

c. 求横向承力索在支柱悬挂点的反力之垂直分力 F_A、F_B。

$$F_B=\frac{\sum_{i=1}^{n}Q_iX_i}{L}\pm r \tag{2-5-6}$$

$$F_A=\frac{\sum_{i=1}^{n}Q_i(L-X_i)}{L}\pm r \tag{2-5-7}$$

式(2-5-6)、式(2-5-7)中“±”使用说明：悬挂点高的支柱取加号，悬挂点低的支柱取减号。

④确定横承力索最低点

确定横承力索最低点的方法有两个：一般情况下采用估算法，复杂情况下应用计算法。

a. 估算法

当软横跨跨越的股道线间距相差不大时，则以横向跨距 L 中部为界，若两侧接触悬挂的条数相等，则接近跨中的悬挂点为最低点；若两侧接触悬挂条数不等，则接触悬挂条数多的一侧，接近跨中的悬挂点为最低点。

b. 计算法

由 F_A（或 F_B）依次减去其相邻悬挂点的重量，减至某一负载，当其差值由正变为负时，该负载所在的股道即为最短吊弦所在位置，如图 2.5.5(a)所示。若

$$F_A - Q > 0 \tag{2-5-8}$$

$$F_A - Q_1 - Q_2 < 0 \tag{2-5-9}$$

则 Q_2 所在股道即为最短吊弦所在位置。

如果减至某一负载，当其差值恰为零时，则此组软横跨出现两个最低点，如图 2.5.5(b)所示。若

$$F_A - Q_1 > 0 \tag{2-5-10}$$

$$F_A - Q_1 - Q_2 = 0 \tag{2-5-11}$$

则 Q_2 和 Q_3 都是最短吊弦所在位置。

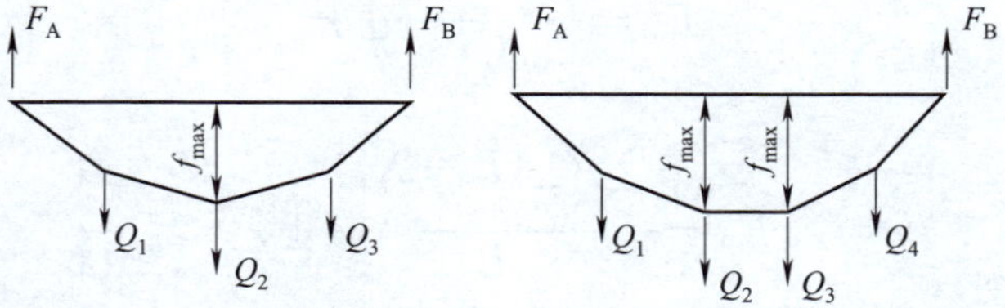

(a)具有一个最低点 (b)具有两个最低点

图 2.5.5 最短吊弦位置

⑤计算最低点分别至两悬挂点的水平距离 l_1, l_2

最低点确立之后，即可算出最低点分别至两悬挂点的水平距离 l_1, l_2，即

$$l_1 = a_{1A} + a_{2A} + \cdots + a_{iA} \tag{2-5-12}$$

$$l_2 = a_{1B} + a_{2B} + \cdots + a_{iB} \tag{2-5-13}$$

式中，a_{iA}、a_{iB} 为最低点至相邻线间距。

⑥求横承力索分段长

a. 求出横承力索各股道悬挂点至支柱悬挂点的垂直距离 y。

$$y_{iA}=\frac{F_{A}X_{iA}-\sum_{i=1}Q_{(i-1)A}(X_{iA}-X_{(i-1)A})}{T} \tag{2-5-14}$$

$$y_{iB}=\frac{F_{B}X_{iB}-\sum_{i=1}Q_{(i-1)B}(X_{iB}-X_{(i-1)B})}{T} \tag{2-5-15}$$

b. 求出相邻悬挂点在横承力索上的高差 b。

$$b_{iA}=f_{1}-y_{iA} \tag{2-5-16}$$

$$b_{iB}=f_{2}-y_{iB} \tag{2-5-17}$$

c. 求得横承力索分段长 c。

$$c_{iA}=\sqrt{a_{iA}^{2}+b_{iA}^{2}} \tag{2-5-18}$$

$$c_{iB}=\sqrt{a_{iB}^{2}+b_{iB}^{2}} \tag{2-5-19}$$

⑦确定上、下部固定绳形状及安装高度

接触线高度为 6.00 m 的站场，上、下固定绳呈水平形状。

上部固定绳安装高度：

$$A柱\ H_{SA}=H+h+0.16-h_{A} \tag{2-5-20}$$

$$B柱\ H_{SB}=H+h+0.16-h_{B} \tag{2-5-21}$$

下部固定绳安装高度：

$$A柱\ H_{XA}=H+0.30-h_{A} \tag{2-5-22}$$

$$B柱\ H_{XB}=H+0.30-h_{B} \tag{2-5-23}$$

⑧确定上、下部固定绳长度

a. 求上、下部固定绳安装高度处钢柱外缘（混凝土柱为内缘）至相邻股道中心的距离。

$$a'_{1A}=a_{1A}+H'_{A}d_{1}/H_{j} \tag{2-5-24}$$

$$a'_{1A}=a_{1B}+H'_{B}d_{2}/H_{j} \tag{2-5-25}$$

$$a''_{1A}=a_{1A}-H''_{A}d_{1}/H_{j} \quad (2\text{-}5\text{-}26)$$

$$a''_{1B}=a_{1B}-H''_{B}d_{2}/H_{j} \quad (2\text{-}5\text{-}27)$$

式中，H_j 为支柱顶悬挂点至测量基点的垂直距离，混凝土支柱为 10.80 m；H'_A、H'_B 为支柱顶悬挂点至上部固定绳安装处的垂直距离；H''_A、H''_B 为支柱顶悬挂点至下部固定绳安装处的垂直距离。

b. 上部固定绳长度。

$$L'=a'_{1A}+a_{2}+a_{3}+\cdots+a'_{1B} \quad (2\text{-}5\text{-}28)$$

c. 下部固定绳长度。

$$L''=a''_{1A}+a_{2}+a_{3}+\cdots+a''_{1B} \quad (2\text{-}5\text{-}29)$$

⑨确定横承力索吊弦长度 K

K_0＝设计值（如 0.40 m、0.50 m、0.60 m）

$$K_{nA}=f_{1}-y_{nA}+K_{0} \quad (2\text{-}5\text{-}30)$$

$$K_{nB}=f_{2}-y_{nB}+K_{0} \quad (2\text{-}5\text{-}31)$$

⑩计算结果校验

为了检查计算结果是否正确，用式(2-5-32)、式(2-5-33)进行校验，以检查最低点两侧各悬挂点高差之和是否分别等于两侧最大弛度值，即

$$f_{1}=b_{1A}+b_{2A}+\cdots+b_{iA} \quad (2\text{-}5\text{-}32)$$

$$f_{2}=b_{1B}+b_{2B}+\cdots+b_{iB} \quad (2\text{-}5\text{-}33)$$

三、应用示例

【习题 1】 试确定如图 2.5.6 所示钢柱双横软横跨的结构尺寸。支柱类型 2×G15/13。安装后外缘垂直，经现场实际测量，$C_{X1}=6$ m，$C_{X2}=3$ m，$a_2=a_3=a_5=a_6=5$ m，$a_4=10$ m，$S_1=450$ mm，$S_2=-250$ mm；接触网悬挂类型：正线为 JTMH95＋CTAH120，站线为 TGJ70/19＋CTAH85。

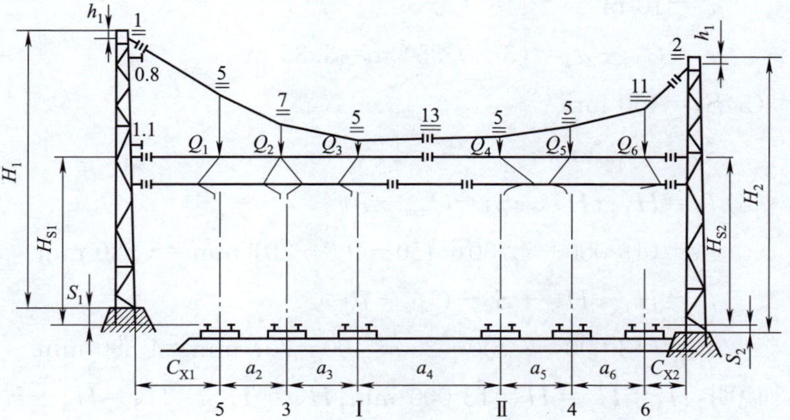

图 2.5.6　钢柱双横软横跨的结构尺寸

解:1. 确定有关参数

(1)$C_{X1}=6$ m,$C_{X2}=3$ m

(2)$\delta_1=\delta_2=\dfrac{b-a}{H}=\dfrac{1\ 000-500}{13}$ mm/m$\approx$38.46 mm/m

(查资料:钢柱型号规格表 G15/13,$a=500$ mm,$b=1\ 000$ mm,$H=13$ m)

(3)$d_1=\delta_1 H_{h1}=\delta_1(H_1+S_1-h_1)$

$=38.46\times(13+0.45-0.07)$ mm

≈ 515 mm

$d_2=\delta_2 H_{h2}=\delta_2(H_2+S_2-h_1)$

$=38.46\times(13-0.25-0.07)$ mm

≈ 488 mm

(考虑到支柱受力后内倾及挠度影响,取 $d_1=400$ mm,$d_2=350$ mm)

(4)$a_1=C_{X1}+d_1=(6+0.4)$ m$=6.4$ m

$a_2=a_3=a_5=a_6=5$ m

$a_4=10\text{ m}$

$a_7=C_{X2}+d_2=(3+0.35)\text{ m}=3.35\text{ m}$

(5)$S_1=450\text{ mm}$

$S_2=-250\text{ mm}$

(6)$f_1=H_1-H_{S1}+S_1-C_{min}-70$

$=(13\ 000-7\ 700+450-400-70)\text{ mm}=5\ 280\text{ mm}$

$f_2=H_1-H_{S1}+S_2-C_{min}-70$

$=(13\ 000-7\ 700-250-400-70)\text{ mm}=4\ 580\text{ mm}$

说明：$H_1=H_2=H=13\ 000\text{ mm}$；$H_{S1}=H_{S2}=H_S=H_x+H_h+H_{上下}=(6\ 450+300+950)\text{ mm}=7\ 700\text{ mm}$；$H_{S1}=H_{S2}=H_S$ 为上部固定绳至正线轨面的高度；H_x 为接触线高度，大站一般取 6 450 mm，小站取 6 000 mm；H_h 接触线距下部固定绳距离，一般取 300 mm；$H_{上下}$为上、下部固定绳距离，在接触悬挂结构高度为 1 100 mm 时一般取 950 mm。H_x、H_h、$H_{上下}$可根据现场实际情况取值。混凝土支柱横承力索安装点一般距支柱顶端 100 mm，钢柱为 70 mm。

2. 确定悬挂负载

根据图 2.5.6 中节点标注可得

$$Q_i=J_i+G_i+P_i \qquad (M_i=0)$$

则悬挂点 Q_i 负载：

$Q_1=J_5+G_1+P_1$

$=\left[70+\left(\frac{0.8}{a_1}\times170+\frac{1.1}{a_1}\times170\times2\right)\right]+1.48\times65\times10+1.026\times(a_1+a_2)\times10$

$\approx1\ 229\text{ N}$

（悬挂点 Q_1 中节点负载 J_5 已包括接地侧绝缘子串自重负载造成的增加负载）

$$Q_2 = J_7 + G_2 + P_2$$

$$= 140 + 2 \times 1.48 \times 65 \times 10 + 1.026 \times (a_2 + a_3) \times 10$$

$$\approx 2\ 167\ \text{N}$$

$$Q_3 = J_5 + G_3 + P_3$$

$$= (70 + 170 \times 2) + 1.89 \times 65 \times 10 + 1.026 \times (a_3 + a_4) \times 10$$

$$\approx 1\ 792\ \text{N}$$

$$Q_4 = Q_3 = 1\ 792\ \text{N}$$

$$Q_5 = J_5 + G_5 + P_5$$

$$= 70 + 1.48 \times 65 \times 10 + 1.026 \times (a_5 + a_6) \times 10$$

$$\approx 1\ 135\ \text{N}$$

$$Q_6 = J_{11} + G_6 + P_6$$

$$= \left[50 + \left(\frac{0.8}{a_7} \times 170 + \frac{1.1}{a_7} \times 170 \times 2\right)\right] + 1.48 \times 65 \times 10 + 1.026 \times (a_6 + a_7) \times 10$$

$$\approx 1\ 250\ \text{N}$$

3. 确定最短吊弦位置

利用对 A 悬挂点求支座反力的方法来确定最短吊弦位置，可得（为了计算方便，这里按 1 kgf=10 N 计算。实际上，由于力只是一个中间过渡变量，所以无论采用 kgf 还是 N 均不影响结果的正确性）

$$F_{B0} = \frac{\sum_{k=1}^{6} Q_k X_k}{l_1 + l_2}$$

$$= \frac{Q_1 a_1 + Q_2 (a_1 + a_2) + \cdots + Q_6 (a_1 + a_2 + \cdots + a_6)}{a_1 + a_2 + \cdots + a_7}$$

$$= \frac{1\ 229 \times 6.4 + 2\ 167 \times 11.4 + \cdots + 1\ 250 \times 36.4}{39.75}\ \text{N}$$

$$\approx 4\ 790\ \text{N}$$

$$F_{A0}=\sum_{k=1}^{6}Q_k-F_{B0}=(Q_1+Q_2+\cdots+Q_6)-F_{B0}=4\ 575\ \text{N}$$

$$F_{A0}-Q_1-Q_2=1\ 179\ \text{N}>0$$

$$F_{A0}-Q_1-Q_2-Q_3=-613\ \text{N}<0$$

则悬挂最低点出现在悬挂负载 Q_3 所在的悬挂点，即第Ⅰ股道上方。

$$l_1=a_1+a_2+a_3=16.4\ \text{m}$$

$$l_2=a_4+a_5+a_6+a_7=23.35\ \text{m}$$

4. 求横向承力索分段长度及总长度

(1)求子力矩

A、B 侧各铅垂力分别对悬挂最低点的力矩和为

$$\begin{aligned}M_1&=F_{A0}(a_1+a_2+a_3)-Q_1(a_2+a_3)-Q_2a_3\\&=[4\ 575\times(6.4+5+5)-1\ 229\times(5+5)-2\ 167\times5]\text{N}\cdot\text{m}\\&=(75\ 030-12\ 290-10\ 835)\text{N}\cdot\text{m}\\&=51\ 905\ \text{N}\cdot\text{m}\end{aligned}$$

$$\begin{aligned}M_2&=F_{B0}(a_4+a_5+a_6+a_7)-Q_6(a_4+a_5+a_6)-Q_5(a_4+a_5)-Q_4a_4\\&=[4\ 790\times(10+5+5+3.35)-1\ 250\times(10+5+5)-1\ 135\times\\&\quad(10+5)-1\ 792\times10]\text{N}\cdot\text{m}\\&=(111\ 846.5-25\ 000-17\ 025-17\ 920)\text{N}\cdot\text{m}\\&=51\ 901.5\ \text{N}\cdot\text{m}\end{aligned}$$

(2)求横向承力索水平力 T 及分界力 Y

$$T=\frac{M_1l_1+M_2l_2}{f_1l_1+f_2l_2}=\frac{M_1+nM_2}{f_1+nf_2}$$

$$\begin{aligned}T&=\frac{M_2l_1+M_1l_2}{l_1f_2+l_2f_1}=\frac{51\ 901.5\times16.4+51\ 905\times23.35}{16.4\times4.58+23.35\times5.28}\ \text{N}\\&\approx10\ 399\ \text{N}\end{aligned}$$

$$r=\frac{Th}{L}=\frac{10\ 399\times 0.7}{39.75}\ \text{N}\approx 183.13\ \text{N}$$

$F_A=F_{A0}+r=(4\ 575+183.13)\text{N}=4\ 758.13\ \text{N}$

$F_B=F_{B0}-r=(4\ 790-183.13)\text{N}=4\ 606.87\ \text{N}$

(3)求横向承力索分段长度

$y_{1A}=F_A a_1/T=4\ 758.13\times 6.4\div 10\ 399\ \text{m}=2.928\ \text{m}$

$y_{2A}=[F_A(a_1+a_2)-Q_1 a_2]/T$

$=[4\ 758.13\times 11.4-1\ 229\times 5]\div 10\ 399\ \text{m}$

$=(54\ 242.682-6\ 145)\div 10\ 399\ \text{m}$

$\approx 4.625\ \text{m}$

$y_{3A}=[F_A(a_1+a_2+a_3)-Q_1(a_2+a_3)-Q_2 a_3]/T$

$=[4\ 758.13\times(6.4+5+5)-1\ 229\times(5+5)-2\ 167\times 5]\div 10\ 399\ \text{m}$

$=(78\ 033.168-12\ 290-10\ 835)\div 10\ 399\ \text{m}$

$\approx 5.28\ \text{m}$

$y_{1B}=F_B a_7/T=4\ 606.87\times 3.35\div 10\ 399\ \text{m}\approx 1.484\ \text{m}$

$y_{2B}=[F_B(a_6+a_7)-Q_6 a_6]/T$

$=[4\ 606.87\times(5+3.35)-1\ 250\times 5]\div 10\ 399\ \text{m}$

$\approx 3.098\ \text{m}$

$y_{3B}=[F_B(a_5+a_6+a_7)-Q_6(a_5+a_6)-Q_5 a_5]/T$

$=[4\ 606.87\times(5+5+3.35)-1\ 135\times(5+5)-1\ 250\times 5]\div 10\ 399\ \text{m}$

$\approx 4.167\ \text{m}$

$y_{4B}=[F_B(a_4+a_5+a_6+a_7)-Q_6(a_4+a_5+a_6)-Q_5(a_4+a_5)-Q_4 a_4]/T$

$=[4\ 606.87\times(10+5+5+3.35)-1\ 250\times(10+5+5)-$

$1\ 135\times(10+5)-1\ 792\times 10]\div 10\ 399\ \text{m}$

$\approx 4.58\ \text{m}$

$b_{1A}=y_{1A}=2.928\ \text{m}$

$b_{2A}=y_{2A}-y_{1A}=(4.625-2.928)\text{m}=1.697\text{ m}$

$b_{3A}=y_{3A}-y_{2A}=(5.28-4.625)\text{m}=0.655\text{ m}$

$b_{1B}=y_{1B}=1.484\text{ m}$

$b_{2B}=y_{2B}-y_{1B}=(3.098-1.484)\text{m}=1.614\text{ m}$

$b_{3B}=y_{3B}-y_{2B}=(4.167-3.098)\text{m}=1.069\text{ m}$

$b_{4B}=y_{4B}-y_{3B}=(4.58-4.167)\text{m}=0.413\text{ m}$

横向承力索各分段长度

$c_1=\sqrt{a_1^2+b_{1A}^2}=\sqrt{6.4^2+2.928^2}\text{ m}\approx 7.038\text{ m}$

$c_2=\sqrt{a_2^2+b_{2A}^2}=\sqrt{5^2+1.697^2}\text{ m}\approx 5.280\text{ m}$

$c_3=\sqrt{a_3^2+b_{3A}^2}=\sqrt{5^2+0.655^2}\text{ m}\approx 5.043\text{ m}$

$c_4=\sqrt{a_4^2+b_{4B}^2}=\sqrt{10^2+0.413^2}\text{ m}\approx 10.009\text{ m}$

$c_5=\sqrt{a_5^2+b_{3B}^2}=\sqrt{5^2+1.069^2}\text{ m}\approx 5.113\text{ m}$

$c_6=\sqrt{a_6^2+b_{2B}^2}=\sqrt{5^2+1.614^2}\text{ m}\approx 5.254\text{ m}$

$c_7=\sqrt{a_7^2+b_{1B}^2}=\sqrt{3.35^2+1.484^2}\text{ m}\approx 3.664\text{ m}$

(4)求横向承力索总长度

$$c=\sum_{i=1}^{7}c_i=c_1+c_2+c_3+c_4+c_5+c_6+c_7\approx 41.40\text{ m}$$

(5)求各悬挂点直吊弦长度(这里最短直吊弦 $C_{\min}$ 按 400 mm 设计取值)

$$k_1=f_1-y_{1A}=2.752\text{ m}$$

$$k_2=f_1-y_{2A}=1.055\text{ m}$$

$$k_3=f_1-y_{3A}=0.400\text{ m}$$

$$k_4=f_2-y_{3B}=0.813\text{ m}$$

$$k_5=f_2-y_{2B}=1.882\text{ m}$$

$$k_6=f_2-y_{1B}=3.496\text{ m}$$

5. 求上、下部固定绳长度

$$L_S=\delta_1 H_{S1}+C_{X1}+a_2+a_3+\cdots+a_6+C_{X2}+\delta_2 H_{S2}$$
$$=(38.46\times7\ 700+6\ 000+\cdots+3\ 000+38.46\times7\ 700)\ \text{mm}$$
$$=39\ 592\ \text{mm}$$
$$L_X=\delta_1 H_{X1}+C_{X1}+a_2+\cdots+a_6+C_{X2}+\delta_2 H_{X2}$$
$$=\delta_1(H_X+H_h)+\cdots+\delta_2(H_X+H_h)$$
$$=(38.46\times6.75+6\ 000+\cdots+3\ 000+38.46\times6.75)\ \text{mm}$$
$$=39\ 260\ \text{mm}$$

说明：对于钢柱，上、下部固定绳是固定在支柱外缘的，这里计算的结果是两支柱内缘间的距离。

第三章　支柱拉线和基础

第一节　单支柱容量的计算

一、概　　述

单支柱(腕臂柱)分为中间柱、中心柱、转换柱、道岔柱,其特点是线路侧悬挂有一支或两支(道岔柱还可能有三支)接触悬挂,田野侧(或线路侧)悬挂有各种附加悬挂。所谓支柱容量,是指在给定的工况下(跨距、曲线半径、导线截面与张力、风速、冰荷载等),由各种悬挂引起的支柱相对于地面(混凝土支柱)或基础面(钢柱)的垂直于线路方向的弯矩值,并据此计算结果来选择满足要求的支柱规格。

本节建议列为职工应了解的内容。

二、原理和方法

腕臂柱常用支柱类型及规格如下:

横腹杆式预应力钢筋混凝土支柱分为 $H\dfrac{38}{8.7(9.2)+2.6}$、$H\dfrac{60}{8.7(9.2)+3.0}$、$H\dfrac{78}{8.7(9.2)+3.0}$、$H\dfrac{93}{8.7(9.2)+3.0}$、$H\dfrac{90}{12+3.5}$、$H\dfrac{130}{12+3.5}$、$H\dfrac{170}{12+3.5}$。

环形等径预应力钢筋混凝土支柱分为 $\phi400$、$\phi350$ 两种。此外还有 H 形钢柱、钢管柱等。

支柱弯矩大体上来说由以下两部分荷载引起:

垂直荷载。主要指接触悬挂自重、腕臂自重、附加悬挂自重、附加悬挂肩架自重、线索覆冰重量、腕臂及肩架覆冰重量等。在实际计算中，由于附加悬挂的肩架较短（即力臂较小），因此常常忽略附加悬挂及其肩架自重所引起的对支柱的弯矩。

水平荷载。指接触悬挂“之”字力、接触悬挂曲线力、接触悬挂转角力、接触悬挂风荷载；附加悬挂曲线力、附加悬挂转角力、附加悬挂风荷载；支柱本身的风荷载。

对于全补偿链型悬挂，由于风荷载所引起的弯矩占的比例远大于自重引起的弯矩（两者力矩差异很大），因此，腕臂柱一般仅计算最大结构设计风速条件下的支柱容量，而不再计算覆冰条件下和检修条件下的支柱容量。

各种荷载的计算公式如下：

（1）线索自重

$$G=g\times L \tag{3-1-1}$$

式中，G 为线索自重，kg；L 为跨距长度，m；g 为线索单位重量，kg/m。

（2）腕臂自重

腕臂自重指腕臂棒形绝缘子、腕臂管、定位管、定位器以及相关连接零部件的总重量。一套腕臂重量可按 80 kg 考虑。

（3）接触线、承力索的“之”字力

直线区段，由于接触线、承力索相对于线路中心呈“之”字形布置而对支柱产生的作用力称为“之”字力。直线区段接触网布置如图 3.1.1 所示。

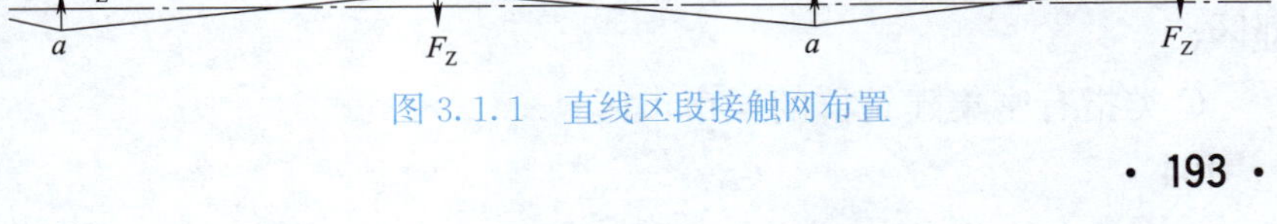

图 3.1.1　直线区段接触网布置

$$F_Z=\frac{4aT}{L} \tag{3-1-2}$$

式中，F_Z 为接触线或承力索的“之”字力，kgf；L 为跨距长度，m；a 为接触线或承力索的拉出值，m；T 为计及张力增量(10%)的接触线或承力索的工作张力，kgf。

(4)线索的风荷载

$$F_W=\frac{\mu_Z\mu_S v^2 d\times10^{-2}}{16\times9.8}\times L \tag{3-1-3}$$

式中，F_W 为线索的风荷载，kg；L 为跨距长度，m；μ_Z 为风压高度变化系数(表 3.1.1)；μ_S 为线索的风荷载体型系数(表 3.1.2)；v 为结构计算风速，m/s；d 为线索直径，mm。

表 3.1.1　风压高度变化系数 μ_Z

离地面或海平面高度/m	地面粗糙度类别			
	A	B	C	D
5	1.17	1.00	0.74	0.62
10	1.38	1.00	0.74	0.62
15	1.52	1.14	0.74	0.62
20	1.63	1.25	0.84	0.62
30	1.80	1.42	1.00	0.62
40	1.92	1.56	1.13	0.73

注：①对于平坦或稍有起伏的地形，风压高度变化系数可根据地面粗糙度类别由表 3.1.1 确定。

地面粗糙度类别分 A、B、C、D 四类：

A 类指近海海面和海岛、海岸、湖岸及沙漠地区；

B 类指田野、乡村、丛林、丘陵以及房屋比较稀疏的乡镇和城市郊区；

C 类指有密集建筑群的城市市区；

D类指有密集建筑群且房屋比较高的城市市区。

②对于山区的结构，风压高度变化系数可按平坦地面的粗糙度类别由表3.1.1确定外，还应考虑地形条件的修正。对于与风向一致的谷口、山口，修正系数为1.20～1.50。

表 3.1.2　风荷载体型系数μ_s

项次	类　别	体　　型	体型系数μ_s
1	混凝土支柱	环形截面	0.6
2		矩形或工字形截面	1.3
3	实腹式钢柱	环形截面	0.9
4		H形截面	1.3
5	格构式钢柱	由角钢组成的矩形断面钢柱	$1.3\phi(1+\eta)$ ϕ——桁架挡风系数； η——桁架背风面的风载降低系数
6		由钢管组成的矩形断面钢柱	0.8×项次5计算值
7	格构式横梁	由角钢组成的矩形断面横梁	$1.3\phi(1+\eta)$
8		由钢管组成的三角形断面横梁	0.58
9	线索	链型悬挂	1.25
10		简单悬挂(包括附加导线)	1.2

(5)线索的曲线力

在曲线区段，由于线索相对于线路中心呈折线形布置而对支柱产生的作用力称之为曲线力。曲线区段接触网布置如图3.1.2所示。

$$F_C=\frac{L}{R}\times T \tag{3-1-4}$$

式中，F_C为线索的曲线力，kgf；L为跨距长度，m；R为线路曲线半径，m。

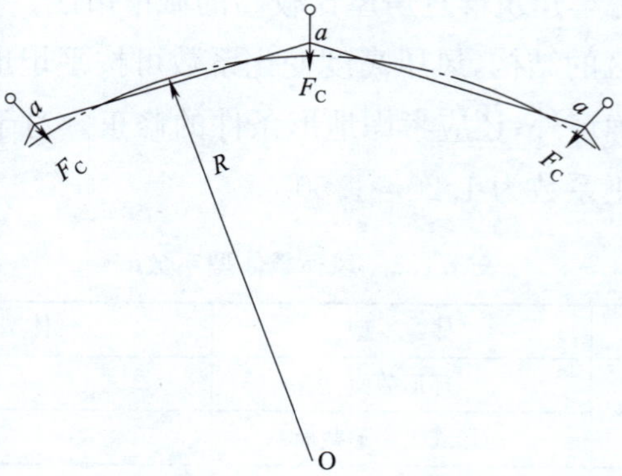

图 3.1.2　曲线区段接触网布置

(6)线索的转角力

在支柱处由于线索的布置方向发生了改变而对支柱产生的作用力称为转角力。两种典型情况为接触悬挂转角下锚和附加悬挂转角安装。

$$F_\alpha = T\tan\alpha \tag{3-1-5}$$

式中，F_α 为线索的转角力，kgf；T 为线索的工作张力，kgf；α 为线索的转角，°；$\tan\alpha$ 为线索转角的正切值。

(7)支柱的风荷载

$$F_m = \frac{\mu_Z \mu_S v^2 A \times 10}{16 \times 9.8} \tag{3-1-6}$$

式中，F_m 为支柱的风荷载，kg；μ_Z 为风压高度变化系数(见表 3.1.1)；μ_S 为支柱的风荷载体型系数(见表 3.1.2)；v 为结构计算风速，m/s；A 为支柱实际受风面积的计算值，m^2。

三、应用案例

1.【习题】已知接触悬挂类型为 JTM120＋CTS150(2 000 kgf＋

2 500 kgf)；采用 AT 供电方式，正馈线为 LGJ300(直径为 23.01 mm，最大风时张力为 1 700 kgf)，保护线为 LGJ120(直径为 15.07 mm，最大风时张力为 1 000 kgf)，加强线为 LGJ240(直径为 21.6 mm，最大风时张力为 1 500 kgf)；支柱采用 300×300 断面的 H 形钢柱；支柱位于 R3 000 m 曲线外侧(为中间柱)，平均跨距为 60 m；结构计算风速为 40 m/s；各导线悬挂高度如图 3.1.3 所示。试求该中间柱容量。

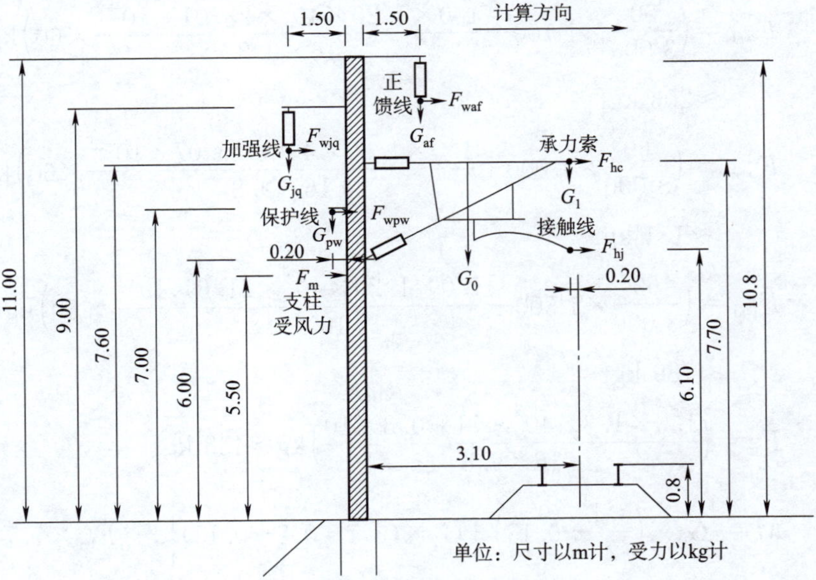

图 3.1.3　导线悬挂高度示意

解：查承力索、接触线的相关技术标准可知，承力索(JTM120)的单位重量和直径分别为 1.065 kg/m、14 mm，接触线(CTS150)的单位重量和直径分别为 1.35 kg/m、14.4 mm。

G_1＝(1.065＋1.35＋0.05)×60 kg＝147.9 kg[注：吊弦折算单重为 0.05 kg/m]

G_0＝80 kg

$$F_{hc}=\left(\frac{60}{3\ 000}\times2\ 000\times110\%+\frac{1.0\times1.25\times40^2\times14\times10^{-2}}{16\times9.8}\times60\right)\text{kgf}\approx151\ \text{kgf}$$

$$F_{hj}=\left(\frac{60}{3\ 000}\times2\ 500\times110\%+\frac{1.0\times1.25\times40^2\times14.4\times10^{-2}}{16\times9.8}\times60\right)\text{kgf}\approx165\ \text{kgf}$$

$$F_{waf}=\left(\frac{60}{3\ 000}\times1\ 700+\frac{1.0\times1.20\times40^2\times23.01\times10^{-2}}{16\times9.8}\times60\right)\text{kgf}\approx203\ \text{kgf}$$

$$F_{wpw}=\left(\frac{60}{3\ 000}\times1\ 000+\frac{1.0\times1.20\times40^2\times15.07\times10^{-2}}{16\times9.8}\times60\right)\text{kgf}\approx131\ \text{kgf}$$

$$F_{wjq}=\left(\frac{60}{3\ 000}\times1\ 500+\frac{1.0\times1.20\times40^2\times21.6\times10^{-2}}{16\times9.8}\times60\right)\text{kgf}\approx189\ \text{kgf}$$

$$F_{m}=\left(\frac{1.0\times1.3\times40^2\times11\times0.3\times10}{16\times9.8}\right)\text{kg}\approx438\ \text{kgf}$$

$$M=\left[G_0\times\left(\frac{3.1}{2}+0.15\right)+G_1\times(3.1-0.2+0.15)\right]+(F_{hc}\times7.7+F_{hj}\times6.1)+(F_{waf}\times11+F_{wpw}\times7+F_{wjq}\times9)+F_m\times\frac{11}{2}\approx10\ 016\ \text{kgf}\cdot\text{m}$$

即该中间柱容量约为 100 kN·m。

2.【**拓展**】腕臂柱容量计算总结

(1)要正确地确定支柱容量的风速计算方向。一般地,直线中间柱、曲外中间柱计算方向为风由田野侧向线路侧吹;曲内中间柱则两个方向均要计算,结果取大者。中心柱、转换柱一般需计算两个方向。

(2)对于中心柱、转换柱、道岔柱,计算过程同中间柱,只是线路侧需要考虑两支接触悬挂而已。

(3)腕臂柱容量计算应结合平面布置情况进行。例如，当曲线半径很大(客运专线)时，曲线上中间柱宜按正反定位来布置，此时支柱虽然位于曲线外侧，但不能简单套用上述曲线力计算公式，而应根据支柱两侧导线实际走向来计算导线的曲线力。

(4)实际工程中，不需要一一计算每根腕臂柱容量，仅计算一些典型腕臂柱容量，并将结果作为选择支柱的依据。特殊情况才单独核算。

第二节　限界加宽计算

一、概　　述

电气化铁路接触网是沿铁路架设的，为确保铁路的行车安全，要求接触网支柱及其他电气装置的建筑不得侵入铁路建筑限界，这就要求维管人员能够计算相应高度位置的侧面限界，曲线上的侧面限界与直线上的侧面限界不仅考虑铁路建筑限界，还要考虑轨道的超高以及因超高而导致车体倾斜的偏移量。《铁路技术管理规程(普速铁路部分)》给出的速度 $v>160$ km/h 客货共线铁路的铁路建筑限界如图 3.2.1 所示。

本节建议列为职工应掌握的内容。

二、原理和方法

列车在曲线上运行时，转向架可以移动，而转向上的车体为刚性车体，不能随着轨道弯曲而弯曲，车体纵向轴线与轨道中心线不吻合，致使车体两端向低轨侧偏斜，使车体与建筑接近限界间的净距离减少。另外，由于曲线区段外轨为高轨侧，车体向曲线内侧倾斜，也会影

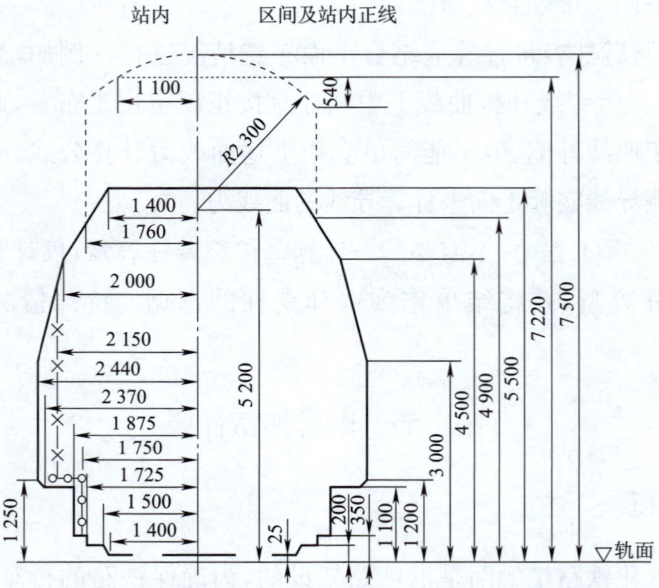

—×—×—×— 信号机、高架候车室结构柱和接触网、跨线桥、天桥、电力照明、雨棚等杆柱的建筑限界（正线不适用）。

—o—o—o— 站台建筑限界（正线不适用）。

——— 各种建（构）筑物的基本限界。

- - - - - 适用于电力牵引区段的跨线桥、天桥及雨棚等建（构）筑物。

·········· 电力牵引区段的跨线桥在困难条件下的最小高度。

图 3.2.1　基本建筑限界示意(单位:mm)

响内侧限界。这样曲线地段的建筑接近限界比直线地段的大,应在直线建筑限界的基础上适当加宽。

1. 曲线地段的建筑限界,仅考虑因超高产生车体向曲线内侧倾斜的加宽,加宽量为

$$W_1=\frac{H}{1\,500}h \tag{3-2-1}$$

式中,W_1 为曲线内侧加宽量,mm;H 为轨顶面至计算点的高度,mm;h 为外轨超高,mm。计算接触网支柱侧面限界时,一般可将 H 值取

为 3 000 mm。

2. 曲线地段的站线两侧信号机、高架候车室结构柱和接触网、跨线桥、天桥、电力照明、雨棚等杆柱的建筑限界、站内反方向运行矮型出站信号机的建筑限界和站台建筑限界，需考虑曲线内、外侧的限界加宽。加宽量计算如下：

曲线内侧加宽(mm)为

$$W_1=\frac{40\ 500}{R}+\frac{H}{1\ 500}h \tag{3-2-2}$$

曲线外侧加宽(mm)为

$$W_2=\frac{44\ 000}{R} \tag{3-2-3}$$

3. 曲线内外侧加宽(mm)共计为

$$W=W_1+W_2=\frac{84\ 500}{R}+\frac{H}{1\ 500}h \tag{3-2-4}$$

式中，R 为曲线半径，m；H 为计算点自轨面算起的高度，mm；h 为外轨超高，mm。$\frac{H}{1\ 500}h$ 的值也可用内侧轨顶为轴，将有关限界旋转 θ 角$\left(\theta=\arctan\frac{h}{1\ 500}\right)$求得。

三、应用案例

【习题 1】某区间曲线区段新立支柱，位置处于曲线内侧，该区段线路曲线半径为 $R=600$ m，外轨超高 $h=80$ mm，标准侧面限界为 2 440 mm，计算接触网支柱侧面限界时，一般将 H 值取值为 3 000 mm，则该支柱侧面限界加宽后应该是多少？

解：曲线内侧加宽宽度为

$$W_1=\frac{40\ 500}{R}+\frac{Hh}{1\ 500}=\left(\frac{40\ 500}{600}+\frac{3\ 000\times 80}{1\ 500}\right)\text{mm}=227.5\ \text{mm}$$

加宽后侧面限界＝标准值$+W_1=(2\ 440+227.5)$mm$=2\ 667.5$ mm

【习题 2】 某曲线半径为 1 000 m,外轨超高为 80 mm,导高 6 000 mm,测得 15 号支柱(曲内支柱)钢轨处侧面限界为 2 500 mm,建筑限界为 2 440 mm,计算该支柱限界是否超限。

解:已知 $R=1\ 000$ m,$H=6\ 000$ mm,$h=80$ mm

曲线内侧加宽为

$$W=\frac{40\ 500}{R}+\frac{Hh}{1\ 500}=\left(\frac{40\ 500}{1\ 000}+\frac{6\ 000}{1\ 500}\times 80\right)\text{mm}=360.5\ \text{mm}$$

标准限界为$(2\ 440+360.5)$mm$=2\ 800.5$ mm,$2\ 500$ mm$<2\ 800.5$ mm,该支柱限界超限。

答:该支柱限界超限。

【习题 3】 接触网采用直链型悬挂,一根中间支柱的侧面限界为 3 000 mm,设计拉出值为 200 mm(正定位)。用水平尺测量支柱斜率为 10 mm,水平尺的长度为 600 mm。支柱腕臂上底座距轨面高度为 7 400 mm。在车间平腕臂预制安装后,测得承力索距支柱内沿距离为 3 500 mm,计算是否符合标准,若不标准应如何调整?

解:已知 $C_X=3\ 000$ mm,$H_上=7\ 400$ mm,$\delta=10/600$,$a=200$ mm

$C_X+H_上\delta-a=(3\ 000+7\ 400\times 10\div 600-200)mm\approx(3\ 000+123-200)mm=2\ 923$ mm

$2\ 923\neq 3\ 500$,所以不符合标准。

调整值$\Delta=(3\ 500-2\ 923)$mm$=577$ mm

所以应向支柱侧拉 577 mm。

【习题 4】 某曲线半径为 1 000 m,外轨超高为 80 mm,导高 6 000 mm,H 型钢支柱(曲内),直立。现测得钢轨处支柱侧面限界为 2 500 mm,计算该支柱限界是否超标(以 $H=3\ 000$ mm 计算)。

解:已知 $R=1\ 000$ m,$H=3\ 000$ mm,$h=80$ mm

曲线内侧加宽为

$$W_1=\frac{40\ 500}{R}+\frac{Hh}{1\ 500}=\left(\frac{40\ 500}{1\ 000}+\frac{3\ 000}{1\ 500}\times 80\right)\text{mm}=200.5\ \text{mm}$$

$$C_{\text{Xmin}}=(2\ 440+200.5)\text{mm}=2\ 640.5\ \text{mm}$$

因为 2 500<2 640.5,所以超标。

答:该支柱限界超标。

第三节　拉线长度计算

一、概　　述

拉线是一个锚段关节内在下锚侧埋设或者浇筑的基础,用来抵消锚段内的水平张力,而拉线的长度往往需要通过现场的实际测量和计算进行预制。

下锚支柱除承受垂直线路的负荷外,还要承受接触悬挂下锚的负荷,因此锚柱承载很大。为了使锚柱稳定,一般采用锚柱安装拉线,用以平衡下锚悬挂张力对支柱产生的影响。在电气化铁路运行初期,接触悬挂综合张力普遍在 25 kN 及以下,一般采用锚板来承担接触悬挂下锚拉力,锚板采用钢筋混凝土预制而成,外形及尺寸如图 3.3.1 所示。随着电气化铁路的发展,接触悬挂综合张力的增加,目前,电气化铁路接触网正线接触悬挂下锚及中心锚结下锚一般采用拉线基础,锚板多用于附加线索下锚。

下锚拉线应设在锚支的延长线上,若地形有限制,如拉线在两线间时,地锚位置偏向线路侧时其距支柱平行线路中心线不得小于 500 mm。拉线(拉线锚杆)与地平面的夹角宜为 45°,困难条件下允许增大角度,但不得大于 60°。

本节建议列为职工应掌握内容。

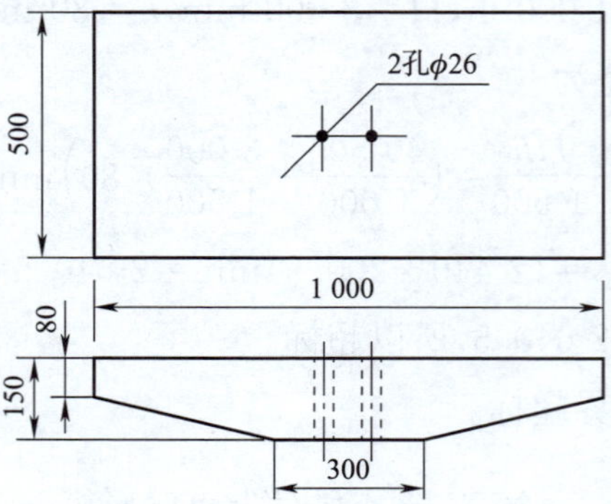

(a)

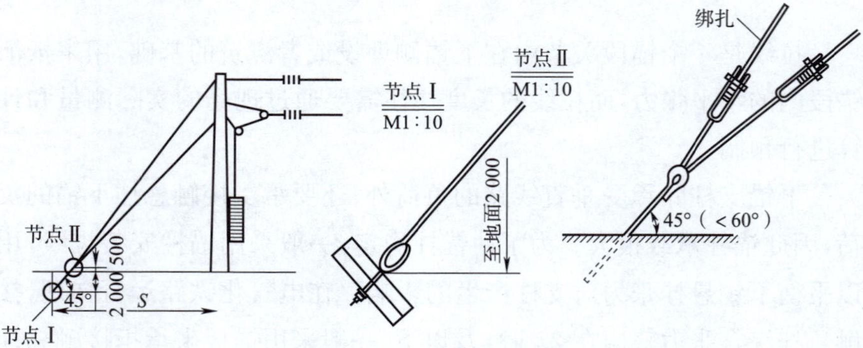

(b)

图 3.3.1　拉线结构(单位:mm)

二、原理和方法

在已知的现场下锚角钢距离地面的安装高度 H、拉线与地面的夹角 α，L_1 为安装高度 H 时的拉线长度。$L_1=H/\sin\alpha$。由此确定 β 值，$\beta=1/\sin\alpha$。当夹角 α 为 45°时 $\beta=1.414$，夹角 α 为 60°时 $\beta=1.155$。考虑拉线棒露出地面的部分长度 U_{G}、UT 楔形线夹的长度 U_{T}，则拉线预制净长度 L 为

$$L=\beta H+2\times 500-U_T-U_G \tag{3-3-1}$$

三、应用案例

【习题】 对接触网下锚拉线进行预制，已知拉线在支柱上的固定高度 $H=8$ m，拉线与地面的夹角 α 为 45°，UT 线夹的长度 $U_T=500$ mm，拉线拉杆露出地面的长度 $U_G=1\ 000$ mm，请求出拉线预制长度 L。

解： 因拉线与地面的夹角 α 为 45°，所以 $\beta=1/\sin\alpha\approx1.414$

根据式(3-3-1)，$L=(1.414\times8\ 000+2\times500-500-1\ 000)$ mm $=10\ 812$ mm

答：拉线预制长度为 10 812 mm。

第四章 附加悬挂

第一节 当量跨距

一、概　　述

当量跨距的计算主要在接触网附加导线架设施工或调整使用。附加导线架设施工或调整时，一跨内导线弛度和张力和安装温度是相关的。接触网的一个锚段有很多跨距，如果按每一个跨距进行计算，是很繁琐的，也没有必要。因为各跨距连接处悬挂点可以随腕臂的摆动允许一定的位移，故某一跨距张力较大时必牵连相邻跨距而使自动调整到张力平衡，所以可以认为整个锚段的张力是一致的。假设一个独立的跨距，这个跨距中承力索张力随温度变化的规律与所求锚段承力索张力变化规律相同，以使这个假设跨距承力索的张力-温度曲线来代替锚段的承力索张力-温度曲线，这种跨距称为当量跨距。

本节建议列为职工应掌握内容。

二、原理和方法

计算当量跨距为

$$L_D = \sqrt{\sum L_i^3 / \sum L_i} \tag{4-1-1}$$

式中，L_D 为当量跨距，m；$\sum L_i^3$ 为锚段内各跨距立方和，m^3；$\sum L_i$ 为锚段内各跨距和，m。

施工或维修作业时，根据计算的当量跨距值，在附加导线安装曲线中查相应当量跨距的附加悬挂导线弛度曲线。根据张力-温度曲线可以查得某个温度时的架线张力；若要得到某个长度跨距在已知温度时的跨中弛度，查该长度跨距的弛度-温度曲线就可得到导线某个温度时跨中弛度。某附加导线弛度（张力）安装曲线（L_D＝50 m）如图 4.1.1 所示。

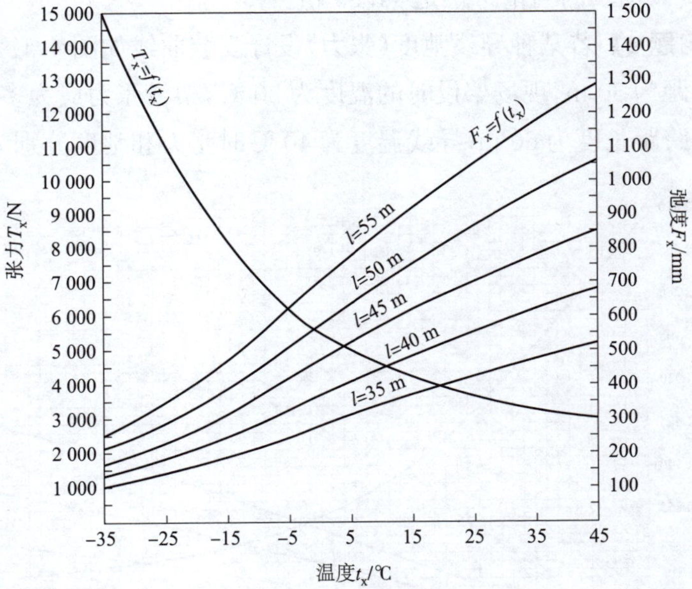

图 4.1.1　某附加导线弛度（张力）安装曲线（L_D＝50 m）

三、应用示例

【习题 1】 某锚段各跨距分别为 40 m、45 m、40 m、50 m、45 m、50 m、45 m、40 m，则该锚段的当量跨距是多少？

解:$L_D=\sqrt{\dfrac{\text{锚段中各跨距立方之和}}{\text{锚段中各跨距之和}}}$

$$=\sqrt{\frac{40^3+45^3+40^3+50^3+45^3+50^3+45^3+40^3}{40+45+40+50+45+50+45+40}}\ \text{m}$$

$$\approx 44.89\ \text{m}$$

答:该锚段的当量跨距是 44.89 m。

【习题 2】 若某种导线弛度(张力)设计安装曲线如图 4.1.2 所示,当量跨距为 50 m,现场架设时的温度为 20 ℃,架设张力应为多少?其中某个跨距长度为 60 m,导线温度为 40 ℃时张力和弛度分别为多少?

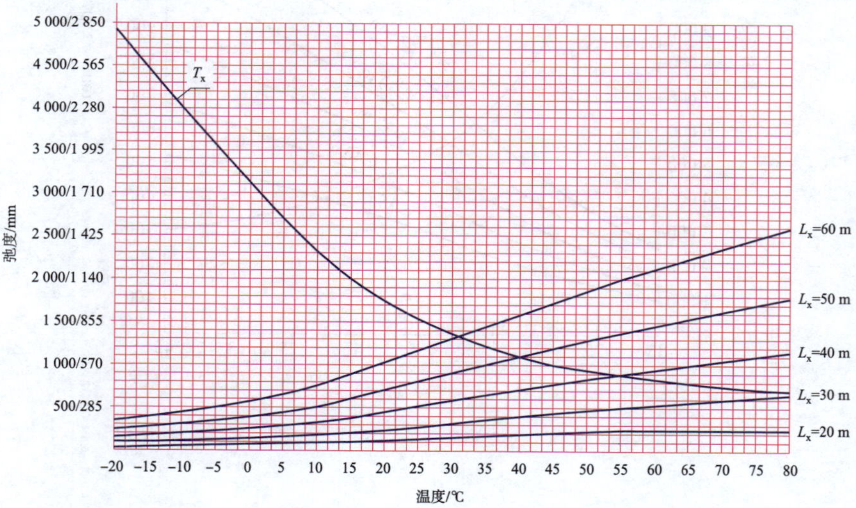

图 4.1.2　某种导线弛度(张力)设计安装曲线

解:(1)在图 4.1.2 中查 T_x 曲线得到温度为 20 ℃,架设张力应为 1 750 N。

(2)在图 4.1.2 中查 T_x 曲线得到温度为 40 ℃时,张力为 1 100 N。再根据 L_x=60 m 曲线得到温度为 40 ℃时,弛度为[855+(1 140−855)÷5]mm=(855+57)mm=912 mm。

第二节　悬挂线索张力与弛度计算

一、概　　述

简单悬挂是接触网中最基本的一种形式，它和一般供电线路相似，不同的是接触线上有电力机车受电弓与它接触摩擦取流。这样就要求简单悬挂接触线应有较大的张力和较小的弛度，并有较好的稳定性。接触网系统中，供电线、正馈线、回流线、架空地线等附加导线也常以简单悬挂的形式出现。

气象条件变化时，简单悬挂状态会发生变化，简单悬挂的张力和弛度随气象条件而变化，当温度变化时线索发生热胀冷缩；当有冰、风荷载作用时，简单悬挂的张力和弛度也会发生相应的变化。正馈线状态发生变化如图 4.2.1 所示，气温下降后，正馈线张力和弛度发生变化，正馈线向支柱侧偏移，绝缘距离有不足的风险。

图 4.2.1　正馈线状态发生变化

本节建议列为职工应了解内容。

二、原理和方法

$$F=\frac{gl_{\mathrm{i}}^{2}}{8T} \tag{4-2-1}$$

式中，T 为对应 t_{x} 时的悬挂线索张力，kN；g 为悬挂线索的自重负载，kN/m；l_{i} 为锚段内的实际跨距长度，m。

三、应用示例

1.**【习题】** 某区段接触网供电线在线路沿线架设，等高、等跨距布置，由于机动车撞击，其中 1 根支柱损坏造成接触网供电线跳闸停电，问抢修时采取临时拆除该支柱恢复供电，拆除后供电线最低点距地面大约有多高？已知该供电线安装高度为 9 m，跨距 65 m，张力为 10 kN。供电线为 LBGLJ240/30，自重负载为 885 kg/km。

解：

$$F=\frac{gl_{\mathrm{i}}^{2}}{8T}=\frac{8.85\times(65+65)^{2}}{1\,000\times8\times10}\ \mathrm{m}\approx1.87\ \mathrm{m}$$

最低点距离地面的高度 $h=(9-1.87)\mathrm{m}=7.13\ \mathrm{m}$。

2.**【案例】** 安装预绞式铠装护线条对接触线高度的影响。

2017 年 2 月 16 日某铁路局集团公司组织在Ⅱ-2 锚段进行了加装预绞式铠装护线条模拟试验。试验分别采用了 JTM(H)95 型镁铜合金绞线 48.7 m、30 m，线索单位长度重量 0.849 kg/m，基本等同于 YJKZ(A120)型 A 型护线条的 0.82 kg/m。采用高速铁路 4C 检测车检测模拟安装前后接触线位置对比分析。安装整跨护线条(48.71 m)的 56 号、58 号定位点拉出值均变化了 5 mm，56 号支柱偏移 35 mm，58 号支柱偏移 15 mm，导高分别降低了 33 mm 和 30 mm，跨中导高降低了 60 mm。56 号支柱为下锚侧支柱。安装 30 m 护线条的 70 号、72 号定位点拉出值分别变化了 5 mm 和 4 mm，偏移 5 mm 和 10 mm。导高分别降低了 24 mm 和 25 mm，跨中导高降低了 50 mm，结果如图 4.2.2 所示。试验结论：安装护线条时，综合接触线高度、坡度、相邻吊弦高差超标和腕臂偏移的情况，需对安装跨及前后相邻跨距的吊弦和弹吊进行调整。

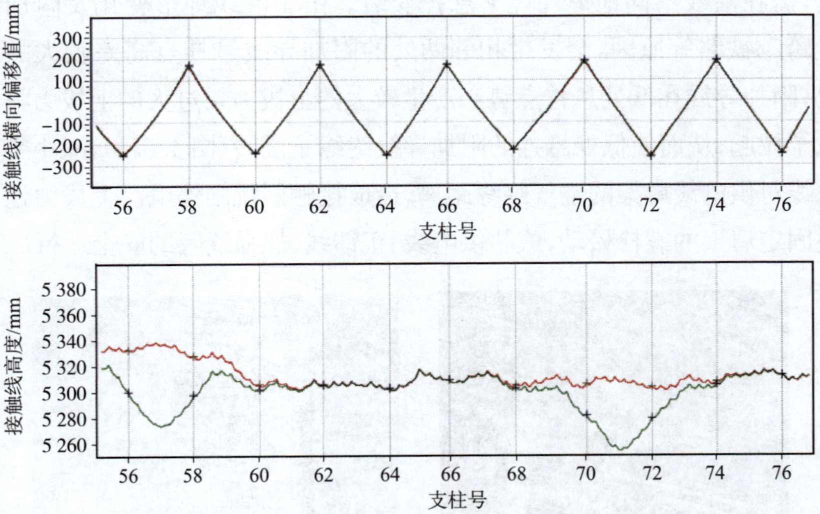

图 4.2.2　预绞式铠装护线条模拟安装前后接触线位置对比

（红线为模拟安装前，绿线为安装后）

第三节　上拔力计算

一、概　　述

在不等高悬挂中，悬挂线索在悬挂点的张力将产生差异，形成张力差。当两悬挂点在高度相差较大时，在低悬挂点将产生一个方向向上的合力，称为上拔力。上拔力的存在影响支柱和悬挂点的稳定，因此对不等高悬挂必须进行上拔力验算。若存在上拔力,则应调整高差或悬挂点间的距离,消除上拔力。接触网上拔力主要出现在附加导线和接触悬挂安装中。

1. 附加导线。在建筑物与支柱上的两悬挂点以及供电线、捷接线等附加线索在两支柱上的悬挂点高度差较大时,在低悬挂点处就有可能出现上拔力。附加导线作为电气化铁路接触网系统的重要组成部分,需在沿线不同地形环境下悬挂安装。由于沿线地形变化及附加导线跨越铁路等原因,会发生相邻两处的附加导线悬挂点高差较大的情况,附加导线在低处悬挂点势必产生较大的上拔力。过大的上拔力将绝缘子拉起,从而使低处悬挂的附加导线绝缘子翻转(图 4.3.1),减小带电导线对供电线肩架的空气绝缘距离,造成接触网跳闸停电。上拔力还会使固定肩架的螺栓松动,威胁供电线、正馈线、加强线等的安全运行。

图 4.3.1　上拔力使附加导线绝缘子倒置

2. 在接触悬挂下锚中,不管哪种下锚形式都会使线索抬高。高速铁路因接触网线索张力大、跨距相对较小,多采用五跨锚段关节,以满足接触网平顺性和下锚抬高要求。高速铁路接触网线岔非工作支一般不直接下锚,需经过一个支柱过渡抬高后下锚,以保证工作支部分稳定的状态。因受地形条件限制,如在机务段及编组场内,接触网下锚按照一跨设置，会出现下锚悬挂支调整高度不能达到设计要求。这种情况使非工作支悬挂点和下锚处形成不等高悬挂从而产生高差，由于这两处高差较大，在非工作支悬挂点就有可能产生上拔力，非工作支产生上拔力就会对上一跨的工作支产生较大的影响，使这处工作支的导线高度和拉出值无法达到设计要求。

本节建议列为职工应熟悉内容。

二、原理和方法

1. 上拔力的大小

接触网承力索或者附加导线两悬挂点间存在一定的高度差时，两个悬挂点之间高差较小时就会出现上拔力。

不等高悬挂受力分析如图 4.3.2 所示。设两点非工作支抬高点 B 和接触网下锚点 C，当高度差 H 较大时，假设最低点 A 不在 B 与 C 的跨距之内，根据不等高悬挂受力分析，利用不等高悬挂弛度计算的分解法，例如线岔下锚处，如图 4.3.3 所示。

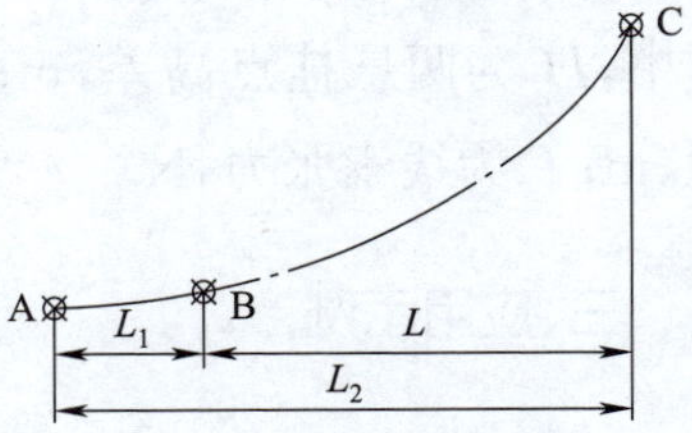

图 4.3.2　不等高悬挂受力分析

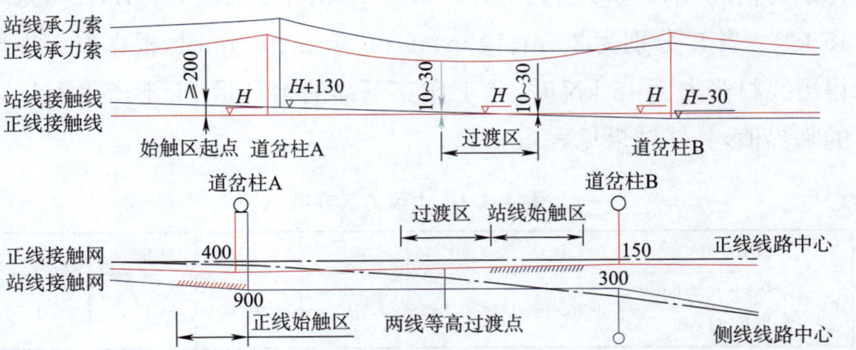

图 4.3.3　合宁线无交叉线岔布置示意（单位：mm）

在图 4.3.2 中，B 点的左侧斜弛度为 F_B，跨距为 $2L_1$ 的等高悬挂的一半，由简单等高悬挂的弛度计算公式可得

$$F_B=\frac{g}{8T}(2L_1)^2=\frac{gL_1^2}{2T} \tag{4-3-1}$$

式中，g 为线索每米自身重力，N/m；T 为线索张力，N。

2. 不产生上拔力的条件

式(4-3-1)表示了线索不等高悬挂在自然悬垂状态下，线索自重、张力、弛度和跨距的关系，此时 A 点没有垂直向上作用力。不难推理，只要抬高 B 点的高度，就会在 A 点产生上拔力。也就是说不产生上拔力的条件为

$$H<\frac{gL^2}{2T} \tag{4-3-2}$$

式中，H 为两悬挂点高差，m；g 为线索每米自身重力，N/m；L 为跨距，m；T 为线索张力，N。

三、应用示例

1. 案例

【案例 1】 线材张力为 15 kN 时，线材每米自重为 1.082 kg/m，具体线材情况：承力索为 JTMH95，张力 15 kN；接触线 CTAH120，张力 15 kN。当 L 分别为 30 m、40 m、45 m、50 m、60 m 时，根据以上推导得出线材张力为 15 kN 时，非工作支下锚的抬升量 H 不产生上拔力的临界值，具体结果见表 4.3.1。

表 4.3.1 上拔力临界值

跨距/m	30	40	45	50	60	37.2
不产生上拔力的临界值 H/m	<0.33	<0.58	<0.73	<0.90	<1.30	<0.50

【案例 2】 线材张力为 10 kN 时，线材每米自重为 0.746 kg/m，具体线材情况：承力索为 JTMH70，张力 10 kN；接触线 CTAH85，张力 10 kN。当 L 分别为 30 m、40 m、45 m、50 m、60 m 时，根据以上推导得出线材张力为 10 kN 时，非工作支下锚的抬升量 H 不产生上拔力的临界值，具体结果见表 4.3.2。

表 4.3.2　上拔力临界值

跨距/m	30	40	45	50	60	36.6
不产生上拔力的临界值 H/m	<0.34	<0.60	<0.75	<0.90	<1.30	<0.50

2. 习题

某电气化铁路采用的线材为 JTMH95＋CTAH120，张力为 15 kN，线材自身重量为 1.082 kg/m。以车站 66 号支柱至 D1 下锚洞一跨下锚中，最低悬挂点为 66 号支柱非工作支。至下锚悬挂点 $L=32$ m，计算抬升量 H 为多少时，66 号非工作支悬挂点不产生上拔力。

解： 根据简单悬挂不产生上拔力的条件 $H<\dfrac{gl^2}{2T}$，$L=32$ m，$g=10.82$ N/m，计算出当 $H<0.37$ m 时，66 号非工作支悬挂点不会产生上拔力。

从非工作支到下锚的抬升量为 0.5 m，通过计算不产生上拔力的临界值 H，得出这个结论是不严谨的。当跨距 $L \geqslant 37.2$ m 时，下锚的抬升量为 0.5 m；当跨距 $L<37.2$ m 时，要通过计算来确定下锚的抬升量。

第四节　线 索 风 偏

一、概　　述

架空输电线路长期运行在野外，受自然界气候变化的影响。风是自然界影响线路的主要现象之一。大风引起的导线风偏对地或对杆塔塔头构件放电是线路故障的主要形式。

本节建议列为职工应了解内容。

二、原理和方法

1. 比载[N/(m・mm²)]

比载是电线单位长度、单位截面上的荷载。比载以荷载方向分类，分为垂直比载 g_1、g_2、g_3，水平比载 g_4、g_5，综合比载 g_6、g_7，如图 4.4.1 所示。按照类别分为自重比载 g_1，冰重比载 g_2，自重、冰重综合比载 g_3，风比载 g_4，覆冰后风比载 g_5，自重、风综合比载 g_6，覆冰、风综合比载 g_7。

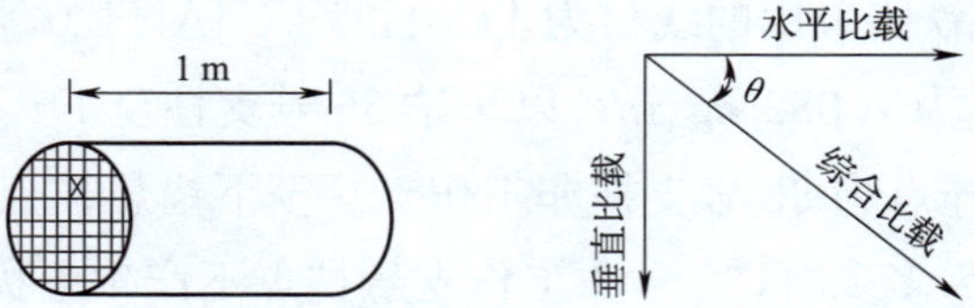

图 4.4.1　架空输电线路的比载

(1)自重比载 g_1 计算

$$g_1=\frac{W_0 g}{S} \tag{4-4-1}$$

式中，g_1 为电线自重比载，N/(m・mm²)；W_0 为电线自重，N/m；g 为重力加速度，$g=9.8\ \text{m/s}^2$；S 为电线截面，mm²。

(2)冰重比载 g_2 计算

$$g_2=0.9\pi\frac{b(b+d)}{S}g \tag{4-4-2}$$

式中，g_2 为电线覆冰的冰重比载，N/(m・mm²)；b 为覆冰厚度，mm；g 为重力加速度，$g=9.8\ \text{m/s}^2$；S 为电线截面，mm²；d 为电线外径，mm。

(3)自重、冰重综合比载 g_3 计算

$$g_3 = g_1 + g_2 \tag{4-4-3}$$

式中,g_1 为电线自重比载,N/(m·mm^2);g_2 为电线覆冰的冰重比载,N/(m·mm^2)。

(4)风比载 g_4 计算

$$g_4 = \frac{\alpha K V^2 d}{16S} g \times 10^{-3} \tag{4-4-4}$$

式中,g_4 为电线上风比载,N/(m·mm^2);g 为重力加速度,$g = 9.8$ m/s^2;V 为大风风速,m/s;α 为风压不均匀系数,具体参数见表 4.4.1;S 为电线截面,mm^2;d 为电线外径,mm;K 为电线体型系数,$d<17$ mm 时 $K=1.2$,$d \geqslant 17$ mm 时 $K=1.1$。

表 4.4.1 风压不均匀系数 α 取值

基准风速/(m·s^{-1})	$V \leqslant 20$	$20 \leqslant V < 27$	$27 \leqslant V < 31.5$	$V \geqslant 31.5$
计算杆塔荷载 α	1.0	0.85	0.75	0.70
计算风偏用 α	1.0	0.75	0.61	0.61

水平档距/m	≤200	250	300	350	400	450	500	≥550
校验杆塔间隙用 α	0.80	0.74	0.70	0.67	0.65	0.63	0.62	0.61

(5)覆冰后风比载 g_5 计算

$$g_5 = \frac{\alpha K V^2 (d+2b)}{16S} g \times 10^{-3} \tag{4-4-5}$$

式中,g_5 为电线上风比载,N/(m·mm^2);g 为重力加速度,$g = 9.8$ m/s^2;V 为大风风速,m/s;α 为风压不均匀系数;S 为电线截面,mm^2;K 为电线体型系数;d 为电线外径,mm;b 为覆冰厚度,mm。

(6)自重、风综合比载 g_6 计算

$$g_6 = \sqrt{g_1^2 + g_4^2} \tag{4-4-6}$$

式中，g_1 为电线自重比载，N/(m·mm²)；g_4 为电线的风比载，N/(m·mm²)。

(7)覆冰、风综合比载 g_7 计算

$$g_7=\sqrt{g_3^2+g_5^2} \tag{4-4-7}$$

式中，g_3 为自重、冰重综合比载，N/(m·mm²)；g_5 为覆冰后电线上的风比载，N/(m·mm²)。

(8)单位荷重 P(N/m)

单位荷重是电线单位长度上的荷载，单位荷重为应力与电线截面的乘积。

$$p=gS \tag{4-4-8}$$

同时定义以下参数：自重为 P_1；冰重为 P_2；自重、冰重综合为 P_3；风为 P_4；覆冰后风为 P_5；自重、风为 P_6；覆冰、风为 P_7。

2. 应力(N/mm²)

应力 σ 是电线单位截面上所受的力，电线张力 T 是应力 σ 与截面 S 的乘积，如图 4.4.2 所示，不同的气象条件下，导线有不同的应力。

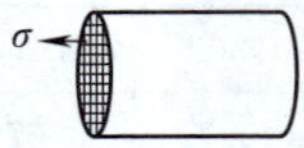

图 4.4.2　应力

在线路档距中，电线弧垂上各点的应力是不相同的，施工图设计应力指电线弧垂最低点单位截面所受的力。

获得导线应力方法：①查施工图设计中的应力表。②采用状态方程式计算。③根据施工图图纸中的导地线放线 K 值表进行换算。

$$\sigma_m-\frac{g_m^2 l^2 E}{24\sigma_m^2}=\sigma-\frac{g^2 l^2 E}{24\sigma^2}-\alpha E(t_m-t) \tag{4-4-9}$$

式中，σ_m、g_m、t_m 为已知条件的应力、比载、温度；σ、g、t 为待求条件

的应力、比载、温度；α 为线胀系数；E 为弹性模量，N/mm^2；l 为档距，m。

利用施工图中放线 K 值表的数值，反算相应温度下的导线应力。

由于施工图中放线 K 值表的数值是降温后对应温度的数值，因此表中的温度减去 K 值表降温的度数，才是所求应力对应的实际温度。

$$\sigma=\frac{g_1}{2K} \tag{4-4-10}$$

式中，σ 为电线应力，N/mm^2；g_1 为电线自重比载，$N/(m\cdot mm^2)$；K 为放线 K 值表中的数值，需换算单位。

3. 档距中导线风偏

风偏是导线弧垂以档距两侧导线悬挂点连线为轴旋转，如图 4.4.3 所示。

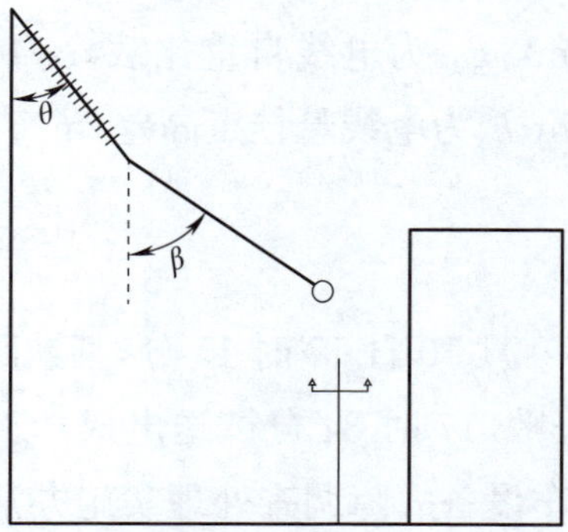

图 4.4.3　档距中导线风偏

(1)档距中央的弧垂(最大)计算

电线风偏角为

$$\beta=\arctan\frac{g_4}{g_1} \tag{4-4-11}$$

式中，β 为电线风偏角，°；g_1 为电线自重比载，N/(m・mm²)；g_4 为风比载，N/(m・mm²)。

(2)电线上档距中央的弧垂(最大)计算

$$f=\frac{g_6L^2}{8\sigma\cos\beta} \tag{4-4-12}$$

$$\beta=\arctan\frac{h}{L} \tag{4-4-13}$$

式中，f 为电线任意一点弧垂，m；g_1 为电线自重比载，N/(m・mm²)；σ 为电线应力，N/mm²；L 为档距，m；h 为电线悬挂点高差，m；β 为高差角，°。

(3)导线风偏计算中任一点对地弧垂计算

$$f=\frac{g_6l_1l_2}{2\sigma\cos\beta} \tag{4-4-14}$$

式中，f 为电线任意一点弧垂，m；g_6 为自重、风综合比载，N/(m・mm²)；σ 为电线应力，N/mm²；g_1 为电线自重比载，N/(m・mm²)；l_1、l_2 为距两侧杆塔的距离，m；h 为电线悬挂点高差，m；β 为高差角，°。

三、应用示例

【案例】2022 年 9 月 10 日 17 时 15 分，某铁路局集团公司下行侧线供电臂跳闸重合失败，17 时 34 分试送电成功。影响货车 8 列。依据《××集团公司行车设备故障调查处理实施办法》第九条规定，构成 G9 供电设备故障。原因是大风强对流天气下，216 供电线在风力作用下摆动量过大，与某西站 215 号钢柱空气绝缘间隙瞬间击穿，造成接触网跳闸。

经现场测量，风偏计算得出最大风偏为 53°，风偏后 216 馈线供电线距离某西站 215 号支柱柱顶最小距离为 304 mm。现场照片如图 4.4.4、图 4.4.5 所示。

图 4.4.4　无人机拍摄图片

图 4.4.5　现场照片

9 月 10 日 17 时 13 分，地区出现大风强对流天气，极大风速达 31.3 m/s，超出设计值 25 m/s。判定为 216 供电线在风力作用下摆动量过大，加之当时正值大风暴雨天气，空气湿度较大，某西站 215 号钢柱与供电线距离不足，造成空气绝缘间隙瞬间击穿，216 号馈线供电线跳闸。

某西变电所 216 供电线为 2×LBGLJ240，供 04 号、供 05 号为跨越某高铁线某西站上下行外侧供电线支柱，供 04 号为直线杆，型号为 G650/20，供 05 号为转角杆，型号为 G650/20，215 号支柱为站内软横跨支柱，型号为 G300/15，跨越处供 04 号至供 05 号档距 53 m，215 号支柱距离供 05 号 27.25 m。

查看设计资料中，设计最大风偏风速为 25 m/s，当日最大风速 31.3 m/s，超出设计值。

根据气象局出具的材料，当日极大风速达 31.3 m/s，供电线安全系数按照《高速铁路接触网运行维修规则》最小值取 2.5，导线型号为 LGJ240。

查出供电线风比载 $g_4=44.2\ \mathrm{N/(m\cdot mm^2)}$，自重比载 $g_1=32.77\ \mathrm{N/(m\cdot mm^2)}$。

依据《电力工程高压送电线路设计手册》，最大风偏角度计算公式 $\beta=\arctan\left(\frac{g_4}{g_1}\right)$ 得最大风偏角度 $\beta=53°$。

依据现场测量数据，使用 CAD 绘制顺线路方向、垂直线路方向示意如图 4.4.6、图 4.4.7 所示。

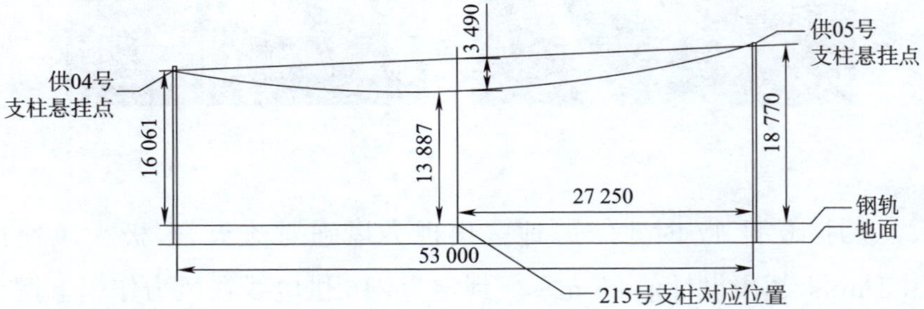

图 4.4.6　顺线路方向视角示意(单位:mm)

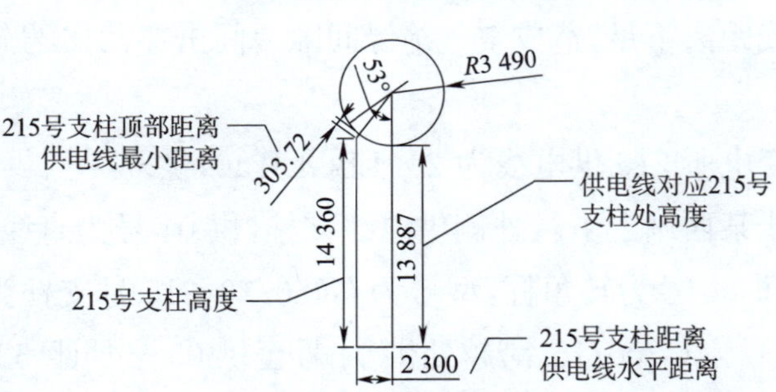

图 4.4.7　垂直线路方向视角示意(单位:mm)

从图纸可测量出 215 号支柱顶部距离供电线最小距离约为 304 mm。

第五节　悬挂线索实际长度计算

一、概　　述

为了节约材料和成本，在施工中需要对线索实际长度进行精确计算，本节重点研究讨论架空导线的长度计算方法。

本节建议列为职工应熟悉内容。

二、原理和方法

1. 等高悬挂线索实际长度计算

$$L = l + \frac{8f^2}{3l} \tag{4-5-1}$$

式中，L 为线索实际长度，m；f 为线索的弛度，m；l 为跨距长度，m。

2. 不等高悬挂线索实际长度计算

$$L = l + \frac{8f'^2}{3l} + \frac{1}{2} \cdot \frac{h^2}{l} \tag{4-5-2}$$

式中，f' 为不等高悬挂的斜弛度，m；h 为不等高悬挂两悬挂点或定位点的高差，m。

三、应用示例

【习题 1】 某高速铁路线路，设计 AF 线等高安装，在气温 25 ℃时施工展放，AF 线采用 JL/LB1A-310/20-45/7 型号，跨距为 50 m，求该跨距内 AF 线实际长度。

解： 已知 $l = 50$ m。

对照线型查阅附加导线安装曲线(图 4.5.1)，在气温 25 ℃时，$f = 625$ mm $= 0.625$ m；

根据式(4-5-1),得 $L=\left(50+\frac{8\times0.625^2}{150}\right)\text{m}\approx50.02\ \text{m}$。

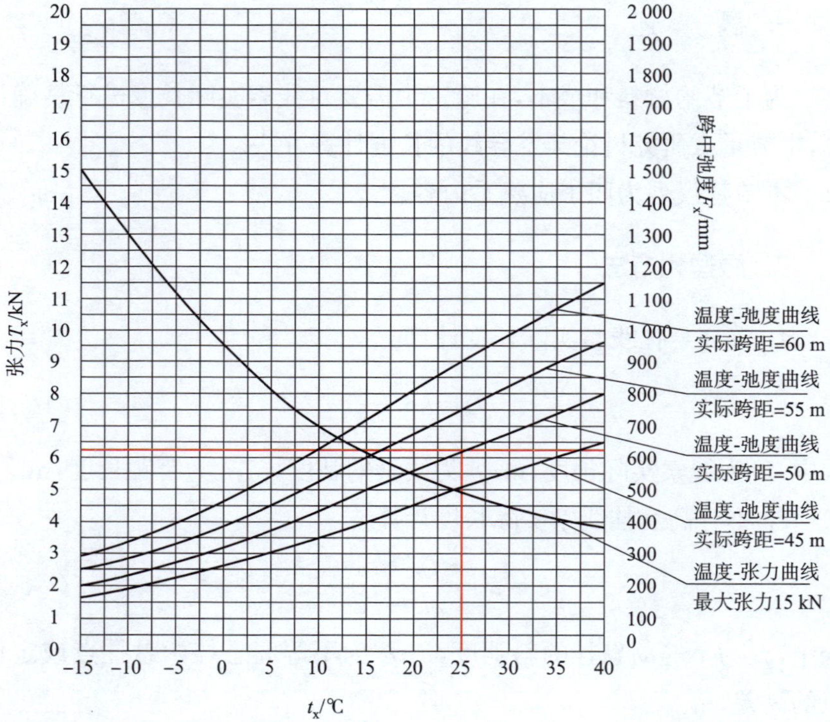

图 4.5.1 附加导线安装曲线(线型 JL/LB1A-310/20-45/7,当量跨距 50 m)

【习题 2】某牵引变电所馈出供电线,因受周围地理环境影响,上跨公路时两侧需抬高布置,供电线采用 JL/LB1A-310/20-45/7 型号,线索张力为 10 kN,跨距为 60 m,两侧格构式钢柱分别采用 G250/15 型和 G650/20 型,供电线均采用柱顶肩架敷设,求在气温 22.5 ℃时施工展放,该供电线跨距内悬挂线索实际长度。

解:已知 $l=60$ m,$T=10$ kN,$h=(20-15)\text{m}=5$ m;

因不等高悬挂的斜弛度等于悬挂条件(线索、跨距、张力)相同的等高悬挂弛度,即 $f=f'$,对照线型查阅附加导线安装曲线(图 4.5.2)

可知，$f=750\ \text{mm}=0.75\ \text{m}$；

根据式(4-5-2)，得 $L=\left(60+\dfrac{8\times0.75^2}{180}+\dfrac{1}{2}\times\dfrac{25}{60}\right)\text{m}\approx60.233\ \text{m}$。

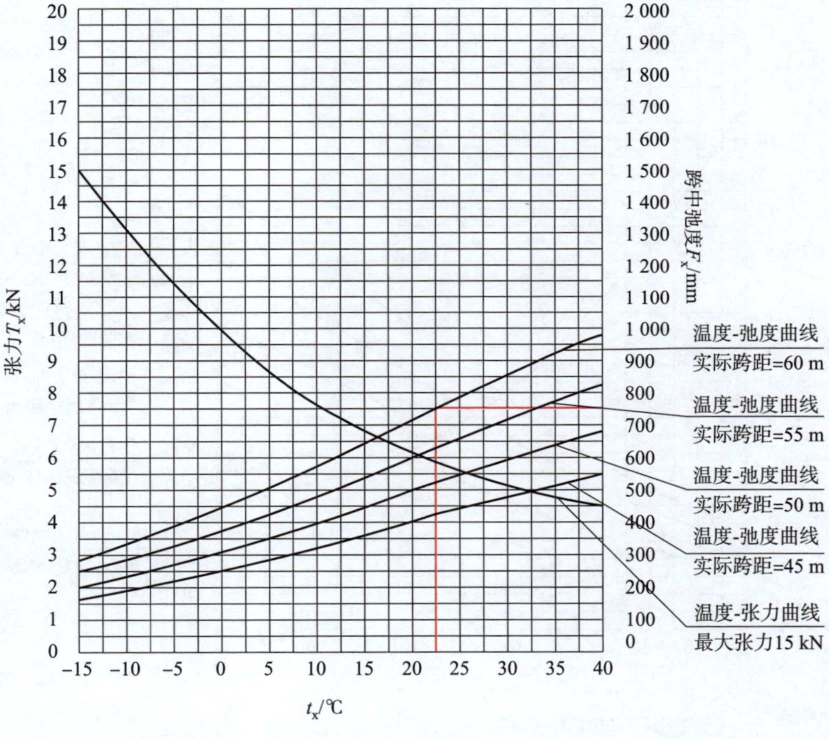

图 4.5.2　附加导线安装曲线(线型 JL/LB1A-310/20-45/7，当量跨距 60 m)

【习题 3】现场测量发现某高速铁路 AFⅠ-1 锚段线索弛度小，该锚段全长 2 070 m，跨距为 45 m，AF 线采用 JL/LB1A-310/20-45/7 型号，在气温 20 ℃时弛度为 290 mm，采用非全张力预绞丝接续条在对向下锚处连接。如果采用并沟线夹加长 AF 线连接，求同等气温条件下两端下锚各释放多长 AF 线可将弛度调整到标准值。

解：已知 $l=45$ m；

对照线型查阅附加导线安装曲线(图 4.5.3)，在气温 20 ℃时，

$f=490\ mm=0.49\ m$；

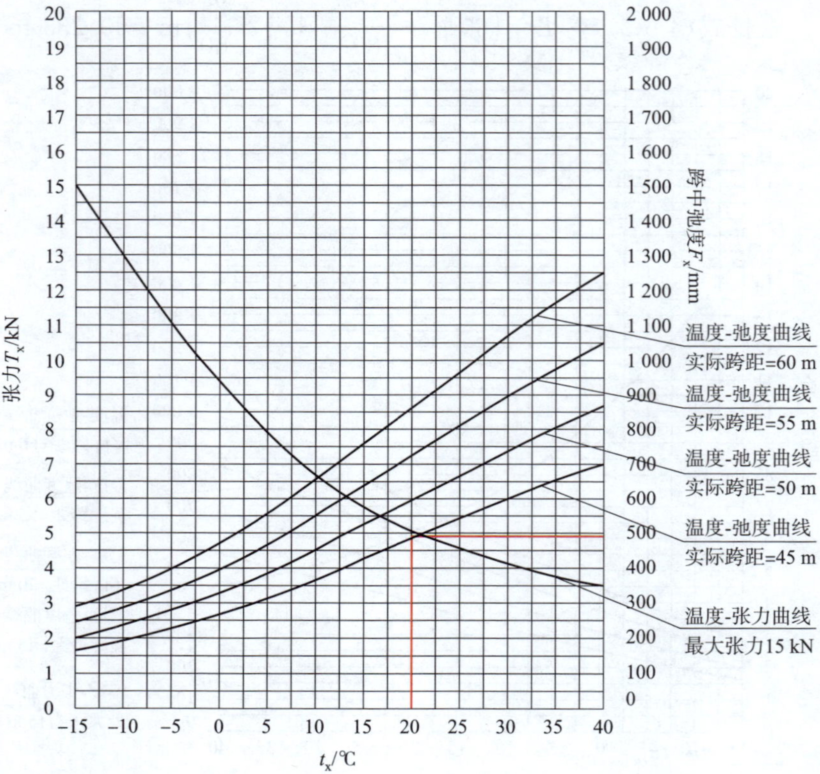

图 4.5.3　附加导线安装曲线（线型 JL/LB1A-310/20-45/7，当量跨距 45 m）

根据式（4-5-1），当 $f=290\ mm=0.29\ m$，得 $L_1=\left(45+\dfrac{8\times 0.29^2}{135}\right)m\approx 45.005\ m$；当 $f=490\ mm=0.49\ m$，得 $L_2=\left(45+\dfrac{8\times 0.49^2}{135}\right)m\approx 45.014\ m$。

$$L=\left[(L_2-L_1)\times\frac{2\ 070}{45}\right]\div 2=(0.009\times 46\div 2)m=207\ mm$$

现场施工照片如图 4.5.4、图 4.5.5 所示。

图 4.5.4　现场施工照片 1

图 4.5.5　现场施工照片 2

第五章　单项设备及其他安装

第一节　曲线地段分段(分相)绝缘器水平值计算

一、概　　述

为保证行车安全,曲线区段分段(相)绝缘器(分段绝缘器如图 5.1.1 所示,分相绝缘器如图 5.1.2 所示)滑道满足相对轨平面高差标准要求,应掌握曲线地段分段绝缘器水平值计算方法。

图 5.1.1　分段绝缘器

图 5.1.2　分相绝缘器

《普速铁路接触网运行维修规则》第一百四十五条要求,分段绝缘器滑道底面应平行于轨面,最大偏差不超过 10 mm;第一百四十六条要求,分相绝缘器滑道底面应平行于轨面连线。

本节建议列为职工应掌握内容。

二、原理和方法

1. 使用接触网几何参数测量仪测量时，分别测得两测点相对轨面高度，高度差即为实际相对轨平面高差。

2. 三角形相似示意如图 5.1.3 所示，根据几何原理，若接触网上两测点的距离为 $l(A_1C_1)$，轨距为 $L(AC)$，轨道超高为 $h(AB)$，则两测点与轨平面平行时，曲线分段绝缘器两测点相对水平面高差为

$$h' = l\frac{h}{L} \tag{5-1-1}$$

式中，h' 为分段绝缘器两侧相对高差，mm；l 为分段绝缘器两侧水平距离，mm；h 为外轨超高，mm。

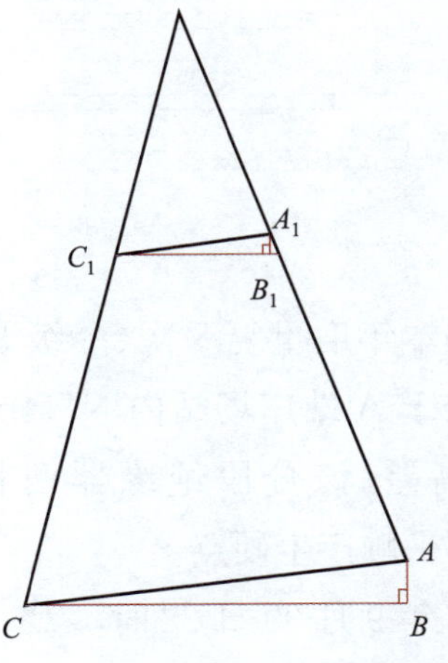

图 5.1.3　$\triangle ABC$ 与$\triangle A_1B_1C_1$ 相似

由于在作业车或车梯上使用水平尺测量时，直接测得的是两测点相对水平面高差，因此当两测点高差与轨平面高差方向一致时，计算两测点相对轨面高差时应核减 h'；当两测点高差与轨平面高差方向相

反时，计算两测点相对轨面高差时应核加 h'。

三、应用示例

【缺陷案例】 2023 年 11 月 22 日，综合检测车检查发现××高铁 A 站 N114～N116 分段绝缘器，硬点，缺陷值：76，检测波形如图 5.1.4 所示。

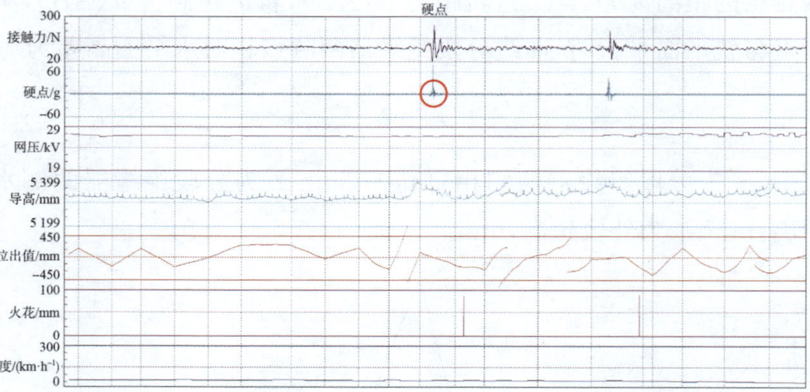

图 5.1.4　检测波形

缺陷分析：该缺陷本年度重复 8 次（一级 3 次，二级 5 次）。经过数据对比分析，缺陷位于 A 站广场站内 N114～N116 分段绝缘器处，经现场复测轨道无高差，该分段绝缘器两长滑道终端底面相差 17 mm，受电弓过渡不平顺产生硬点。

【故障案例】 2013 年 9 月 30 日 22 时，××××次货物列车从××线 A 站 10 道向 B 站方向发车，22 时 02 分机车行驶至 10 道北端（接触网 40 号支柱南 4 m 处）分段绝缘器时，运行方向二端受电弓（后弓）与分段绝缘器消弧棒底部发生刮碰，受电弓弓头刮翻，接触网 1 根吊弦被刮断并低于导线，如图 5.1.5 所示。22 时 04 分机车停于站内北咽喉 27 号道岔处，司机请求救援。23 时 12 分，C 站至 A 站上行线接触网停电,经过救援,23 时 20 分××××次被拉回 A 站 10 道,23 时 27 分接触网恢复供电。耽误货车 6 列,影响 A 站上行线行车 1 h 23 min。

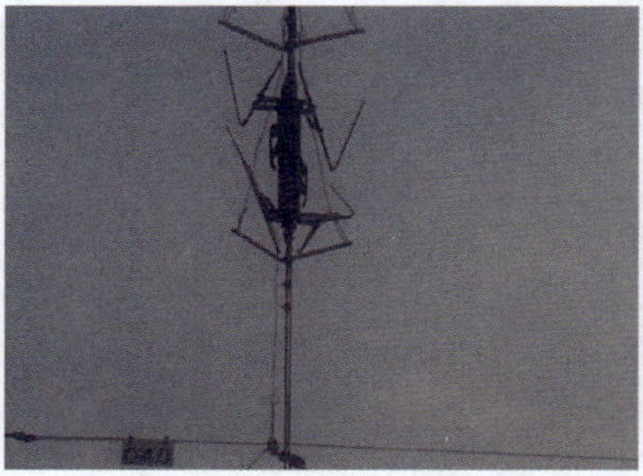

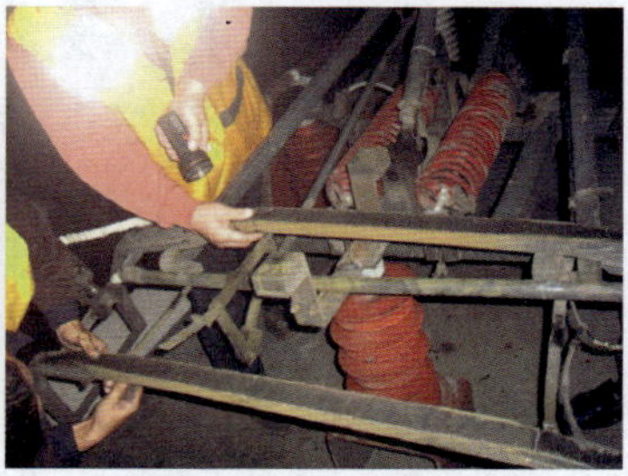

图 5.1.5 事故现场

事故原因:A 站 10 道北端接触网 40～42 号柱间的分段绝缘器检修时采用水平尺在网上测量,测量误差造成分段绝缘器在底部水平反偏 10 mm,且分段距两侧定位点高差较大,距线路中心偏移超标,机车通过时运行方向右侧北端消弧棒底部打碰受电弓滑板,造成受电弓弓头损伤并后翻,造成机车无法运行停车。

第二节 隔离开关引线长度计算

一、概 述

随着电气化铁路尤其是高速铁路运营里程的不断增加,接触网隔离开关用量随之增加。因此必须加强源头管控,进一步规范接触网隔离开关及引线的安装,细化隔离开关选型、安装固定、引线连接、零部件匹配,减少接触网隔离开关引线抽脱侵限、疲劳磨损,设备线夹烧损、断裂等问题发生,提高接触网隔离开关的安全性、可靠性。隔离开关柱顶安装示意如图 5.2.1 所示。隔离开关与接触网电气连接时,若引线长度选取不当,将造成线索脱落、连接(设备)线夹断裂或线索电气绝缘距离不够等问题,严重影响隔离开关和接触网的正常运行。

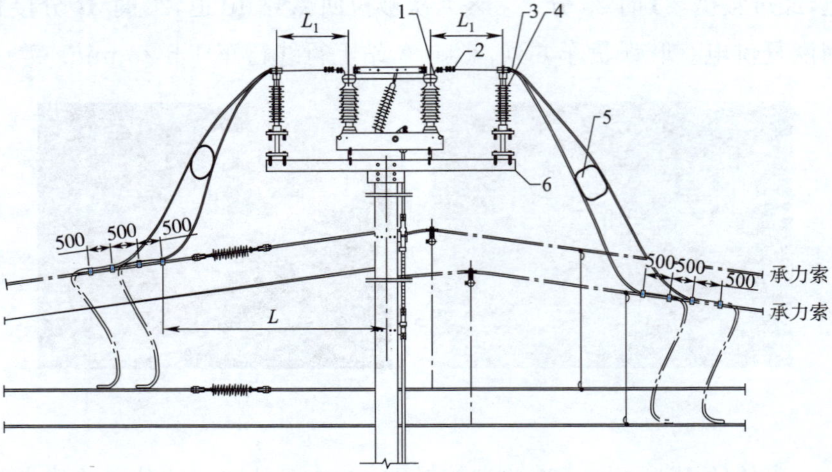

1—接线端子；2—设备线夹；3—引线压板；4—支持绝缘子；
5—非等距间隔线夹；6—开关支架。

图 5.2.1　隔离开关柱顶安装示意(单位:mm)

本节建议列为职工应掌握内容。

二、原理和方法

1. 现场测量或根据设计图纸确定:引线在隔离开关线夹处固定点(A)与其连接承力索上投影点(E)的垂直距离(AO),以及水平距离(OE)。

2. 在腕臂和定位器正常位置时的温度,根据设计图纸确定:引线与承力索连接固定点(C)与该接触网锚段中心锚结装置间的距离($L_{Z\text{-}C}$),以及与 E 点间的距离($L_{EC正}$)。

3. 结合工程环境条件,分别确定出引线在最高温度、最低气温、最大覆冰以及最大风速等各工况时与承力索连接固定点(C)随温度变化偏移(至 B 或 D)后,与引线在隔离开关线夹固定点(A)间的距离(H_{AD})。

(1)引线相对隔离开关远离中心锚结安装(图 5.2.2)。

若温度降低,引线与承力索连接固定点(C)向中心锚结处移动(至 B),引线弛度将增加;若温度升高,C 点将向下锚端移动(至 D),引线弛度将减小。结合接触网工程特点,此时引线安装长度一般可按最高温度工况进行控制,见式(5-2-1)。

$$H_{AD}=\sqrt{L_{AO}^{2}+L_{OE}^{2}+\left[L_{EC正}+\frac{1}{2}\alpha L_{Z\text{-}C}(t_{max}-t_{min})\right]^{2}} \quad (5\text{-}2\text{-}1)$$

式中,t_{max} 为最高计算温度,℃;t_{min} 为最低气温,℃;α 为承力索线胀系数,1/℃。

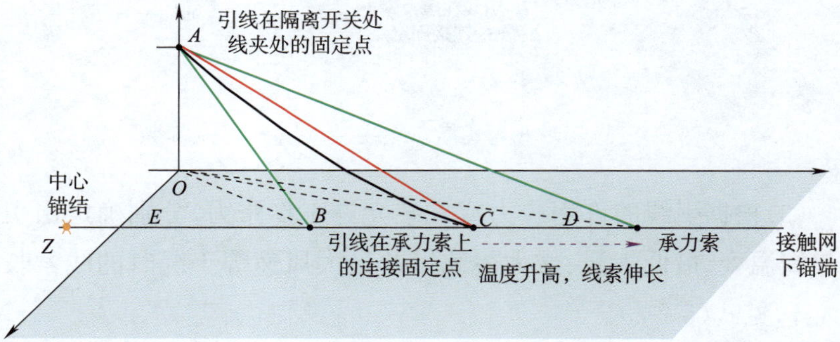

图 5.2.2　引线相对隔离开关远离中心锚结安装示意

(2)引线相对隔离开关靠近中心锚结安装(图 5.2.3)。

若温度升高,引线与承力索连接固定点(C)向中心锚结处移动(至 B),引线弛度将增加;若温度降低时,C 点将向接触网下锚端移动(至 D),引线弛度将减小。结合接触网工程特点,此时引线安装长度一般可按最低气温或最大覆冰工况进行控制,见式(5-2-2)、式(5-2-3)。

最低气温时

$$H_{AD}=\sqrt{L_{AO}^{2}+L_{OE}^{2}+\left[L_{EC正}+\frac{1}{2}\alpha L_{Z\text{-}C}(t_{max}-t_{min})\right]^{2}} \quad (5\text{-}2\text{-}2)$$

最大覆冰时

$$H_{AD}=\sqrt{L_{AO}^{2}+L_{OE}^{2}+\left[L_{EC正}+\alpha L_{Z\text{-}C}\left(\frac{t_{\max}+t_{\min}}{2}-t_{b}\right)\right]^{2}} \quad (5\text{-}2\text{-}3)$$

式中，t_b 为最大覆冰时的温度，℃。

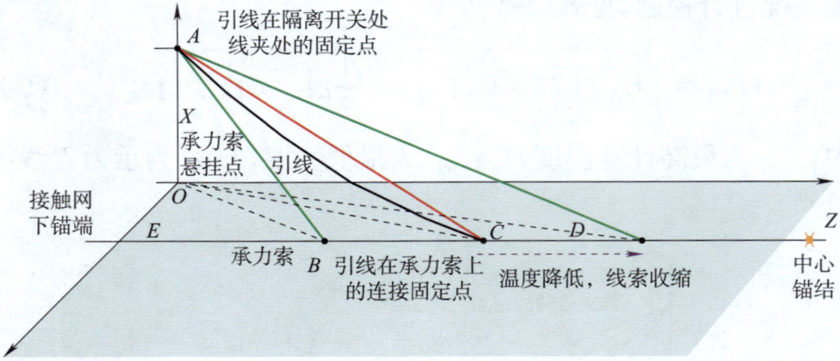

图 5.2.3　引线相对隔离开关靠近中心锚结安装示意

(3)根据引线的许用应力或安装允许工作张力，分别确定出引线在最高温度、最低气温、最大覆冰以及最大风速等工况时的线索长度(L_{AD})，见式(5-2-4)。

$$L_{AD}=H_{AD}+\frac{g^{2}H_{AD}^{3}}{24N^{2}} \quad (5\text{-}2\text{-}4)$$

式中，g 为引线在最高温度、最低气温、最大覆冰以及最大风速等工况下的荷载，kN/m；N 为引线的许用应力或安装允许工作张力，kN。

(4)结合引线两端安装、固定及绑扎等所需长度($L_{安装绑扎}$)，并考虑施工裕量 50 mm，最终确定出引线的安装长度 L，见式(5-2-5)。

$$L\approx L_{AD}+L_{安装绑扎}+50\ \text{mm} \quad (5\text{-}2\text{-}5)$$

注：若引线距接地体或其他线索较近时，还应校核引线在各种工况下的静动态电气绝缘或机械要求的空气间隙。

三、应用示例

1. 案例

【故障案例 1】2017 年 7 月 4 日 16 时 14 分，××供电段巡视发现 A 站 2 道(接触网 10 号支柱)隔离开关引线弛度小(图 5.2.4)，危及行车安全，18 时 18 分临时申请停电进行处理，18 时 32 分处理完毕恢复行车(图 5.2.5)。原因分析：经现场初步确认，因高温天气线索伸长，造成开关引线弛度小。

【故障案例 2】2023 年 7 月 11 日，××线 A 站 279 号隔离开关×侧引线从隔离开关设备线夹处拉脱，引线搭落在接触网上，侵入受电弓动态包络线，××××次电力机车通过时，与受电弓发生剐撞，打坏机车受电弓，造成接触网跳闸，现场隔离开关引线故障照片如图 5.2.6 所示，中心锚结安装示意如图 5.2.7 所示，现场故障锚段示意如图 5.2.8 所示。

图 5.2.4　A 站 2 道(10 号支柱)隔离开关引线处理前

图 5.2.5　A 站 2 道(10 号支柱)隔离开关引线处理后

图 5.2.6　279 号隔离开关引线故障照片

图 5.2.7　中心锚结安装示意

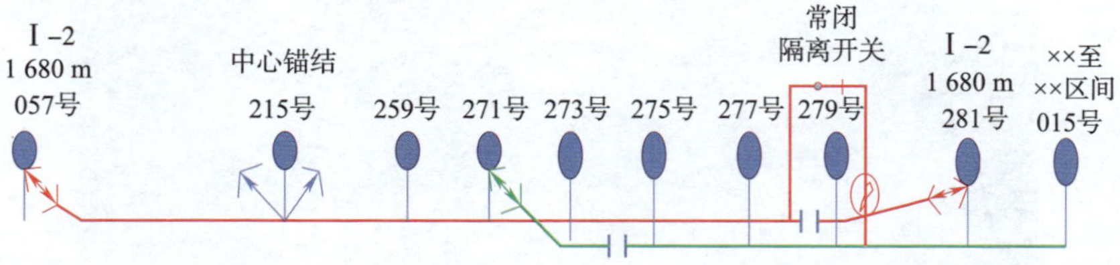

图 5.2.8　现场故障锚段示意

原因分析:此次故障直接原因为开关引线所在锚段的防窜不防断中心锚结固定在 ϕ350 圆管钢柱防窜效果不明显,在现场外部综合因素(环境温度上升、曲线、下坡道、列车运行方向)共同作用下,Ⅰ-2 锚段整体向××侧偏移,导致 279 号隔离开关××侧引线弛度逐渐变小,在拉力作用下从隔离开关设备线夹处拉脱,侵入受电弓动态包络线,××××次电力机车通过时,与受电弓发生刚撞,引发电力机车受电弓损坏,接触网跳闸。要按照《电气化铁路接触网隔离开关设计安装技术要求》(工电供电函〔2020〕83 号)对存在问题隐患的开关逐步改造。

2. 习题

【习题 1】某高速铁路线路采用全补偿直链型悬挂方式。锚段关节处隔离开关电连接引线靠近中心锚结方向安装,最高计算温度 45 ℃(覆冰 0 mm、风速 0 m/s),最低温度 −25 ℃(覆冰 0 mm、风速 0 m/s),最大覆冰 20 mm(温度 −5 ℃、风速 0 m/s),电连接线采用 TJR95 型(外径 14.28 mm、单位质量 0.895 kg/m),承力索采用铜合金绞线(线胀系数为 0.17×10^{-4}),经现场测量隔离开关引线在承力索上连接固定点(C)距中心锚结(Z)的距离 $L_{Z\text{-}C}$ 为 600 m,引线在隔离开关线夹处固定点(A)与其连接承力索上投影点(E)的垂直距离 L_{AO} 为 3 m,支柱侧面限界 3.1 m,支柱处靠近田野侧接触线拉出值为 0.2 m,隔开引线在承力索上连接固定点(C)与隔离开关线夹处固定点(A)与其连接承力索上投影点(E)距离 $L_{EC正}$ 为 5.5 m,安装允许工作张力 500 N,求该处隔离开关引线安装长度。

解:已知 $L_{AO}=3$ m,$L_{OE}=(3.1-0.2)$ m $=2.9$ m,$L_{EC正}=5.5$ m,$L_{Z-C}=600$ m,$t_{\max}=45$ ℃,$t_{\min}=-25$ ℃,$\alpha=0.17\times10^{-4}$,$g=0.895$ kg/m×10 N/kg≈0.009 kN/m,$N=500$ N=0.5 kN。

(1)现场情况 1:最低温度−25 ℃(覆冰 0 mm、风速 0 m/s)时

根据式(5-2-2),得

$$H_{AD}=\sqrt{3^2+2.9^2+\left(5.5+\frac{0.000\,017}{2}\times600\times70\right)^2}\ \text{m}$$

$$\approx\sqrt{9+8.41+\left(5.5+\frac{0.000\,017\times42\,000}{2}\right)^2}\ \text{m}$$

$$=\sqrt{17.41+(5.5+0.357)^2}\ \text{m}\approx\sqrt{51.714}\ \text{m}\approx7.191\ \text{m}$$

根据式(5-2-4),得

$$L_{AD}=\left(7.191+\frac{0.009^2\times7.191^3}{24\times0.25}\right)\text{m}\approx(7.191+0.005)\text{m}$$

$$=7.196\ \text{m}$$

(2)现场情况 2:在最大覆冰 20 mm(温度−5 ℃,风速 0 m/s)时

根据 $g_{\text{cb}}=\pi\gamma_{\text{b}}b(b+d)g_{\text{H}}\times10^{-9}$,计算 TJR95 电连接线索单位的冰负载,得

$$g_{\text{cb}}=3.14\times900\times14.28\times(20+14.28)\times9.81\times10^{-9}\ \text{kN/m}$$

$$\approx2\,826\times489.52\times9.81\times10^{-9}\ \text{kN/m}$$

$$\approx0.013\,6\ \text{kN/m}$$

电连接线索的合成负载为

$$g_{合}=g+g_{\text{cb}}=(0.009+0.013\,6)\text{kN/m}=0.022\,6\ \text{kN/m}$$

根据式(5-2-3)和式(5-2-4),得

$$L_{AD}=\left(7.026+\frac{0.022\,6^2\times7.026^3}{24\times0.25}\right)\text{m}\approx(7.026+0.03)\text{m}=7.056\ \text{m}$$

对比两种情况可知,当现场温度最低时使用的隔离开关电连接引线更长,所以在现场安装时选择第一种情况的引线长度。

结合引线两端安装、固定、绑扎等所需长度($L_{安装绑扎}$),以及施工裕量 50 mm,且考虑到引线距接地体以及其他线索较远,最终确定出该

工点的隔离开关引线安装长度为

$$L \approx 7.196\ \text{m} + L_{安装绑扎} + 0.05\ \text{m}$$

【习题 2】 某高速铁路线路采用全补偿直链型悬挂方式，隔离开关电连接引线靠近下锚方向安装，最高计算温度 50 ℃（覆冰 0 mm、风速 0 m/s），最低温度 −25 ℃（覆冰 0 mm、风速 0 m/s），电连接线采用 TJR95 型（外径 14.28 mm、单位质量 0.895 kg/m），承力索采用铜合金绞线（线胀系数为 0.17×10^{-4}），经现场测量隔开引线在承力索上连接固定点（C）距中心锚结（Z）的距离 $L_{Z\text{-}C}$ 为 600 m，现场测量引线在隔离开关线夹处固定点（A）与其连接承力索上投影点（E）的垂直距离 L_{AO} 为 2.5 m、支柱侧面限界 3.1 m，支柱处靠近线路侧接触线拉出值为 0.3 m，隔开引线在承力索上连接固定点（C）与隔离开关线夹处固定点（A）与其连接承力索上投影点（E）距离 $L_{EC正}$ 为 10 m，安装允许工作张力 500 N，求该处隔离开关引线安装长度。

解： 已知 $L_{AO}=2.5\ \text{m}$，$L_{OE}=(3.1+0.3)\ \text{m}=3.4\ \text{m}$，$L_{EC正}=10\ \text{m}$，$L_{Z\text{-}C}=600\ \text{m}$，$t_{\max}=50\ ℃$，$t_{\min}=-25\ ℃$，$\alpha=0.17\times10^{-4}$，$g=0.895\ \text{kg/m}\times10\ \text{N/kg}\approx0.009\ \text{kN/m}$，$N=500\ \text{N}=0.5\ \text{kN}$。

当最高温度 50 ℃（覆冰 0 mm、风速 0 m/s）时，根据式（5-2-1），得

$$H_{AD}=\sqrt{2.5^2+3.4^2+\left(10+\frac{0.000\,017}{2}\times600\times75\right)^2}\ \text{m}$$

$$=\sqrt{6.25+11.56+\left(10+\frac{0.000\,017\times45\,000}{2}\right)^2}\ \text{m}$$

$$\approx\sqrt{17.81+(10+0.383)^2}\ \text{m}\approx\sqrt{125.617}\ \text{m}\approx11.208\ \text{m}$$

根据式（5-2-4），得

$$L_{AD}=11.208+\frac{0.009^2\times11.208^3}{24\times0.25}\approx(11.208+0.019)\text{m}$$

$$=11.227\ \text{m}$$

结合引线两端安装、固定、绑扎等所需长度（$L_{安装绑扎}$），以及施工裕量 50 mm，且考虑到引线距接地体以及其他线索较远，最终确定出该工点的隔离开关引线安装长度为

$$L \approx 11.227\ \mathrm{m} + L_{安装绑扎} + 0.05\ \mathrm{m}$$

第三节　高压电缆外绝缘监测

一、概　　述

《高速铁路接触网运行维修规则》第一百三十二条规定，电缆铠装层、屏蔽层及电缆导体之间均应可靠绝缘。测量电缆铠装层、屏蔽层及电缆主绝缘之间的绝缘电阻值与历次数据比较，不应有显著变化。

《铁路牵引变电所电气设备试验规则》(TG/GD 206—2023)第 44 条要求，绝缘电阻测量值（MΩ）与被测电缆长度（km）的乘积不小于 0.5 MΩ·km（警示值）。GB 50150—2016《电气装置安装工程　电气设备交接试验标准》第 17.0.3 条也有同样要求。按此要求，0.5 MΩ 是 1 km 电缆的绝缘电阻最低值，那么 0.8 km 和 1.2 km 电缆的最低值如何计算？

本节建议列为职工应掌握内容。

二、原理和方法

根据电工学原理，并联电阻小于每个并联的电阻值。也就是说，并联电阻越多，电阻值越小。电缆外护套、内衬层电阻层实际上是沿电缆长度上的各分段电阻的并联计算得到的。国家电网企业标准 Q/GDW 11316—2018《高压电缆线路试验规程》、Q/GDW 11838—2018《配电电缆线路试验规程》等文件中将电缆外护套的绝缘电阻单位均

修改为 MΩ·km。

一般使用数字式绝缘电阻测试仪(图 5.3.1)测量电缆本体屏蔽层、铠装层、护层保护器的绝缘电阻,是否满足电缆屏蔽层、铠装层、护层保护器混联时绝缘电阻大于 10 MΩ,铠装层、屏蔽层绝缘电阻不小于 0.5 MΩ·km。在电缆直接接地侧进行整体测量,对试验电缆进行短路接地放电,后将接地线与接地端子分离,且保证接地线悬空,按照图 5.3.2 所示方式进行接线,绝缘电阻测试仪“L”接在接地侧连接线上,“E”接在地线上,从接地侧测量该段电缆本体铠装层、屏蔽层、护层保护器混联时的绝缘电阻,测量完毕后再次对试验电缆进行短路接地放电。如果电缆屏蔽层、铠装层、护层保护器混联时绝缘电阻大于 10 MΩ,那么证明该次测量回路上所有设备的绝缘电阻均满足要求。

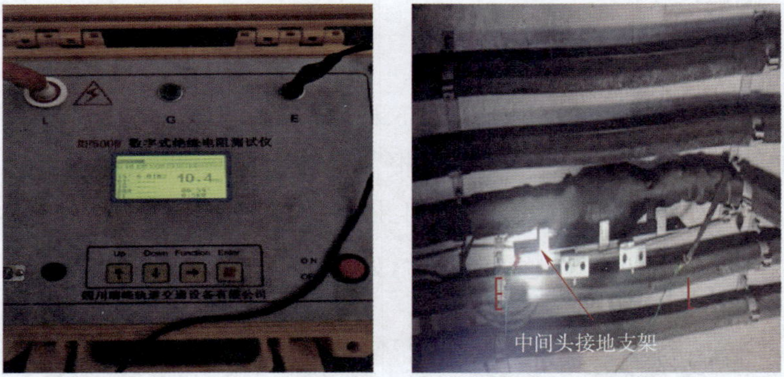

图 5.3.1　数字式绝缘电阻测试仪

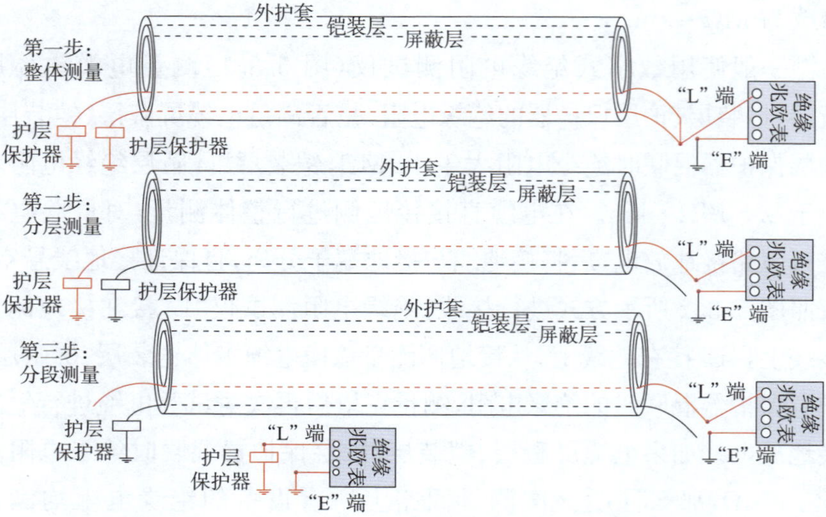

图 5.3.2 高压电缆绝缘电阻测量步骤

三、应用示例

1. 案例

【缺陷案例】 2023 年 12 月 25 日，××高速铁路 A 分区所 273T 电缆屏铠泄漏电流在线检测装置报警，最大泄漏电流 10 A。1 月 6 日现场检查，发现破损点两处，如图 5.3.3 所示，立即组织人员进行修补。修复后检测耐压、绝缘值正常，如图 5.3.4 所示。

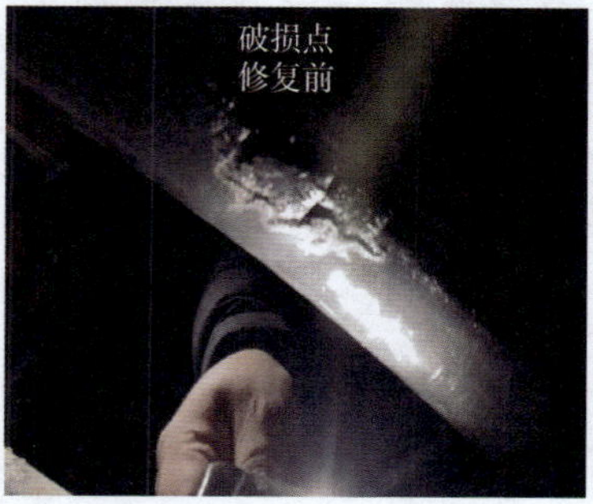

图 5.3.3 ××高速铁路 A 分区所 273T 电缆修补前

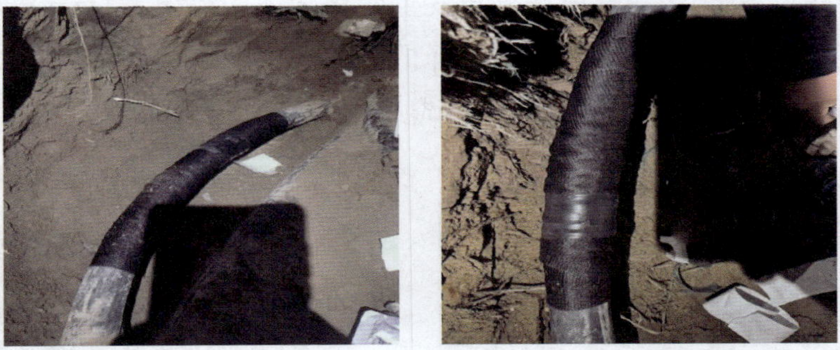

图 5.3.4　××高速铁路 A 分区所 273T 电缆修补后

缺陷分析：××高速铁路 A 分区所电缆敷设施工时，未将电缆路径清理干净，遗留有较大建筑垃圾和杂石，长期运行下受挤压造成电缆破损。

【事故案例】 2023 年 1 月 3 日，××高速铁路 A 站至 B 站间上网高压电缆击穿，引起上、下行线接触网跳闸，自动重合闸失败，接触网停电 58 min，影响动车组 13 列。

故障点位于××高速线 C 站高速场 309 号支柱（对应 3731 号隔离开关）的上网高压电缆处，故障电缆上网点支柱如图 5.3.5 所示，电缆击穿点在支柱中部的电缆本体上，击穿点上部约 100 mm 处设置有电缆卡箍，卡箍内缺少保护垫。电缆绝缘击穿位置如图 5.3.6 所示，距地面高约 5.5 m、距电缆终端头约 4 m，电缆击穿处所外层烧灼状态呈开放型迹象。更换下来的电缆击穿点照片如图 5.3.7 所示。

故障分析：C 站 AT 兼开闭所馈出供电高压电缆在 C 站接触网 309 号柱经电动隔离开关上网，故障电缆在整治过程中，由于新增电缆终端支架，对电缆本体进行了上移调整但仍使用旧卡箍固定方式，电缆由顺线路方向的 H 型钢柱凹槽向垂直线路方向（田野侧）转角问题没有解决，电缆本体长期处于扭拧状态，使电缆内部绝缘在长期扭转应力作用下，绝缘内部电场分布发生变化，电缆绝缘产生局部放电并非正常发热，导致绝缘老化强度降低，最终电缆在该处绝缘击穿。此电缆没有开展过外层绝缘电阻测试。

图 5.3.5 故障电缆上网点支柱（C站 309 号支住）

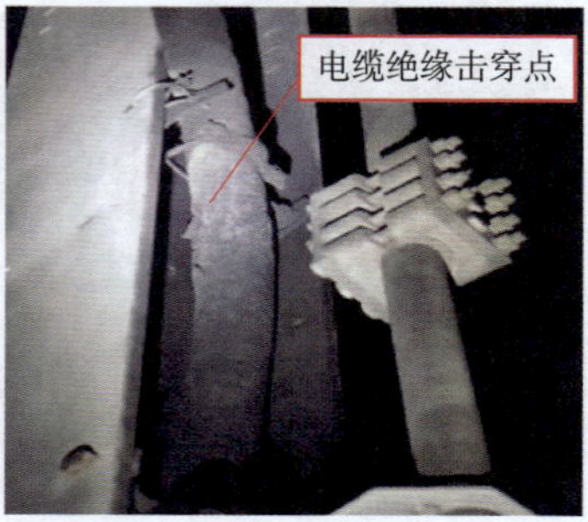

图 5.3.6 电缆绝缘击穿位置

图 5.3.7 更换下来的电缆击穿点照片

【故障案例】 2023 年 11 月 5 日，××高速线 A 变电所 213、214 断路器跳闸，自动重合失败，切除 214 供电线后试送成功。检查发现 214 馈线电缆在托架处绝缘击穿。

A 变电所 211、212、213、214 供电臂共 16 根 27.5 kV 高压电缆，

出所为电缆沟敷设，电缆沟在过道处转为直埋方式，一直敷设到上网开关，211、212 电缆长度 825 m，213、214 电缆长度 350 m。

故障原因：通过现场检查发现 A 牵引变电所 214 供电臂电缆与托架间有明显放电痕迹，电缆沟内电缆支架距离电缆沟槽顶面 0.4 m，转直埋后电缆距地面 1.1 m，存在约 0.7 m 高差，且直埋处上部道路存在 0.1 m 沉降，其电缆填埋示意如图 5.3.8 所示。电缆在支架处承受了电缆自身重力和土壤压力，由于压力过大造成支架变形，支架棱面硌伤电缆，电缆在支架处绝缘皮破损，下雨受潮后绝缘不良造成击穿。此电缆没有开展过外层绝缘电阻测试。

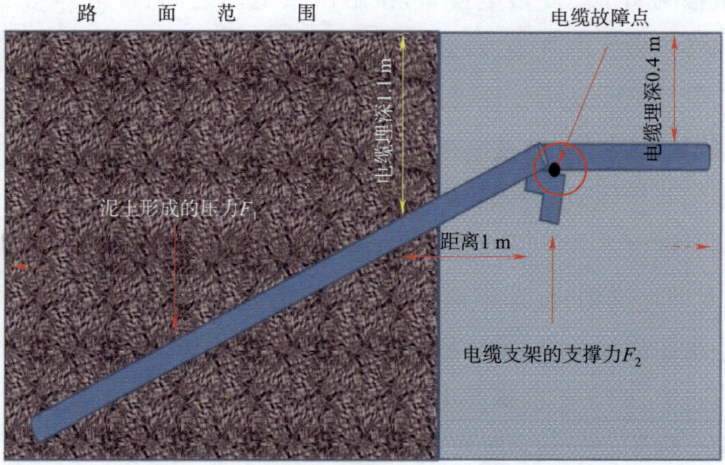

图 5.3.8　A 变电所电缆填埋示意

2. 习题

【习题】 外护套的绝缘电阻与被测电缆长度乘积不低于 0.5 MΩ · km，若所测电缆长度为 800 m，如何计算绝缘电阻值标准值？若所测电缆长度为 1 200 m，如何计算绝缘电阻值标准值？现场测得的绝缘电阻值如何判断是否合格？

解： 电缆长度为 800 m 绝缘电阻值标准值＝0.5 MΩ · km ÷

0.8 km=0.625 MΩ。现场测得的长度为 800 m 电缆绝缘电阻值不低于 0.625 MΩ 才是合格的，否则不合格。

电缆长度为 1 200 m 绝缘电阻值标准值=0.5 MΩ·km÷1.2 km≈0.417 MΩ。现场测得的长度为 1 200 m 电缆绝缘电阻值不低于 0.417 MΩ 才是合格的，否则不合格。

第四节　接触网的空气绝缘间隙

一、概　　述

接触网属于高压带电设备，接触网带电体之间、带电体与非带电体之间必须做好电气绝缘，确保在设计条件下的人身安全与设备运行稳定。电气绝缘是指使用非导体物质将带电体与其他物体做电气上的隔离，从而起到保护及电气分隔作用的一种安全措施。接触网中应用最多的非导体为空气绝缘间隙与绝缘子。

接触网以空气作为非导体进行电气绝缘时，带电体与其他物体（包括大型建筑物、机车车辆、货物、固定接地体、其他带电设备等）之间的绝缘距离称为空气绝缘间隙。空气绝缘间隙取值应科学合理，如果取值过大，则必然会提高电气设备的耐压等级水平，造成投资过大；反之则会致使绝缘间隙频繁击穿，影响接触网正常运行。

高海拔地区由于大气压强较低，空气相对稀薄，因此空气的电气绝缘性能有一定程度的下降，因此高海拔地区接触网电气外绝缘还应根据海拔高度的不同予以加强。

本节建议列为职工应了解内容。

二、原理和方法

《铁路电力牵引供电设计规范》（TB 10009—2016）中表 5.3.2 规

定了海拔在 1 000 m 以下时接触网的空气绝缘间隙值。接触网空气绝缘间隙在实际工作中可参考表 5.4.1 取值。

表 5.4.1　常用空气绝缘间隙经验值(mm)

序号	项　目		正常值	困难值
1	绝缘锚段关节两悬挂点间隙		450	—
2	同回路负馈线带电体距接触悬挂或供电线带电体间隙		550	450
3	25 kV 带电体距固定接地体间隙		350	300
4	25 kV 带电体距机车车辆的间隙		350	—
5	受电弓摆动至极限位置或导线被抬起的最高位置距接地体的瞬间间隙		200	160
6	隔离开关引线、电连接线(包括距另一支接触悬挂时)及负馈线与供电线跳线距接地体间隙		330	—
7	在对向风吹,风速为 13 m/s 时,25 kV 带电体与自耦变压器中性段接触线或保护线的间隙		250	—
8	绝缘元件接地侧裙边距接地体间隙(适用于任何高程)	瓷质绝缘子	100	75
		复合绝缘子	50	—
9	保护线顺线路距 25 kV 带电体的间隙		500	—

科学合理的空气绝缘间隙应能经受住空载条件下的具有脉冲性质的操作过电压冲击,能保证在设计气象条件下接触网状态良好,能保证在运营条件下消除接地零件上发生闪络的可能性。除此之外,还应考虑温度变化、受电弓抬起接触线以及施工误差等原因造成绝缘间隙的变化。在满足上述条件后,应力求缩小空气绝缘间隙的数值。

空气绝缘间隙的确定是建立在试验基础上的。在进行试验时,不仅要考虑绝缘间隙自身的放电特性,还要考虑接触网各绝缘元件的相互配合和工作条件。

《铁路电力牵引供电设计规范》(TB 10009—2016)要求,表 5.4.1 中第 1~4 项所列空气绝缘间隙值在海拔大于 1 000 m 且不大于 4 000 m 高原地区,空气绝缘间隙值按《高压开关设备和控制设备标准的共用

技术要求》(GB 11022—2011)进行海拔修正。修正系数为

$$k=\frac{1}{1.1-\frac{H}{10\ 000}} \tag{5-4-1}$$

式中,k 为高海拔地区电气外绝缘加强修正系数;H 为海拔高度,m。

EN 50124-1:2017《铁路应用　绝缘配合　第1部分:基本要求　所有电气和电子设备的间隙和爬电距离》给出了所有电气和电子设备的间隙和爬电距离计算方法。目前国内有中国国家铁路集团有限公司工电部、中铁第一勘察设计院集团有限公司等单位2023年12月编制的《西北地区铁路电力及牵引供电系统技术标准补强指南》,给出了我国海拔4 000 m以上高原地区接触网外绝缘加强计算方法。

海拔4 000 m以上高原地区接触网外绝缘加强。对于海拔4 000 m以上高原地区,目前尚无接触网工程经验,接触网空气绝缘间隙参照《青藏铁路隧道净空绝缘试验研究》(2001G001-E-09)研究成果进行修正。修正系数为

$$k'_a=\frac{1}{1-0.9(H-4\ 000)\times 10^{-4}}\times 1.44 \tag{5-4-2}$$

绝缘子爬电距离。绝缘子爬电距离根据《输电线路用绝缘子污秽外绝缘的高海拔修正》(DL/T 368—2010)的规定进行修正,见表5.4.2。

表5.4.2　绝缘子爬电距离修正

序号	污秽等级	爬电距离/mm								
		海拔1 000 m	海拔1 500 m	海拔2 000 m	海拔2 500 m	海拔3 000 m	海拔3 500 m	海拔4 000 m	海拔4 500 m	海拔5 100 m
		修正系数1.00	修正系数1.04	修正系数1.08	修正系数1.12	修正系数1.17	修正系数1.22	修正系数1.28	修正系数1.34	修正系数1.42
1	d级	1 400	1 450	1 500	1 600	1 650	1 700	1 800	1 900	2 000

高原地区绝缘子外绝缘特性修正。海拔高于 1 000 m，但不超过 4 000 m 时，绝缘子外绝缘特性按照 GB 311.1 的规定进行修正；海拔超过 4 000 m 时，目前我国暂参照《青藏铁路格拉段牵引供电总体技术方案研究》研究成果进行修正。修正后绝缘子的电气性能详见表 5.4.3。

表 5.4.3　绝缘子外绝缘特性修正

序号	爬电距离等级	标准雷电冲击耐受电压(峰值)/kV	工频耐受电压(有效值)/kV		人工污秽工频耐受电压/kV
			干	湿	
1	1 400 mm	290	175	140	31.5
2	1 600 mm	370	220	180	40
3	1 700 mm	415	250	200	45
4	1 800 mm	440	265	215	48
5	1 900 mm	455	275	220	49.5
6	2 000 mm	470	285	230	51

高海拔条件下受电弓电气间隙修正。根据 EN 50124-1:2017《铁路应用　绝缘配合　第 1 部分:基本要求　所有电气和电子设备的间隙和爬电距离》，受电弓处于车顶并直接与接触网相连，污染等级为 PD4，过电压类别为 OV4；查 EN 50124-1:2017 表 A.2、表 A.3 可得在海拔不大于 2 000 m 地区受电弓最小电气间隙为 310 mm。当海拔高度高于 2 000 m，额定冲击电压 U_{Ni} 大于 60 kV 时，受电弓电气间隙的高度校正因数计算可参考 EN 50124-1:2017 中表 A.10，见表 5.4.4。

表 5.4.4　设备用于 2 000 m 以上时，U_{Ni} 大于 60 kV 的电路中电气间隙的高度校正因数

高度(海拔高度)/m	高度校正因数 k_d
2 000	1.000
2 500	1.145
3 000	1.217
3 500	1.294

续上表

高度(海拔高度)/m	高度校正因数 k_d
4 000	1.376
4 500	1.465
5 000	1.555
在两个或以上之间的高速,允许线性插值。	

三、应用示例

【习题 1】 海拔在 1 000 m 以下时绝缘锚段关节两悬挂点间空气绝缘间隙取多少?

解:查表 5.4.1 知,海拔在 1 000 m 以下时绝缘锚段关节两悬挂点间隙值为 450 mm。

答:海拔在 1 000 m 以下时绝缘锚段关节两悬挂点间空气绝缘间隙取 450 mm。

【习题 2】 某区段海拔高度为 3 000 m,该区段保护线顺线路距 25 kV 带电体的间隙应取多少?

解:已知 $H=3\ 000$ m,查表 5.4.1 知,保护线顺线路距 25 kV 带电体的间隙 $d_{0m}=500$ mm,则

$$k=\frac{1}{1.1-\frac{H}{10\ 000}}=\frac{1}{1.1-\frac{3\ 000}{10\ 000}}=1.25$$

$$d_{3000m}=k\cdot d_{0m}=1.25\times500\ \text{mm}=625\ \text{mm}$$

答:该区段保护线顺线路距 25 kV 带电体的间隙应取 625 mm。

【习题 3】 已知 TSG15B 型受电弓电气间隙的最小值为 392 mm,对高海拔(5 100 m)机车用受电弓电气间隙进行设计。

解:根据表 5.4.4,用插入法计算当海拔高度为 5 100 m 时校正因数:

$$k_d=\frac{(5\ 100-5\ 000)\times(1.555-1.465)}{5\ 000-4\ 500}+1.555=1.573$$

根据海拔高度 5 100 m 的电气间隙高度校正因数，可得相应高度下受电弓的最小电气间隙为 310×1.573 mm=487.63 mm。

由题可知，TSG15B 型受电弓电气间隙的最小值为 392 mm，而海拔高度为 5 100 m 时受电弓最小电气间隙为 487.63 mm。为满足高海拔地区受电弓电气间隙的要求，需使受电弓电气间隙最小值大于海拔高度为 5 100 m 时受电弓最小电气间隙，即需使 TSG15B 型受电弓支持绝缘子部分增高(487.63−392)mm=95.63 mm。

答：需使 TSG15B 型受电弓支持绝缘子部分增高 95.63 mm。

四、知识拓展：鸟巢对绝缘间隙影响

随着我国电气化铁路运营里程不断增加，鸟害成为威胁接触网系统安全运行的一个难题。鸟害跳闸给铁路供电安全带来了严重隐患。鸟类的活动对接触网的运行造成安全隐患，主要表现为鸟窝材料(树枝、铁丝等)造成接触网短路，导致接触网跳闸停电，影响正常的运输秩序，严重时还可能导致接触网断线或设备烧损。

相关研究表明，鸟类在寻求栖息平台和猎食平台的过程中，由于杆塔高于周围树木、视野开阔、利于捕食和生存，因此鸟类喜欢在杆塔上筑巢，而接触网支柱和设备的安装方式恰好符合鸟类筑巢的要求，所以极易发生鸟害。经对接触网鸟害发生的位置进行统计分析发现，接触网系统中易发生鸟害位置主要有以下几类：

(1)支柱及横梁：格构式钢柱、吊柱底座、硬横梁等。

(2)设备底座：避雷器底座、隔离开关底座等，如图 5.4.1 所示。

(3)附加线：隧道外及隧道口附加导线对向下锚、附加线及供电线肩架及转角，如图 5.4.2 所示。

图 5.4.1　××线 A 站—B 站 168 号支柱鸟窝

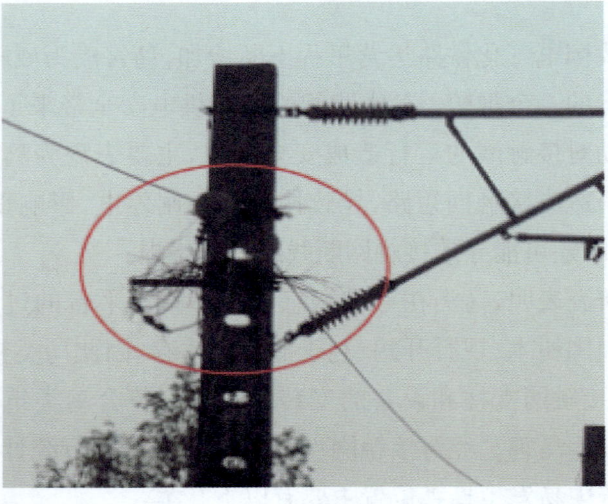

图 5.4.2　××线 A 站—B 站 268 号支柱鸟窝

(4)腕臂底座:大限界框架、腕臂底座,如图 5.4.3 所示。

(5)下锚:隧道外中心锚结下锚、棘轮下锚底座、滑轮下锚底座、坠砣限制架。

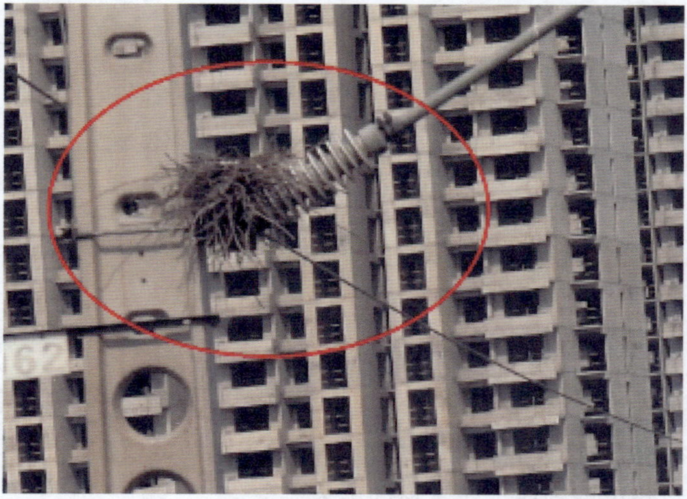

图 5.4.3　××线 A 站—B 站 62 号支柱鸟窝(A 类)

第六章　区段质量评价

第一节　区段质量评价

一、概　　述

质量评价是通过对接触网动态几何参数、接触线平顺性参数、弓网受流性能参数等进行综合分析，掌握设备动态运行功能。

本节建议列为职工应掌握的内容。

二、原理和方法

动态质量评价分为优良率、合格率评价和动态性能指数（CDI）两种。

动态质量评价以正线公里为单元，依据《接触网动态检测评价方法》（Q/CR 841—2021），对接触网动态几何参数、接触线平顺性参数、弓网受流参数等进行评价并扣分，区段优良率、合格率根据区段内各单元接触网评价结果确定。

区段静态接触线高度分布如图 6.1.1 所示，显示其平顺性较差，主要原因为工务道床整治后接触网几何参数偏离了原设计值，接触线平顺性逐渐变差。

采用高速综合检测车采集动态检测数据，使用阈值管理方法分别对动态拉出值、动态接触线高度、一跨内接触线高差、硬点、弓网接触力、最大燃弧时间、接触线抬升量进行缺陷诊断，从而辅助接触网维修。弓网接触力缺陷诊断示意如图 6.1.2 所示，该区段接触网平顺性较差，弓网动态运行状态出现较多最小弓网接触力缺陷，影响受流质量。

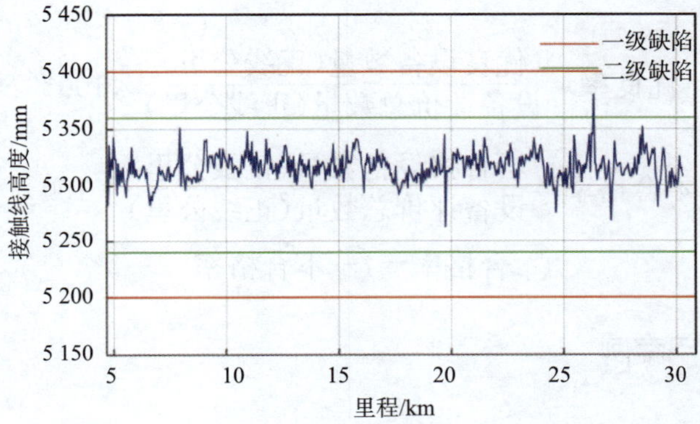

图 6.1.1　静态接触线高度分布

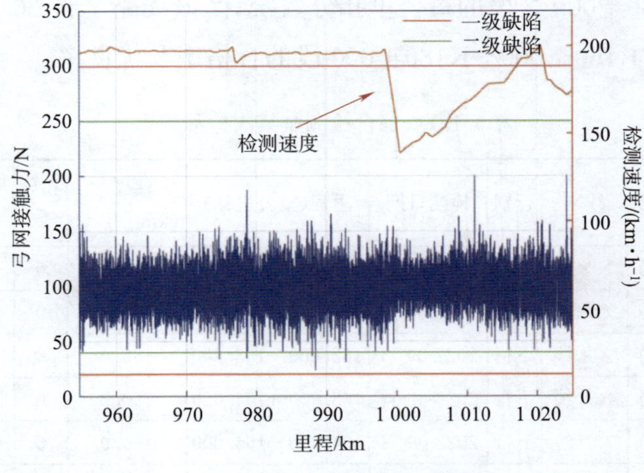

图 6.1.2　弓网接触力缺陷诊断示意

质量评价等级分为优良、合格、不合格三种。总扣分 $t<10$ 为优良，$10\leqslant t<40$ 为合格，$t\geqslant 40$ 为不合格。区段质量评价根据区段内每公里接触网评价结果确定，优良、合格、不合格公里数为相同质量等级

公里数之和。

优良率、合格率、不合格率分别按式(6-1-1)、式(6-1-2)、式(6-1-3)计算。

$$优良率=\frac{优良设备数量(正线公里)}{设备评价总数量(正线公里)}\times100\% \tag{6-1-1}$$

$$不合格率=\frac{不合格设备数量(正线公里)}{设备评价总数量(正线公里)}\times100\% \tag{6-1-2}$$

$$合格率=1-不合格率 \tag{6-1-3}$$

三、应用案例

1. 习题

【习题 1】表 6.1.1 为综合检测车某次检测结果,显示了 K160+000—K180+000 区段的每公里扣分数统计,该线路全长 20 km,计算该段线路 K160+000—K180+000 段的合格率及优良率。

表 6.1.1　综合检测车某次检测结果

序号	铁路局	线别	行别	检测日期	里程(整公里标)	速度/($km\cdot h^{-1}$)	扣分数	是否合格	是否优良
1	××局	××线	下行	2022-09-11	160.000—161.000	115.3	0	是	是
2	××局	××线	下行	2022-09-11	161.000—162.000	151.8	0	是	是
3	××局	××线	下行	2022-09-11	162.000—163.000	182.0	0	是	是
4	××局	××线	下行	2022-09-11	163.000—164.000	190.2	0	是	是
5	××局	××线	下行	2022-09-11	164.000—165.000	190.9	0	是	是
6	××局	××线	下行	2022-09-11	165.000—166.000	190.9	0	是	是
7	××局	××线	下行	2022-09-11	166.000—167.000	188.8	0	是	是
8	××局	××线	下行	2022-09-11	167.000—168.000	190.3	0	是	是
9	××局	××线	下行	2022-09-11	168.000—169.000	195.7	0	是	是
10	××局	××线	下行	2022-09-11	169.000—170.000	193.6	0	是	是

续上表

序号	铁路局	线别	行别	检测日期	里程(整公里标)	速度/($km \cdot h^{-1}$)	扣分数	是否合格	是否优良
11	××局	××线	下行	2022-09-11	170.000—171.000	166.9	0	是	是
12	××局	××线	下行	2022-09-11	171.000—172.000	141.9	3	是	是
13	××局	××线	下行	2022-09-11	172.000—173.000	127.5	12	是	否
14	××局	××线	下行	2022-09-11	173.000—174.000	75.6	1	是	是
15	××局	××线	下行	2022-09-11	174.000—175.000	111.7	1	是	是
16	××局	××线	下行	2022-09-11	175.000—176.000	111.4	0	是	是
17	××局	××线	下行	2022-09-11	176.000—177.000	106.6	0	是	是
18	××局	××线	下行	2022-09-11	177.000—178.000	112.8	0	是	是
19	××局	××线	下行	2022-09-11	179.000—180.000	104.9	0	是	是
20	××局	××线	下行	2022-09-11	180.000—181.000	110.3	0	是	是

解:该段线路的合格率及优良率分别为

$$合格率=\frac{合格公里数}{线路全长}\times 100\%=\frac{20}{20}\times 100\%=100\%$$

$$优良率=\frac{优良公里数}{线路全长}\times 100\%=\frac{19}{20}\times 100\%=95\%$$

【习题 2】国铁集团基础设施检测中心对京广高铁(全部按 300～350 km/h,设计导高 5 300 mm 的标准算)进行了一次 1C 接触网动态检测。抽取其中一段检测数据进行分析。抽取线路检测正线公里数为 50 km,范围为 K550＋000—K600＋000,共计发现缺陷 10 处,具体见表 6.1.2。请计算该段线路的优良率及合格率。

表 6.1.2　京广高铁 1C 接触网动态检测的一段检测数据

序号	公里标	缺陷类型	缺陷值	缺陷等级	扣分数
1	K559＋146	硬点	690		
2	K559＋285	最大接触力	276		

续上表

序号	公里标	缺陷类型	缺陷值	缺陷等级	扣分数
3	K559＋462	燃弧次数	6		
4	K572＋512	一跨内高差	165		
5	K585＋985	拉出值	556		
6	K591＋265	最小接触力	30		
7	K592＋665	最大燃弧时间	80		
8	K594＋800	拉出值	511		
9	K595＋890	接触线最大高度	5 412		
10	K595＋988	接触线最小高度	5 189		

解：根据《接触网动态检测评价方法》(Q/CR 841—2021)评价标准，填写缺陷等级和扣分数，具体结果见表 6.1.3。

表 6.1.3 缺陷等级和扣分数

序号	公里标	缺陷类型	缺陷值	缺陷等级	扣分数	质量评价等级
1	K559＋146	硬点	690	一	5	合格
2	K559＋462	燃弧次数	6	一	5	
3	K572＋512	一跨内高差	165	一	5	优良
4	K585＋985	拉出值	556	一	40	不合格
5	K591＋265	最小接触力	30	二	1	优良
6	K592＋665	最大燃弧时间	80	二	1	优良
7	K594＋800	拉出值	511	一	5	优良
8	K595＋890	接触线最大高度	5 412	二	1	优良
9	K595＋988	接触线最小高度	5 189	一	5	

K559，扣 10 分，不优良；K585，扣 40 分，不合格。

优良率：$\frac{50-2}{50}\times100\%=96\%$，合格率：$\frac{50-1}{50}\times100\%=98\%$。

第二节　动态性能评价

一、概　　述

动态性能评价是通过对动态拉出值、动态接触线高度、弓网接触力、燃弧率的测量值进行计算，综合评价接触网动态性能。

本节建议列为职工应掌握的内容。

二、原理和方法

接触网动态性能评价方法按照接触网的固有结构划分评价单元，基本评价单元为一个锚段、一个关节式电分相或一个线岔等。各评价单元的接触网动态性能由 CDI 进行量化描述，取值范围为 $0 \leqslant CDI \leqslant 10$。

CDI 各分量及其权重如下：

动态拉出值分量（CDI_S），权重为 0.18；

动态接触网高度分量（CDI_H），权重为 0.36；

弓网接触力分量（CDI_F），权重为 0.36；

燃弧率分量（CDI_A），权重为 0.10。

CDI 及其分量计算公式为

$$CDI = 0.18CDI_S + 0.36CDI_H + 0.36CDI_F + 0.10CDI_A \quad (6\text{-}2\text{-}1)$$

CDI 管理值应根据线路类型、速度等级、管理需求，按照 CDI 统计结果确定，根据不同速度等级，CDI 统计结果见表 6.2.1。

表 6.2.1　CDI 统计结果

线路速度等级	98 百分位数	95 百分位数	90 百分位数
300～350 km/h	2.0	1.8	1.6
200～250 km/h	2.4	2.0	1.7
200 km/h 以下	2.3	2.0	1.8

所评价区段的 CDI 管理评分 MS_{CDI} 计算公式为

$$MS_{CDI}=\frac{L_{DS}}{L_T}\times 100 \tag{6-2-2}$$

式中，L_{DS} 为不高于 CDI 管理值的线路长度总和，单位为正线公里；L_T 为评价线路长度总和，单位为正线公里。

动态性能指数 CDI 是表征接触网-受电弓系统运行状态下接触网动态性能的指数，按照接触网的一个锚段或关节式电分相、线岔等固有结构划分评价单元，通过对接触网动态几何参数、弓网受流参数、接触线平顺性参数进行计算，综合评价接触网的动态性能。

区段接触网精修前后单元 CDI 对比如图 6.2.1 所示。

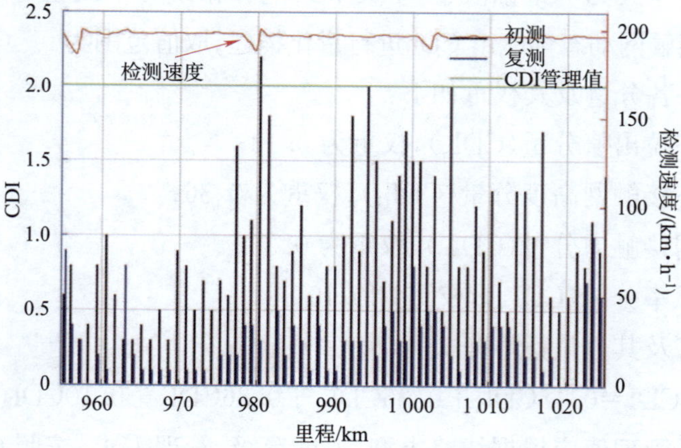

图 6.2.1　接触网精修前后单元 CDI 对比

三、应用案例

1. 案例

【缺陷案例】

(1)检测情况

2022 年 2 月 8 日至 3 月 28 日，采用 CRH380AJ-0203 综合检测列

车对某区间正线和某车站接触网进行接触网动态检测。

2月18日,某区间(K736+500)下行在350 km/h开口动态检测时CDI得分37.46,失分锚段48处。2月19日,同一区间(K736+500)上行在350 km/h开口动态检测时CDI得分44.05,失分锚段10处。上、下行CDI分布如图6.2.2所示。

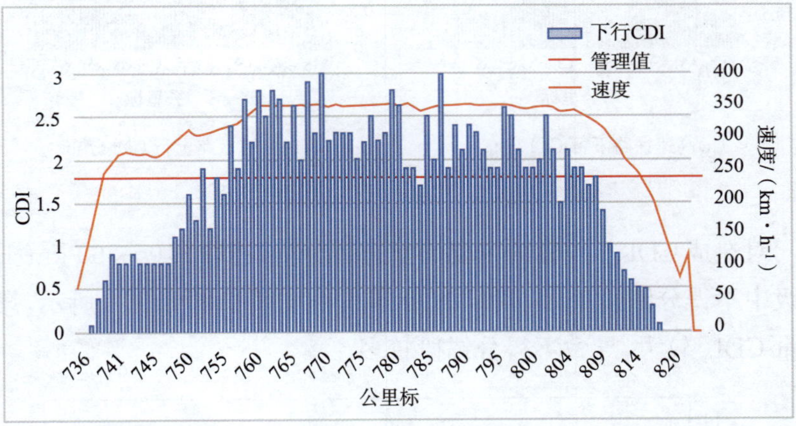

(a)高速铁路下行CDI分布

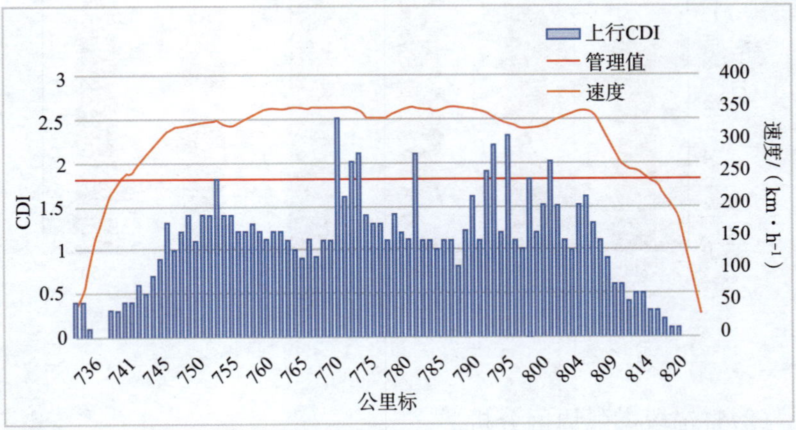

(b)高速铁路上行CDI分布

图6.2.2　某区间上、下行CDI初次检测分布

对比三次检测，上、下行 CDI 重复性良好，如图 6.2.3 所示。

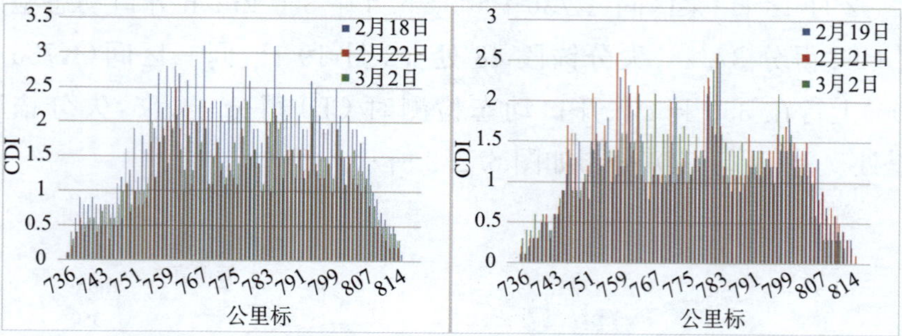

(a)高速铁路下行 CDI 分布　　(b)高速铁路上行 CDI 分布

图 6.2.3　某高铁区间 CDI 分布三次检测重复性对比

对造成 CDI 不得分的主要因素进行分析，选取 310～350 km/h 速度级中不得分锚段单元，其 CDI 分量大小比例如图 6.2.4 所示，燃弧分量 CDI_A 较大，导致不得分锚段较多。

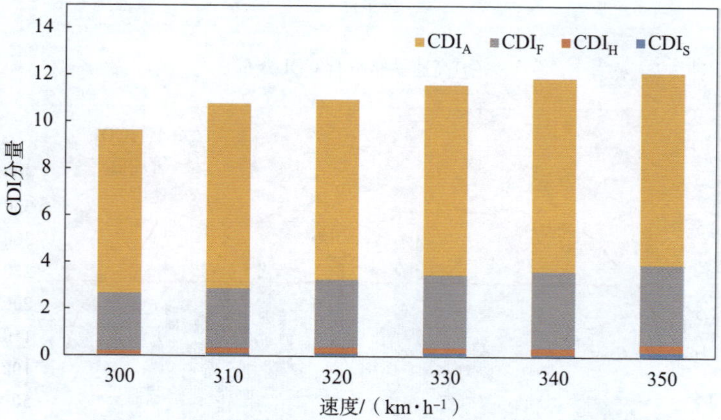

图 6.2.4　某高速铁路区间下行 CDI 随速度变化趋势

(2)整锚段燃弧原因分析

通过对比区间下行 K756＋877—K757＋936 锚段 2 月 18 日动态

检测和 2 月 8 日静态检测的数据，发现动态检测燃弧分量 CDI_A（燃弧项）为 9.93，特征为整锚段燃弧，静态检测无高差缺陷，动态接触线高度平顺，抬升量均匀说明接触线平顺性并非整锚段燃弧的主要原因。

上网检查发现燃弧区段接触线在隧道拱顶整治时，从拱顶掉下来的异物环氧树脂以及水泥灰黏结在接触线底面上，引起接触线平顺性降低，导电性能下降，经统计占整锚段燃弧问题总数的 10%。典型案例如图 6.2.5 所示。

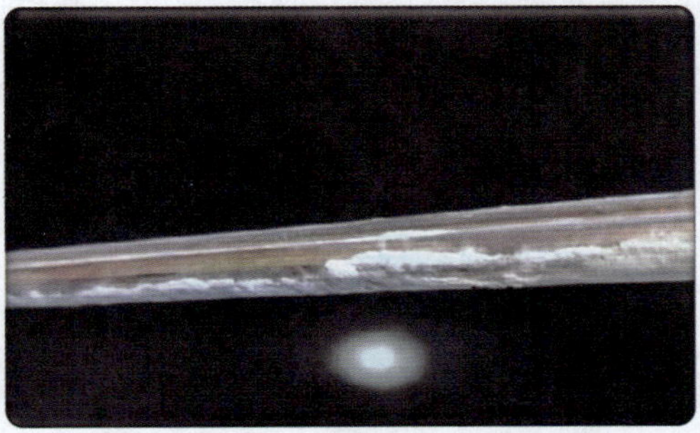

图 6.2.5　某高速铁路区间接触线上异物（环氧树脂）

(3)整治措施

针对接触线上遗留施工异物，采用作业人员登梯车作业，用 500 目和 1 000 目细砂纸进行整锚段打磨，如图 6.2.6 所示。

图 6.2.6　某高速铁路区间接触线异物打磨清除

(4)整治效果

某高速铁路区间燃弧整治前后 350 km/h 速度级上、下行的 CDI 情况如图 6.2.7 所示，CDI 改善明显，不得分锚段数量显著下降。

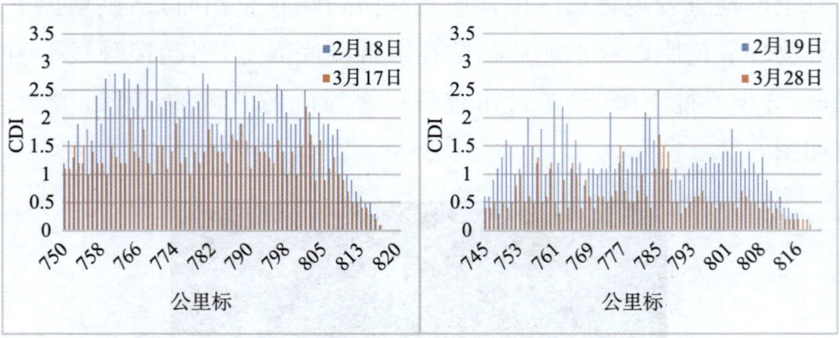

(a)燃弧整治前后下行 CDI 分布　　(b)燃弧整治前后上行 CDI 分布

图 6.2.7　接触线精调整治前后 CDI 对比

【应用案例】

(1)检测情况

2023 年 6 月 8 日，铁科院集团公司综合检测车对合杭线进行检测，检测后发现某高铁线 5 处单元 CDI 不得分，具体结果见表 6.2.2。

表 6.2.2　某高速铁路 5 处单元 CDI

检测日期	行别	起始里程/km	终止里程/km	单元长度/km	CDI_S	CDI_H	CDI_F	CDI_A	CDI	当前锚段得分是否有效	CDI是否得分
6月8日	下行	47.686 1	47.985 8	0.300	3.779 6	2.016 4	2.802 3	0	2.4	有效	否
6月8日	下行	61.332 8	61.672 8	0.340	1.294 6	1.172 3	3.092 8	1.824 7	2.0	有效	否
6月8日	下行	81.980 3	82.218 2	0.238	0.012 9	0.307 0	3.712 6	7.288 1	2.2	有效	否
6月8日	上行	82.100 9	81.694 8	0.406	0.041 1	0.873 3	4.312 2	1.839 5	2.1	有效	否

(2)原因分析及整治措施

①下行 K47+686—K47+986 主要是拉出值、弓网接触力和导高分量较大，导致该区段 CDI 值超过 1.8(CDI 值 2.4)，具体结果如图 6.2.8 所示。

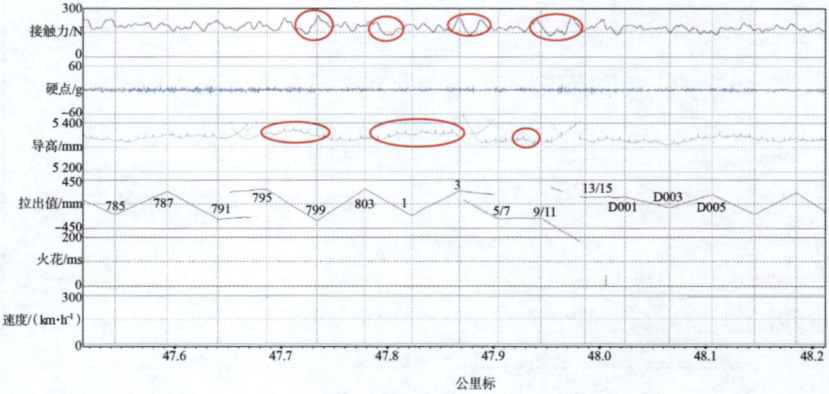

(a)整治前

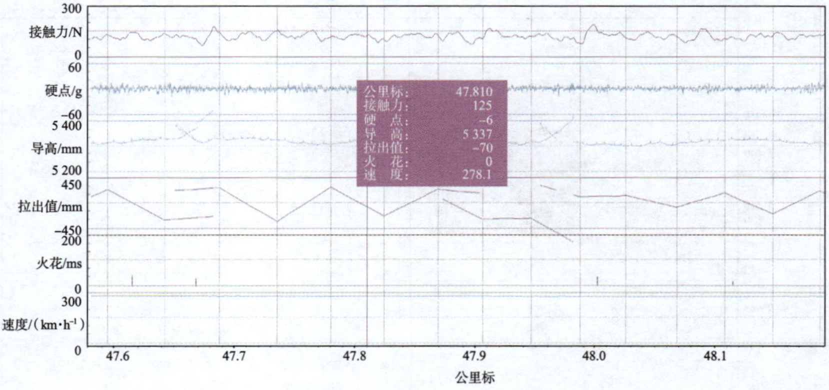

(b)整治后

图 6.2.8 某高速铁路下行 K47+686—K47+986 整治前后波形

整治措施：调整区间 795～799、区间 803 号～线路所 1 号、线路所 7～11 号跨距内导高。

②下行 K61＋333—K61＋673 主要是弓网接触力和导高分量较大，导致该区段 CDI 值超过 1.8（CDI 值 2），具体结果如图 6.2.9 所示。

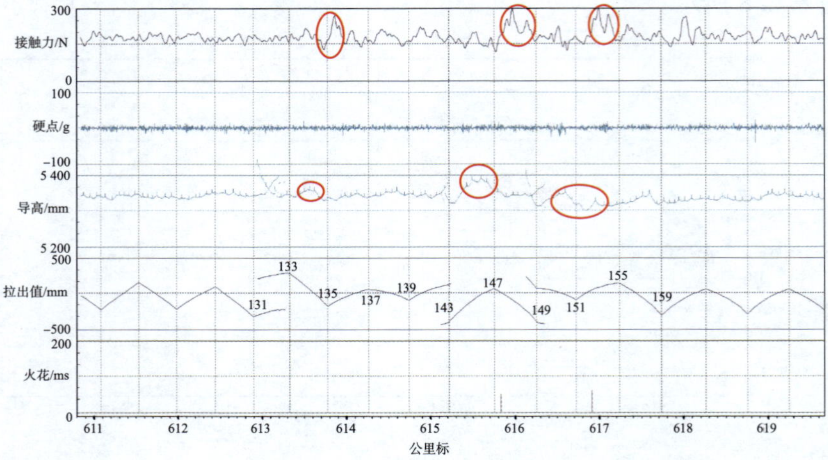

(a)整治前

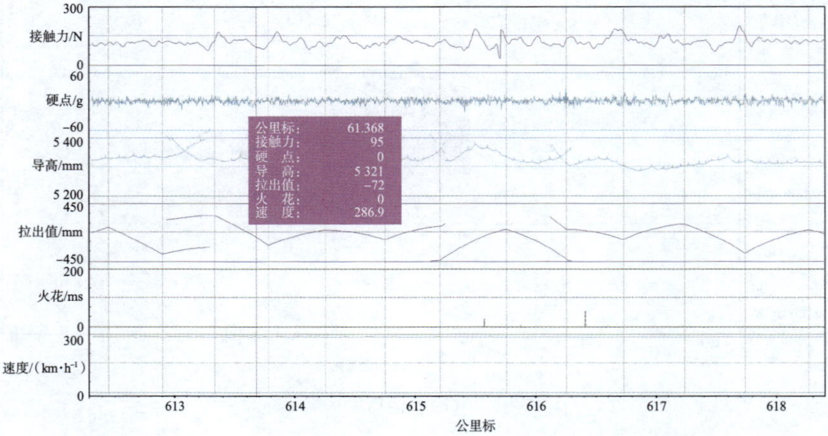

(b)整治后

图 6.2.9 某线路下行 K61＋333—K61＋673 调整前后波形

整治措施：调整区间 133～135 号、143～147 号跨距内及 151 号支柱两侧导高。

③下行 K81＋980—K82＋218 主要是弓网接触力及燃弧分量较大，导致该区段 CDI 值超过 1.8（CDI 值 2.2），具体结果如图 6.2.10 所示。

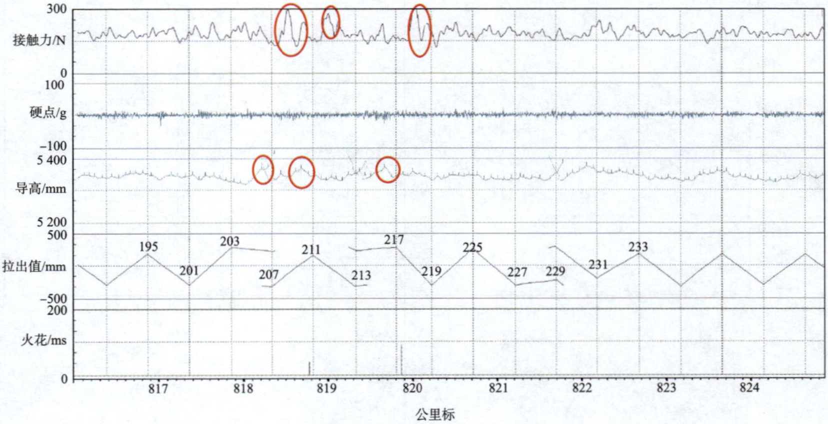

(a)整治前

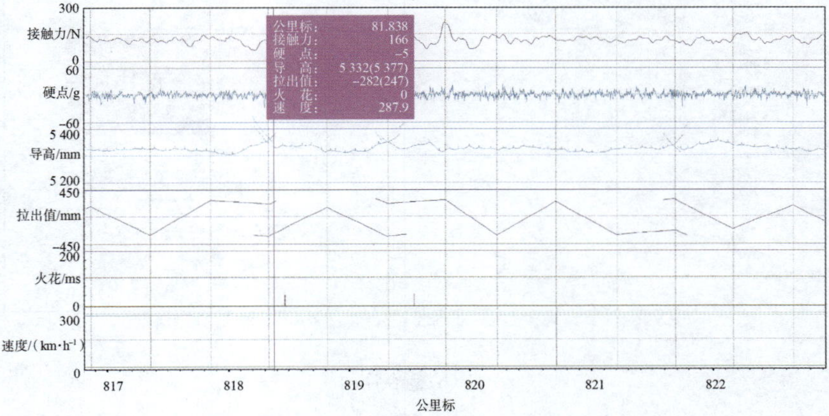

(b)整治后

图 6.2.10　某线路下行 K81＋980—K82＋218 调整前后波形

整治措施:调整区间 203～211 号、213～217 号跨距内导高。

④上行 K82＋101—K81＋695 主要是弓网接触力分量较大,导致该区段 CDI 值超过 1.8(CDI 值 2.1),具体结果如图 6.2.11 所示。

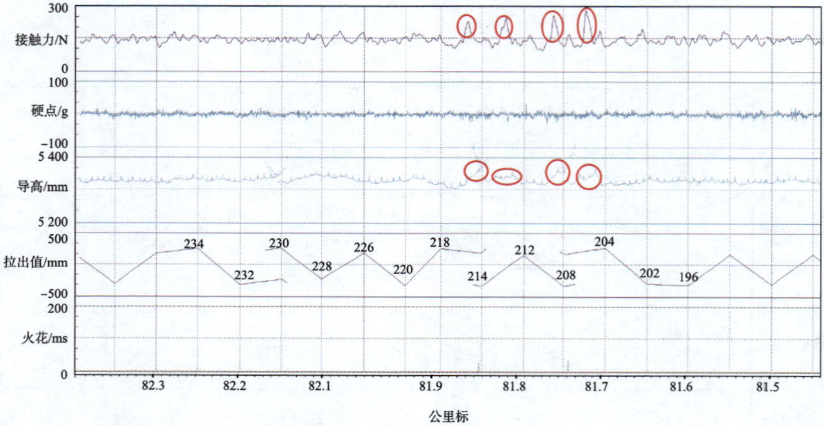

(a)整治前

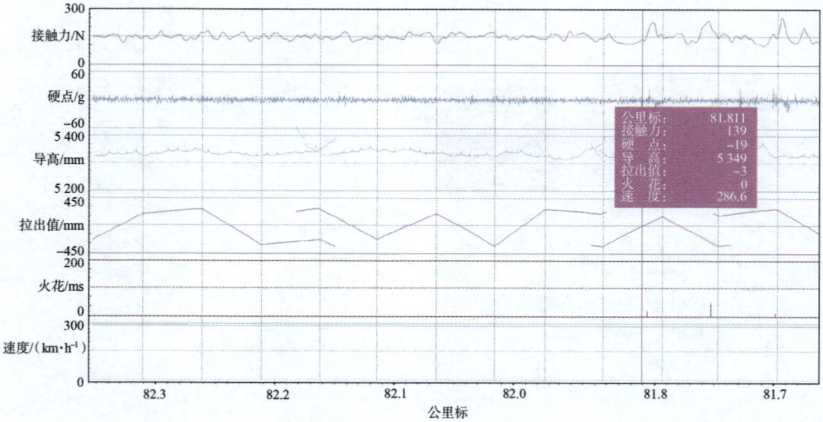

(b)整治后

图 6.2.11 某线上行 K82＋101—K81＋695 调整前后波形

整治措施：调整区间 214～212 号、204～208 号跨距内及 214 号、208 号支柱导高。

上述 4 处原 CDI 不得分区段经调整后，已无明显过度不良。

2. 习题

【习题 1】 检测某线路、某锚段 CDI 评分如下：$CDI_S=3$，$CDI_H=2$，$CDI_F=2$，$CDI_A=1$，求此锚段的 CDI 值。

解： $CDI=0.18CDI_S+0.36CDI_H+0.36CDI_F+0.10CDI_A=0.54+0.72+0.72+0.10=2.08$

【习题 2】 某高速铁路线路 1C 检测结果反馈见表 6.2.3，请计算本条高速铁路线路的 CDI 评分。

解： $MS_{CDI}=\dfrac{L_{DS}}{L_T}\times 100=\dfrac{\text{参与 CDI 评价的得分单元里程之和}}{\text{参与 CDI 评价的所有单元里程之和}}\times 100$。因此，本条高速铁路线路的 CDI 评分（保留小数点后两位）为

$$CDI=\frac{10.33}{11.475}\times 100\approx 90.02$$

【习题 3】 某供电段管内共计 3 条高速铁路线路，经综合检测车检测，三条高速铁路线路的检测里程分别为 380 km、110 km、300 km（相同高速铁路线路的上下行检测里程一致），检测反馈见表 6.2.4。

请计算该供电段本次检测总得分。

解： 按照线路的权重进行相加，该供电段本次检测共计

$$(380+380+110+110+300+300)\text{km}=1\,580\text{ km}$$

根据每条线对应的权重进行加权相加，得分为

$$\frac{380}{1\,580}\times 99.98+\frac{380}{1\,580}\times 99.45+\frac{110}{1\,580}\times 95.42+\frac{110}{1\,580}\times 94.63+\frac{300}{1\,580}\times 99.76+\frac{300}{1\,580}\times 99.87\approx 99.10$$

表 6.2.3　某线路 1C 检测结果反馈

行别	起始里程/km	终止里程/km	单元长度/km	锚段内平均速度/(km·h^{-1})	燃弧率	CDI_s	CDI_H	CDI_F	CDI_A	CDI	当前锚段得分是否有效	CDI 是否得分
上行	460.241 1	460.086 0	0.155	60.4	0.000 5	5.772 9	0.910 9	0.002 2	0.023 4	1.4	有效	不评价
上行	460.086 0	459.343 8	0.742	74.9	0.003 1	2.761 6	1.149 0	0	0.281 9	0.9	有效	不评价
上行	459.343 8	458.292 8	1.051	105.4	0	0.185 0	0.395 5	0.032 4	0	0.2	有效	不评价
上行	458.292 8	457.166 0	1.127	141	0.012 7	0.067 2	0.394 6	0.098 0	1.948 1	0.4	有效	是
上行	457.166 0	456.021 3	1.145	146.9	0.000 5	0.038 1	0.054 7	0.043 8	0.022 7	0	有效	是
上行	456.021 3	454.853 9	1.167	175.4	0.001 5	0.029 9	0.238 4	0.178 1	0.118 9	0.2	有效	是
上行	454.853 9	453.730 8	1.123	196.4	0.008 7	0.396 2	0.347 6	0.535 8	1.122 9	0.5	有效	是
上行	453.730 8	453.287 9	0.443	197.2	0.000 6	0.005 6	0.102 9	0.171 0	0.030 4	0.1	有效	是
上行	453.287 9	451.924 9	1.363	197.2	0.004 3	0.128 2	0.533 8	0.574 0	0.437 3	0.5	有效	是
上行	451.924 9	451.434 1	0.491	198.0	0	0.055 8	0.243 6	0.301 7	0	0.2	有效	是
上行	451.434 1	450.255 2	1.179	197.6	0	0.043 0	0.047 2	0.452 9	0	0.2	有效	是
上行	450.255 2	449.132 7	1.123	197.2	0.001 9	0.159 1	2.500 7	2.512 9	2.150 2	2	有效	否
上行	449.132 7	447.988 9	1.144	197.2	0	0.032 8	0.011 5	0.167 4	0	0.1	有效	是
上行	447.988 9	446.830 7	1.158	197.3	0	0.159 4	0.559 0	0.734 0	0	0.5	有效	是

表 6.2.4　综合检测车检测反馈

线　别	行　别	检测里程/km	检测得分
××高铁	上行	380	99.98
	下行	380	99.45
××高铁	上行	110	95.42
	下行	110	94.63
××高铁	上行	300	99.76
	下行	300	99.87

第三节　静态质量评价

一、概　述

接触网静态质量指数（CQI）是表征接触网结构空间静态几何位置偏离设计程度的指数。按照接触网的一个锚段、关节式电分相、线岔等固有结构划分评价单元，通过对拉出值、接触线高度的静态测量值进行计算，综合评价接触网设备区段质量。

锚段单元典型 CQI 如图 6.3.1 所示，单元内拉出值和接触线高度均显著偏离设计值。

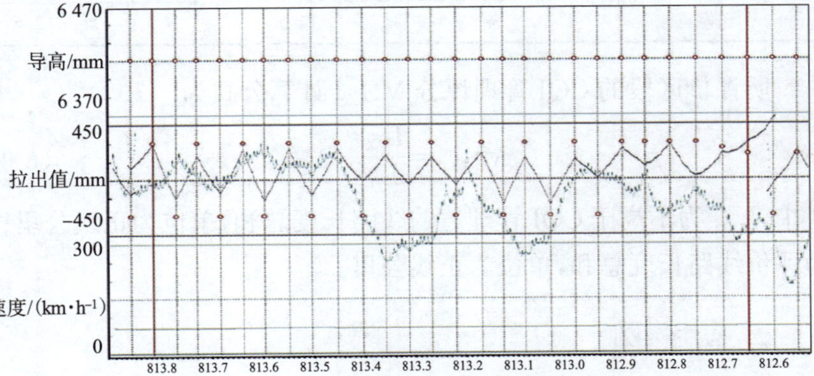

图 6.3.1　锚段单元典型 CQI

本节建议列为职工应掌握的内容。

二、原理和方法

接触网静态质量评价方法按照接触网的固有结构划分评价单元。基本评价单元为一个锚段、一个关节式电分相或一个线岔等。各评价单元的接触网静态质量由 CQI 进行量化描述。

CQI 各分量及其权重如下：

拉出值分量(CQI_S)，权重为 0.17；

定位点处接触线高度分量(CQI_H)，权重为 0.17；

定位点处接触线高度的平顺程度分量(CQI_D)，权重为 0.33；

跨内接触线高度的平顺程度分量($CQI_{H\sigma}$)，权重为 0.33。

CQI 及其分量计算公式为

$$CQI=0.17CQI_S+0.17CQI_H+0.33CQI_D+0.33CQI_{H\sigma} \quad (6\text{-}3\text{-}1)$$

CQI 管理值应根据线路类型、速度等级、管理需求，按照 CQI 统计结果确定，根据不同速度等级，CQI 统计结果见表 6.3.1。

表 6.3.1　CQI 统计结果

线路类型	98 百分位数	95 百分位数	90 百分位数
高速	27.4	20.8	16.5
普速	44.5	37.0	32.6

所评价区段的 CQI 管理评分 MS_{CQI} 计算公式为

$$MS_{CQI}=\frac{L_{QS}}{L_T}\times 100 \quad (6\text{-}3\text{-}2)$$

式中，L_{QS} 为不高于 CQI 管理值的线路长度总和，单位为正线公里；L_T 为评价线路长度总和，单位为正线公里。

三、应用案例

【习题】 某高速铁路被评价区间各基本评价单元的 CQI 值见

表 6.3.2(请将表格补充完整,CQI 管理值保留 1 位小数点)。求该区间 CQI 管理评分为多少?(结果保留 2 位小数点)

表 6.3.2　区间各基本评价单元的 CQI 值

序号	起始公里标/km	终止公里标/km	被评价单元长度/km	CQI_S	CQI_H	CQI_D	$CQI_{H\sigma}$	CQI
1	39.972	41.000	1.028	45.6	9.7	27.2	12.3	
2	41.000	42.229	1.229	30.9	5.0	13.1	6.0	12.4
3	42.229	43.405	1.176	33.6	8.9	14.1	6.0	
4	43.405	44.578	1.173	23.4	0.2	9.3	5.9	9.0
5	44.578	45.820	1.242	22.9	1.1	16.2	7.0	
6	45.820	46.992	1.172	34.7	0.2	13.5	6.8	12.6
7	46.992	48.233	1.241	16.3	0	6.8	4.3	
8	48.233	49.307	1.074	15.9	0	14	7.2	9.7
9	49.307	50.437	1.130	8.5	0.6	12.8	7.3	
10	50.437	51.521	1.084	14.8	2.1	14.8	6.7	10.0
线路长度			11.549	—				

解: 由式(6-3-1)将表 6.3.2 补充完整,结果见表 6.3.3。

表 6.3.3　区间各基本评价单元的 CQI 值

序号	起始公里标/km	终止公里标/km	被评价单元长度/km	CQI_S	CQI_H	CQI_D	$CQI_{H\sigma}$	CQI
1	39.972	41.000	1.028	45.6	9.7	27.2	12.3	22.5
2	41.000	42.229	1.229	30.9	5.0	13.1	6.0	12.4
3	42.229	43.405	1.176	33.6	8.9	14.1	6.0	13.8
4	43.405	44.578	1.173	23.4	0.2	9.3	5.9	9.0
5	44.578	45.820	1.242	22.9	1.1	16.2	7.0	11.7
6	45.820	46.992	1.172	34.7	0.2	13.5	6.8	12.6
7	46.992	48.233	1.241	16.3	0	6.8	4.3	6.4
8	48.233	49.307	1.074	15.9	0	14	7.2	9.7

续上表

序号	起始公里标/km	终止公里标/km	被评价单元长度/km	CQI_S	CQI_H	CQI_D	$CQI_{H\sigma}$	CQI
9	49.307	50.437	1.130	8.5	0.6	12.8	7.3	8.2
10	50.437	51.521	1.084	14.8	2.1	14.8	6.7	10.0
线路长度			11.549	—				

该区间评价线路长度综合 $L_T=11.549$ km，CQI 管理值取为 20，不高于 CQI 管理值的线路长度 $L_{QS}=10.521$ km，故该区间 CQI 评分为

$$MS_{CQI}=\frac{L_{QS}}{L_T}\times100=\frac{10.521}{11.549}\times100\approx91.10$$

第七章　接触网主导电回路温度监测

一、概　　述

利用测温的方法实现对接触网主导电回路电气连接状态监测是一种有效的手段。目前接触网维修工作中对接触网主导电回路电气节点温度的监测方式主要有三种：一是示温贴片监测，利用全面检查、步行巡视等方式确认；二是利用便携式红外热像仪测量电气节点接触状态（有条件时）；三是利用 3C 装置对接触网设备温度监测，及时发现运行接触网设备问题，指导接触网维修。

上述第一种示温贴片监测方法的优点是可以对电气连接线夹状态不间断检测且易于识别，但需要人工粘贴。如某高速铁路工区于 2023 年 10 月 18 日检查发现×× AT 所供 01 号设备线夹测温贴变红，打开线夹后发现原因为供电线露头过长造成与线夹内线槽接触不密贴，阻值增大导致运行时发热贴片变色。处理方法：将线索打磨，更换螺栓重新安装，消除了一起开关引线电气连接处状态不良的安全隐患。开关引线电气连接处状态不良缺陷如图 7.1.1 所示。

第二种和第三种方式均是利用红外热像原理检查电气连接线夹有无因连接状态不良产生局部发热情况。这两种方式优点是非接触检测，高效便捷，人体远离带电设备即可完成检测作业。红外热像仪在电力系统被广泛应用。我国电气化铁路接触网维修分别利用 3C 装置和便携式红外热像仪实现了对接触悬挂和附加导线电气连接状态监测，如图 7.1.2、图 7.1.3 所示。

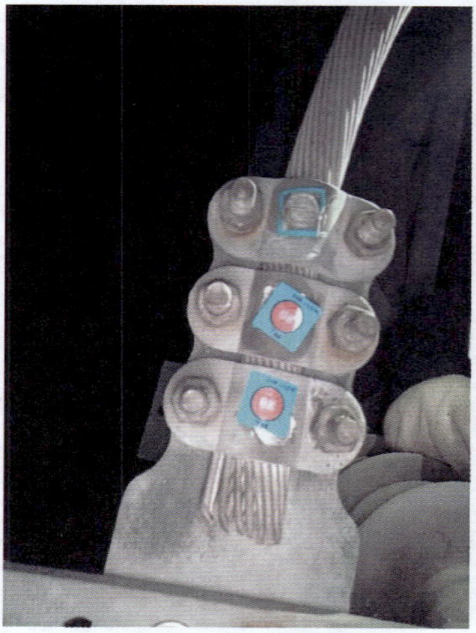

(a)处理前

(b)处理后

图 7.1.1　开关引线电气连接处状态不良缺陷

图 7.1.2　隧道内绝缘子脏污温度异常(3C)

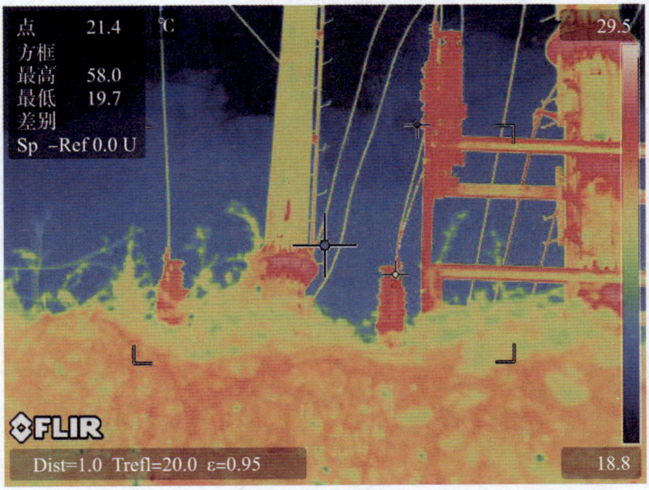

图 7.1.3　某高速铁路开关引线连接处温度异常(红外热像仪)

本章建议列为职工应掌握内容。

二、原理和方法

《接触网运行维修规则》的附件 8 给出了电流致热型设备缺陷诊断判据,见表 7.1.1。该判据参照了《带电设备红外诊断应用规范》(DL/T 664—2008),目前已被《带电设备红外诊断应用规范》(DL/T 664—2016)替代,相关内容已修订,见表 7.1.2。本书案例按照 DL/T 664—2016 要求编写。

表 7.1.1　电流致热型设备缺陷诊断判据

（参照 DL/T 664—2008《带电设备红外诊断应用规范》）

设备类别和部位		热像特征	故障特征	缺陷性质		备注
				二级缺陷	一级缺陷	
电气设备与金属部件的连接	接头和线夹	以线夹和接头为中心的热像，热点明显	接触不良	温差不超过 15 K，未达到一级缺陷的要求	热点温度＞80 ℃或 $\delta \geqslant$ 80%	δ：相对温差
金属部件与金属部件的连接	接头和线夹	以线夹和接头为中心的热像，热点明显	接触不良	温差不超过 15 K，未达到一级缺陷的要求	热点温度＞90 ℃或 $\delta \geqslant$ 80%	
金属导线		以导线为中心的热像，热点明显	松股、断股、老化或截面积不够	温差不超过 15 K，未达到一级缺陷的要求	热点温度＞80 ℃或 $\delta \geqslant$ 80%	
输电导线的连接器（耐张线夹、接续管、修补管、并沟线夹、跳线线夹、T形线夹、设备线夹）		以线夹接头为中心的热像，热点明显	接触不良	温差不超过 15 K，未达到一级缺陷的要求	热点温度＞90 ℃或 $\delta \geqslant$ 80%	
隔离开关	转头	以转头为中心的热像	转头接触不良或断股	温差不超过 15 K，未达到一级缺陷的要求	热点温度＞90 ℃或 $\delta \geqslant$ 80%	
	刀口	以刀口压接弹簧为中心的热像	弹簧压接不良	温差不超过 15 K，未达到一级缺陷的要求	热点温度＞90 ℃或 $\delta \geqslant$ 80%	测量接触电阻

表 7.1.2　电流致热型设备缺陷诊断判据

（参照 DL/T 664—2016《带电设备红外诊断应用规范》）

设备类别和部位		热像特征	故障特征	缺陷性质		备注
				二级缺陷	一级缺陷	
电气设备与金属部件的连接	接头和线夹	以线夹和接头为中心的热像，热点明显	接触不良	δ≥35%但热点温度未达到一级缺陷温度值	热点温度≥80 ℃或δ≥80%	δ：相对温差
金属部件与金属部件的连接	接头和线夹	以线夹和接头为中心的热像，热点明显	接触不良	δ≥35%但热点温度未达到一级缺陷温度值	热点温度≥90 ℃或δ≥80%	
金属导线		以导线为中心的热像，热点明显	松股、断股、老化或截面积不够	δ≥35%但热点温度未达到一级缺陷温度值	热点温度≥80 ℃或δ≥80%	
输电导线的连接器（耐张线夹、接续管、修补管、并沟线夹、跳线线夹、T形线夹、设备线夹）		以线夹接头为中心的热像，热点明显	接触不良	δ≥35%但热点温度未达到一级缺陷温度值	热点温度≥90 ℃或δ≥80%	
隔离开关	转头	以转头为中心的热像	转头接触不良或断股	δ≥35%但热点温度未达到一级缺陷温度值	热点温度≥90 ℃或δ≥80%	
	刀口	以刀口压接弹簧为中心的热像	弹簧压接不良	δ≥35%但热点温度未达到一级缺陷温度值	热点温度≥90 ℃或δ≥80%	测量接触电阻

根据接触网零部件温度使用限值，现场应用中可以使用温度异常判断主导电回路状态不良，也可运用相对温差法对疑似缺陷进行判断。相对温差是指两个对应测点之间的温差与其中较热点的温升之比的百分数，温升是指被测设备表面温度和环境温度参照体的温度之差，温差是指不同被测设备或同一被测设备不同部分的表面温度之

差。相对温差法计算公式为

$$\delta_1=\frac{\tau_1-\tau_2}{\tau_1}\times 100\%=\frac{T_1-T_2}{T_1-T_0}\times 100\% \tag{7-1-1}$$

式中，τ_1 和 T_1 为发热点的温升和温度，℃；τ_2 和 T_2 为正常相对应点的温升和温度，℃；T_0 为被测设备区域的环境温度或气温，℃。

三、应用示例

1. 案例

【缺陷案例 1】 某电力公司红外检测发现，220 kV 变电站母线的一支悬式绝缘子温度异常，该绝缘子最高温度 11.4 ℃，而邻近的正常绝缘子温度为 0 ℃，如图 7.1.4 所示。测试时环境温度－1 ℃。悬式绝缘子可见光照片如图 7.1.5 所示。

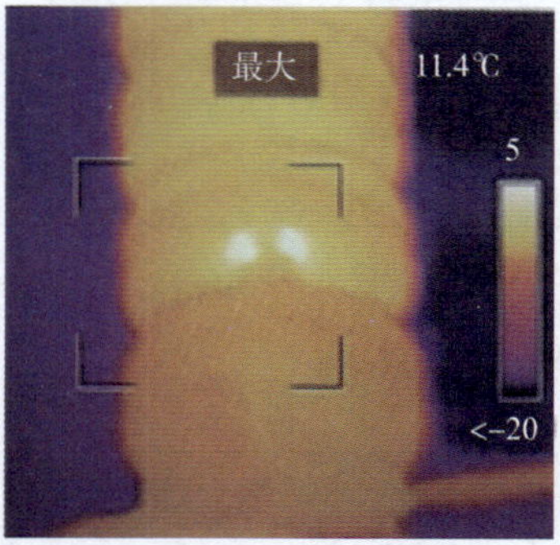

图 7.1.4　悬式绝缘子温度异常红外图谱

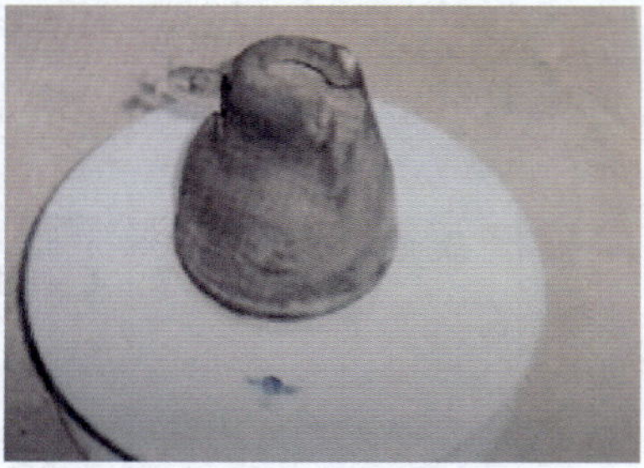

图 7.1.5　悬式绝缘子可见光照片

此情况不符合表 7.1.2 中的设备类别和部位。根据图谱分析，初步认为温度异常原因为绝缘子老化。停电检查后发现，绝缘子球头连接处有放电烧伤痕迹。更换该片悬式绝缘子后，红外检测正常。

【缺陷案例 2】 2010 年 6 月 14 日，某电力公司对 220 kV 变电站进行红外测温时，发现母线隔离开关 B、C 相刀尖均发热，A 相温度

40 ℃、B 相温度 85.5 ℃、C 相温度 91.4 ℃，如图 7.1.6 所示。红外测温时环境温度为 27 ℃。

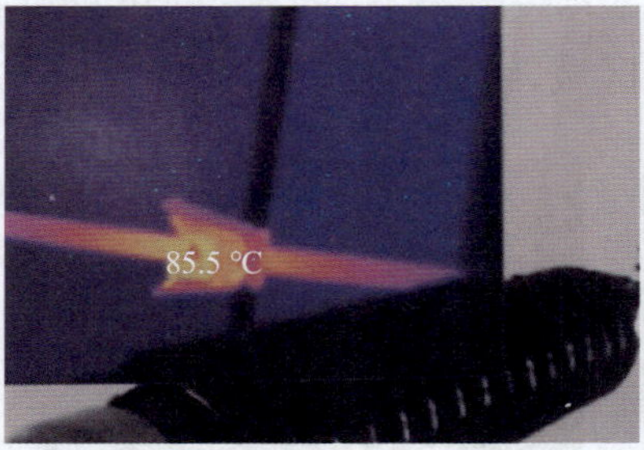

(a)B 相

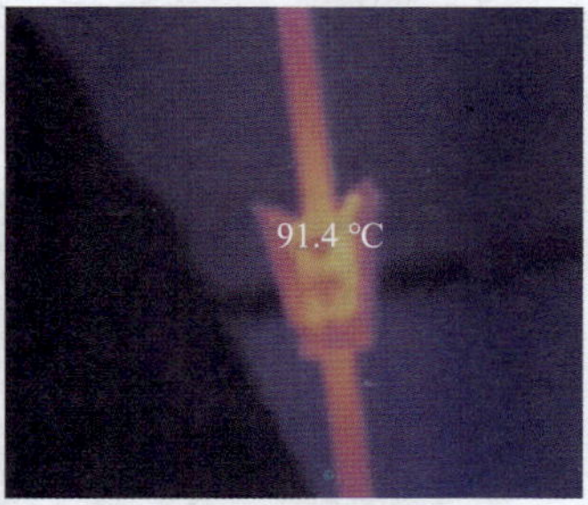

(b)C 相

图 7.1.6　母线隔离开关 B、C 相刀尖均发热

母线隔离开关 B、C 相刀口触头的温度最高，以刀口为中心的热像特征明显。C 相温度大于 90 ℃，或者计算 δ_1，已知 $T_1=91.4$ ℃，$T_2=40$ ℃，$T_0=27$ ℃；

$$\delta_1=\frac{\tau_1-\tau_2}{\tau_1}\times 100\%=\frac{T_1-T_2}{T_1-T_0}\times 100\%=\frac{91.4-40}{91.4-27}\times 100\%\approx 80\%$$

根据表 7.1.2，上述检测数据符合隔离开关刀口一级缺陷的判据（热点温度≥90 ℃或 $\delta\geqslant 80\%$），判定为一级缺陷。停电后检查试验，母线隔离开关 B、C 相刀口的接触电阻均超过 200 μΩ，刀口镀银表面破坏，形成氧化层，恶性循环，最终导致刀口发热。更换了有缺陷的刀口后，测量接触电阻为 22 μΩ，送电后测温无发热现象，缺陷消除。

【缺陷案例 3】 2023 年 12 月 2 日，某铁路局集团公司某供电段开展春运前设备整治作业中发现 A 变电所 212 馈线电缆中间头温度高达 54 ℃，将电缆退出进行耐压试验时电缆头击穿，重新制作了电缆头。

【缺陷案例 4】 2023 年 2 月 6 日，某铁路局集团公司某段检测分析室人员分析××高铁线 3C 离线数据（车号 CRH380B-××××，株洲时代 3C 装置)，发现××高铁线 A-B 区间下行 K262＋891，S327 号(实际为隧道口 AF 线下锚处)AF 线下锚处有温度异常缺陷，温度值为 64.5 ℃，如图 7.1.7 所示。结合 2C、4C 视频对该处的位置进行分析，发现该处是 AF 线下锚的跳线区域，线索疑似有断股现象。

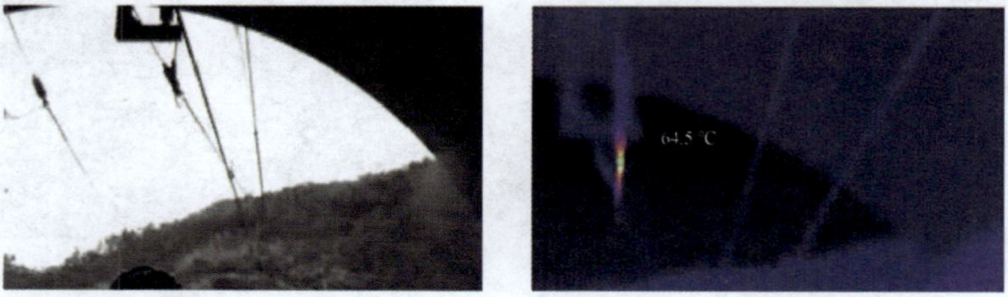

图 7.1.7　AF 线下锚处有温度异常缺陷

【缺陷案例 5】 2022 年 11 月 20 日，某高速铁路 3C 检查发现××Ⅱ线隧道 02 号吊柱底座温度异常，如图 7.1.8 所示。11 月 21 日上网检查发现吊柱底座与接地钢筋连接处松动，重新用一接地钢筋与××Ⅱ线隧道 02 号吊柱底座进行连接，与旧钢筋并接在一起。

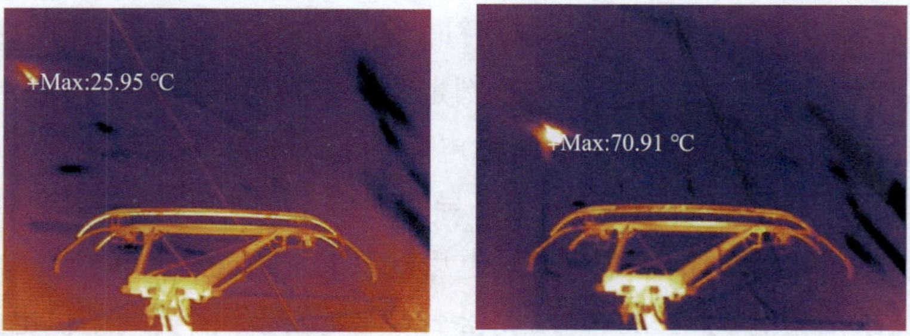

(a)3C 缺陷照片

图　7.1.8

(b)现场检查设备照片

图 7.1.8　吊柱底座温度异常

【缺陷案例 6】 2021 年 6 月 2 日某铁路局集团公司某供电段 CRH1A-A-××××号动车 3C 装置检测发现××线 A 站-B 站区间上行 K880+503 处 004 号支柱位置电连接线夹存在异常高温，报警信息红外与可见光图像如图 7.1.9 所示。该处所位于隧道出口位置，线夹报警温度为 129 ℃。

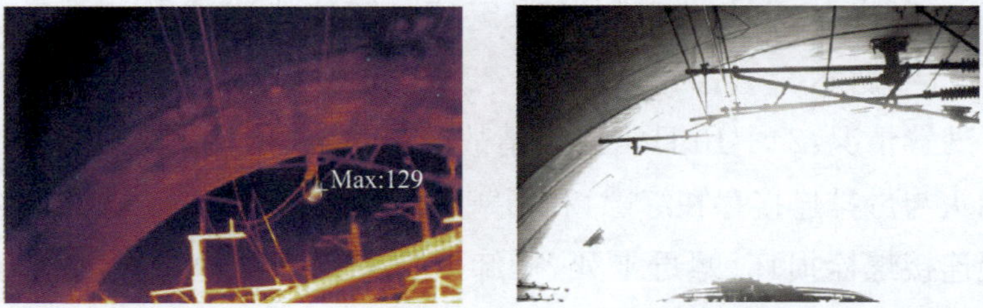

图 7.1.9　报警信息红外与可见光图像

2021 年 6 月 8 日该供电段利用停电作业对缺陷位置进行复核，发生高温异常的线夹如图 7.1.10 所示，可以看出其中一颗螺母颜色灰白，与另外两颗螺母有明显区别，判断为长时间高温运行造成；拆卸后检查发现线夹夹板内侧也存在高温烧蚀痕迹。确认缺陷位置后该供电段对该线夹进行了更换并确认各零件接触可靠。

图 7.1.10　温度异常线夹现场复核

【**缺陷案例 7**】2024 年 2 月 9 日，某维管段某供电工区在对××高速线 A 变电所××上行臂供 01 号电缆终端头红外热成像测温分析时，发现高压电缆终端头接线端子与母排连接处存在明显发热点。测温温度 12.4 ℃，环境温度 5 ℃，相对应其他点温度 5.9 ℃，相对温差 87.8%，超出一级缺陷 80% 的限定值。红外热成像及测温分析如图 7.1.11 所示。

处置情况：2 月 10 日工区申请故障修，经上网检查发现高压电缆终端头与母排连接存在缝隙，利用塞尺测量间隙为 1 mm，拆卸螺栓时发现连接螺栓损坏、螺母卡死，拆卸后检查发现螺栓存在灼伤点，如图 7.1.12 所示。现场对螺栓进行更换；2 月 10 日在机车取流的情况下测温，环境温度 7.7 ℃，测量 F1 上网电缆头设备温度为 7.3 ℃，F2 温度为 7.4 ℃，F3 温度为 6.0 ℃，设备恢复正常状态，更换后的螺栓和红外热成像测温分析如图 7.1.13 所示。

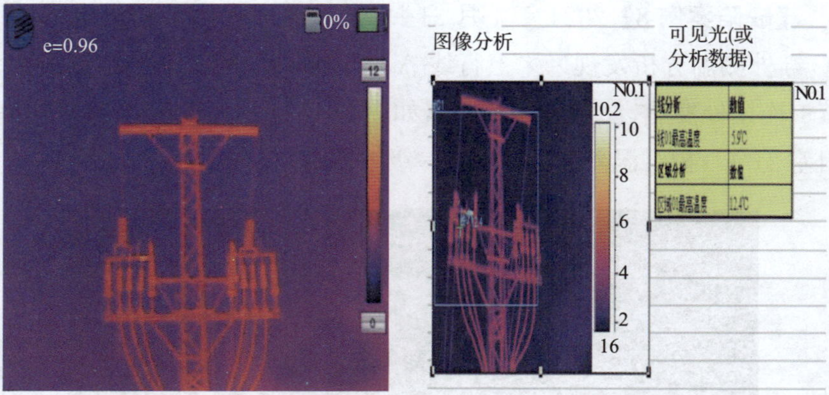

图 7.1.11　红外热成像及测温分析

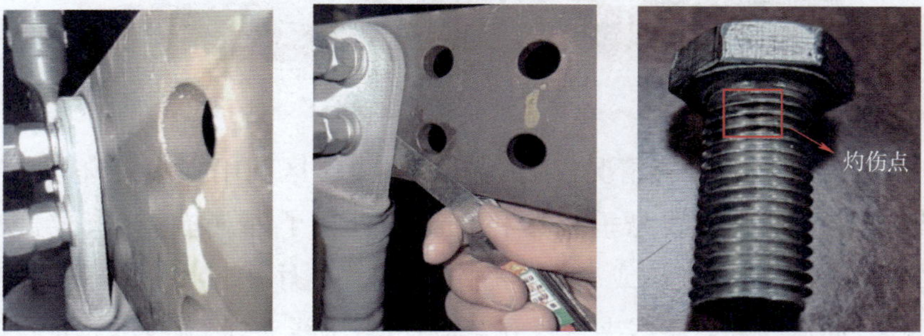

图 7.1.12　高压电缆终端头与母排连接有间隙,螺栓存在灼伤点

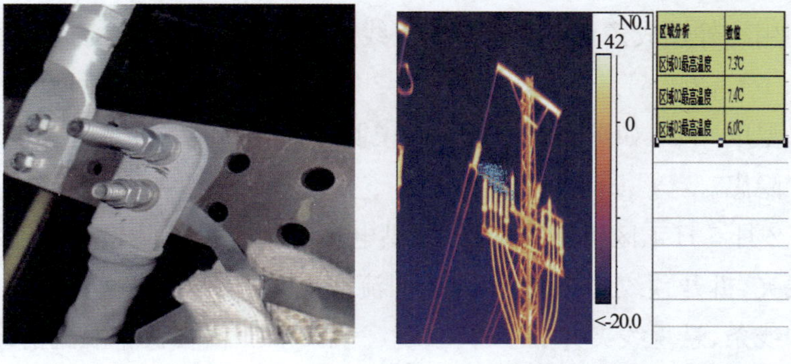

(a)螺栓　　(b)红外热成像测温分析

图 7.1.13　更换后的螺栓和红外热成像测温分析

【**缺陷案例8**】2024年1月31日，某铁路局集团公司供电部组织3C红外测温分析发现××上行线A站至B站区间340号回流线钩头鞍子连接处发热，设备温度23 ℃，如图7.1.14所示，与现场环境温度相差21 ℃，相对温差91%，超出一级缺陷80%的限定值。

图7.1.14　340号回流线钩头鞍子连接处温度23 ℃

现场复核及处置情况：2月1日B供电工区利用维修天窗上网排查，对340号回流线悬垂线夹和回流线进行了外观检查（未开盖检查），未发现明显过热或者电气腐蚀痕迹。2月3日申请故障修，对340号回流线和悬垂线夹进行开盖检查，悬垂线夹、回流线本体及各连接螺栓等均正常，无过热烧伤、电腐蚀等痕迹。2月5日B工区所在车间利用红外热成像仪对340号回流线悬垂线夹进行测温复核，环境温度1.1 ℃，340号悬垂线夹温度28.2 ℃，测量旁边338号回流线悬垂线夹温度9 ℃，如图7.1.15所示，说明340号回流线处悬垂线夹仍然存在隐患。

2月5日工区申请故障修，该供电车间副主任带队检查回流线悬垂线夹，拆开预绞式护线条，检查回流线无烧伤痕迹；更换了新的预绞式护线条、悬垂线夹并加装等位线。2月6日工区在机车取流情况下，再次对340号回流线悬垂线夹位置进行测温，测温温度为3.2 ℃，如图7.1.16所示，与现场环境温度3 ℃差0.2 ℃，设备恢复正常状态。

图 7.1.15　340 号悬垂线夹和 338 号回流线悬垂线夹温度

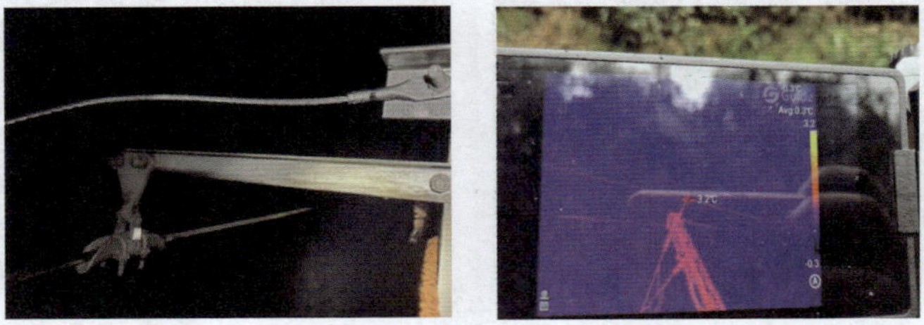

图 7.1.16　340 号回流线悬垂线夹恢复正常状态

【缺陷案例 9】 2024 年 07 月 25 日，H 高铁段 3C 离线数据分析时发现 A 联络线 L 线路所至 A 区间 S0874 号腕臂绝缘子温度异常，如图 7.1.17 所示，数据时间为 7 月 17 日，车体号××××。

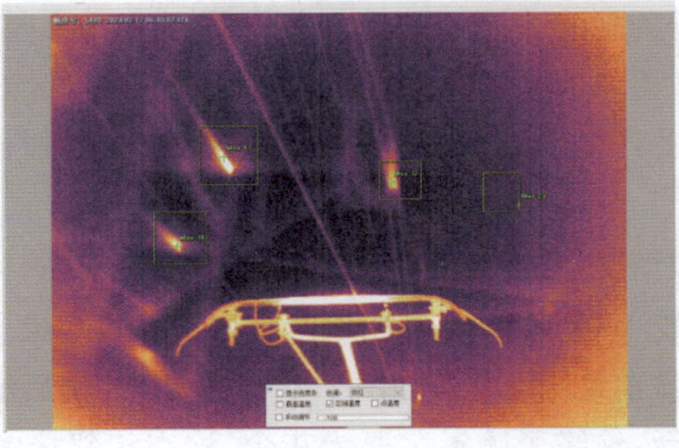

图 7.1.17　3C 离线数据分析截图

检测数据分析：分析近期 2C 添乘视频及 4C 数据，A 联络线 L 线路所至 A 区间 S0874 号接触网设备未发现明显异常，如图 7.1.18 所示。

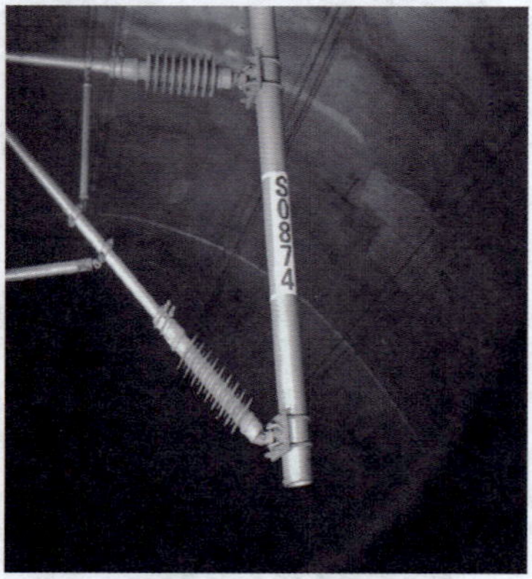

图 7.1.18　近期 4C 数据

设备情况调查：A 联络线设备营运时间：2020 年 12 月。根据现场实际 S874 处于 A 联络线 Y 隧道（A 西侧）隧道口的第一根支柱。

根据 2023 年年度计划 A 联络线 Y 隧道绝缘子的冲洗计划为 2023 年 11 月份，下一次冲洗计划为 2024 年 11 月份。

隧道口外为湖泊，周边存在××公司，周边无污染源。

最近一次检修情况分析：2023 年 11 月 28 日，×××综合维修工区对 A 联络线 L 线路所至 A 区间 Y 隧道的绝缘子进行冲洗，设备运行正常。

现场整改情况：7 月 26 日凌晨，结合夜间天窗，×××综合维修工区对 A 联络线 Y 隧道 S874 及相邻两跨内接触网绝缘子进行水冲洗清扫擦拭，冲洗前绝缘子状态如图 7.1.19 所示，冲洗后绝缘子状态如图 7.1.20 所示；绝缘子脏污主要为灰尘，检查相邻接触网设备无异常，隧道内无渗漏水现象。

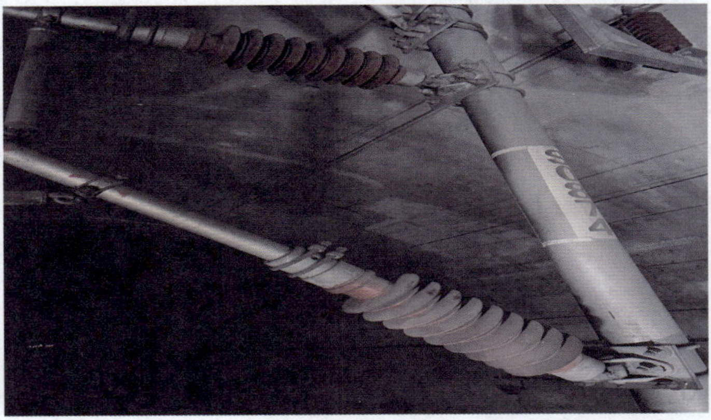

图 7.1.19　Y 隧道 S874 绝缘子冲洗前

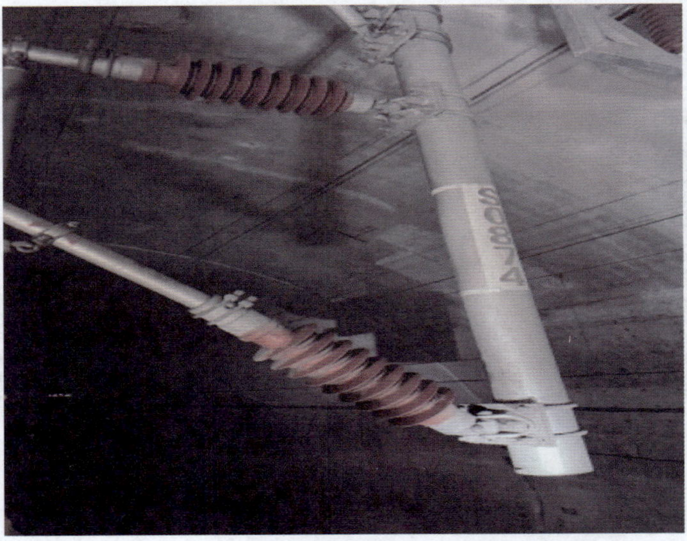

图 7.1.20　Y 隧道 S874 绝缘子冲洗后

原因分析：综合现场整改信息判断为绝缘子脏污导致绝缘性能降低，表面有微小泄漏电流导致绝缘子发热。Y 隧道口（A 西侧）××公司，在隧道口下方有个便道，运输建筑材料时存在扬灰的情况，造成隧道口的绝缘子灰尘较多，且并且距离上一次绝缘子清洗已过 8 个月，最终导致绝缘子脏污严重。

下一步措施：(1)继续做好 3C 离线数据分析工作，对绝缘子、主导电回路接续点、电连接本体及连接线夹、牵引回流汇集点等处所进行重点分析，是否存在异常闪亮的光斑；(2)对隧道内绝缘子状态进行重点检查，存在类似的情况及时安排人员进行冲洗，缩短水冲洗清扫周期。

【故障案例 1】2024 年 2 月 5 日 20 时 26 分，××线××次客运列车运行至 A 站至 B 站间下行线 K779＋494 处司机汇报接触网无网压停车，经某维管段检查发现 A 下行臂供电线 G01 号杆电缆头处与架空供电线脱开，如图 7.1.21 所示，经越区供电成功后于 21 时 34 分恢复供电。

图 7.1.21　供电线 G01 号杆电缆头处与架空供电线脱开

红外测温情况：2024 年 1 月 19 日，供电工区利用 01～16 号第三种工作票开展红外测温工作。当日测温数据环境温度 10 ℃、线夹温度 9.5 ℃、线夹外接触网线索温度 9.6 ℃，线夹温度－线索温度为－0.1 ℃，未能发现异常，如图 7.1.22 所示。

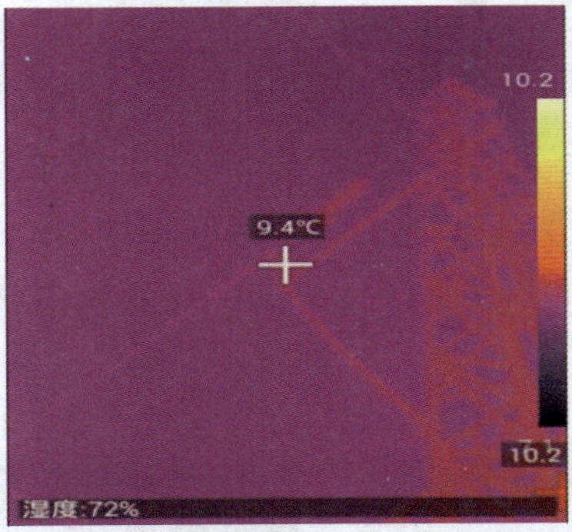

图 7.1.22　红外测温情况

分析原因:一是红外测温不规范。供电工区在开展 A 下行臂供电线电缆红外测温工作时,没有在机车取流的状态下开展,测温信息无法反映电缆头线鼻子正常运行状态,未能第一时间发现线鼻子存在烧蚀现象。供电臂内电力机车取流造成电缆头与设备线夹连接处产生高温,急剧温升加上风摆疲劳作用下造成连接线鼻子断裂。二是受近期两次冰冻雨雪天气影响,金属件热胀冷缩致使跨越供电线弛度变小,进而造成引下的供电线与电缆头连接处设备线夹(线鼻子)拉力增大。受风力或振动因素影响,连接处设备线夹紧固螺栓松动,并在螺孔处发生振动偏移并产生间隙,在振动作用下电气接触不良存在过渡电阻,加剧烧蚀。

【故障案例 2】 2023 年 9 月 29 日,××次列车在 A 至 B 下行 K574+783 处因网压低停车。现场检查发现 A 站 265 号柱定位器一端脱落,登记临时降弓通过。损坏的定位器底座如图 7.1.23 所示。故障前的定位器安装现场照片如图 7.1.24 所示。

经现场调查,A 站 265 号支柱定位器底座因电流长期作用下烧伤,造成定位器一端脱落,侵入受电弓动态包络线,打碰机车受电弓。电力机车取流路径如图 7.1.25 所示。173 号～179 号有股道电连接一组，267 号有线岔电连接一组，××隧道南口有加强线上网点，且此处 C 方向有持续 10 km 的 12‰坡度，负荷电流持续在 1 200～1 600 A 之间；××隧道 C 方向至 179 号接触网正线悬挂类型为 JTM95＋CTS120。机车在 269 号至 265 号之间取流时，电流沿上行正线流经至 265 号软横跨处出现分流，分别经由 A、B 两条电流径路流经至电连接处电流汇流至正线。

图 7.1.23　定位器底座烧伤

图 7.1.24　故障前 4C 照片

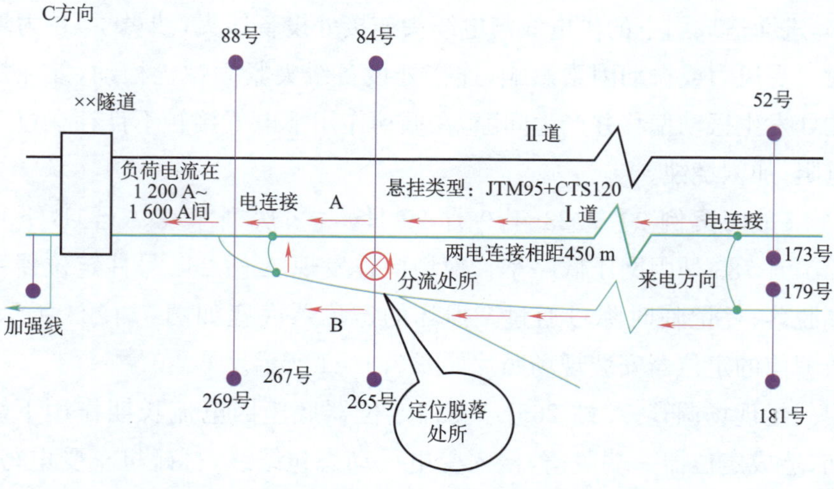

图 7.1.25　电力机车取流路径

而从其他单位对软横跨分流监测情况看，此类设备隐患很容易被红外成像检测发现。某单位发现的定位器在软横跨连接点非正常载流照片如图 7.1.26 所示。

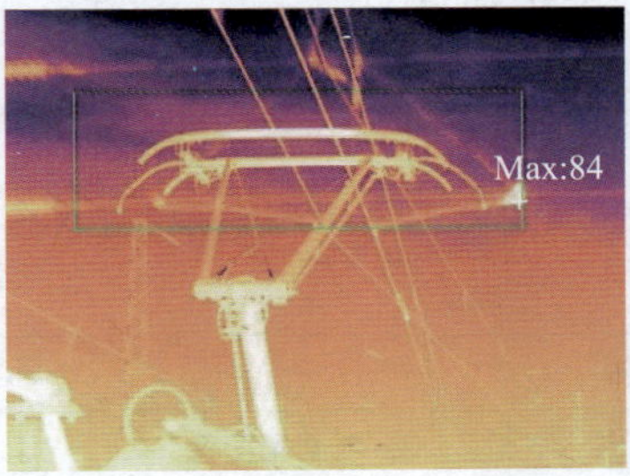

(a)红外成像

(b)可见光照片

图 7.1.26　定位器在软横跨连接点非正常载流

2. 习题

【习题 1】 已知××线下行 K290＋158 处环境温度 30 ℃，被测设备表面温度 107 ℃，参照物体表面温度 32 ℃，请运用相对温差法对此疑似缺陷进行判断。

解： 相对温差法计算公式为

$$\delta_1=\frac{\tau_1-\tau_2}{\tau_1}\times 100\%=\frac{T_1-T_2}{T_1-T_0}\times 100\%$$

所以可得××线下行 K290＋158 处相对温差为 $\delta_1=\frac{107-32}{107-30}\times 100\%\approx 97.4\%$，按照《接触网运行维修规则》附件 8 电流致热型设备缺陷判断标准，该线夹属于金属部件连接，按照热点温度大于 80 ℃或 $\delta\geqslant 80\%$，故判定为一级缺陷。

【习题 2】 根据表 7.1.3 提供的 3C 缺陷报告相关数据，利用温差法计算热点温度及相对温差，并判断缺陷等级。

表 7.1.3　3C 缺陷报告相关数据

检测日期	2018-07-07	检测时间	12:10:17
级别		报警类型	疑似线夹发热
车速/($km \cdot h^{-1}$)	74	受电弓位置	7 车
拉出值/mm	−271	导高值/mm	6 083
缺陷温度/℃	165	环境温度/℃	26
相邻设备温度/℃	30		
缺陷状态	已确认		
图像分析			
1. 红外图像		2. 可见光图像	
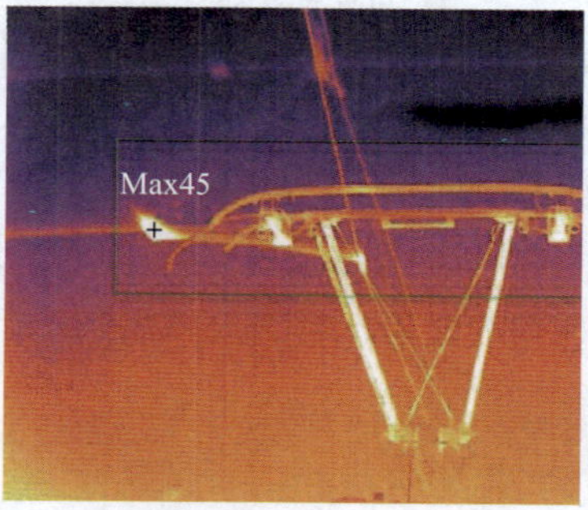			

解:根据报告提供数据,可知缺陷温度 $T_1=165$ ℃,相邻设备温度 $T_2=30$ ℃,环境温度 $T_0=26$ ℃。

(1)根据相对温差法计算公式可得

$$\frac{T_1-T_2}{T_1-T_0}\times100\%=\frac{165-30}{165-26}\times100\%=\frac{135}{139}\times100\%\approx97\%$$

所以相对温差为 97%。

(2)根据图像来看,发热点位置为定位环线夹和定位器勾头位置,可以判定该设备类别是金属部件与金属部件的连接,该位置热像特征为:以线夹和接头为中心的热像,热点明显,该部位判定一级缺陷标准为热点温度>90 ℃或相对温差≥80%。上述报告显示缺陷点温度165 ℃,计算后相对温差为97%,故该缺陷为一级缺陷。

其他接触网温度异常照片如图 7.1.27～图 7.1.35 所示。

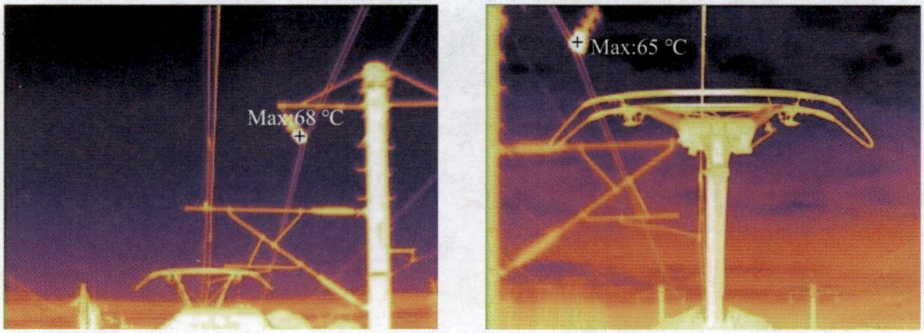

图 7.1.27　绝缘子温度异常

图 7.1.28　线夹温度异常

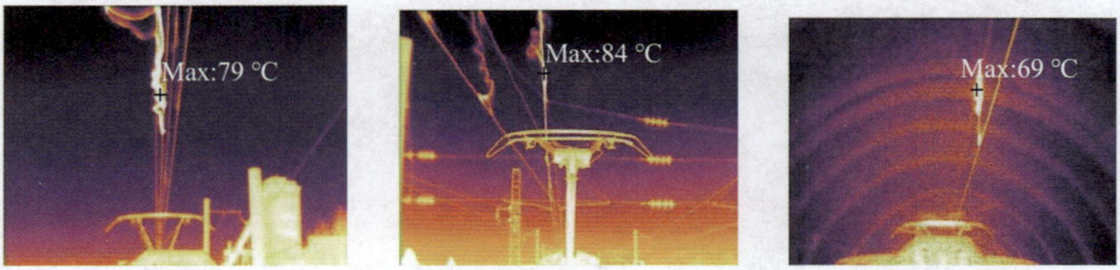

图 7.1.29　电连接状态异常

图 7.1.30　PW 线悬挂点温度异常

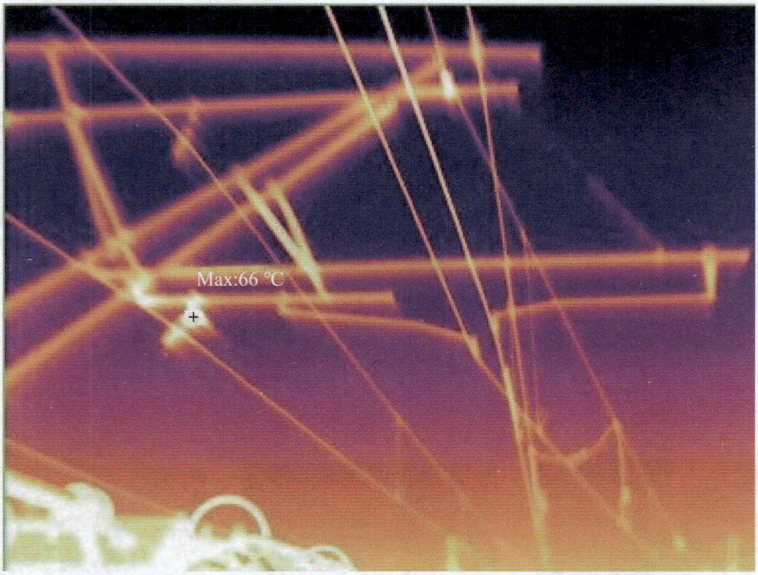

图 7.1.31　中心锚结辅助绳在腕臂悬挂点处非正常载流

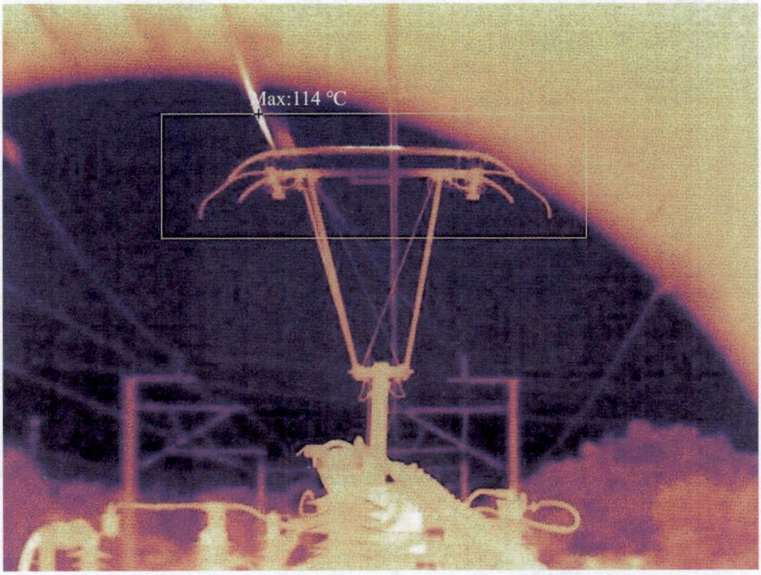

图 7.1.32 正馈线预绞式连接金具温度异常

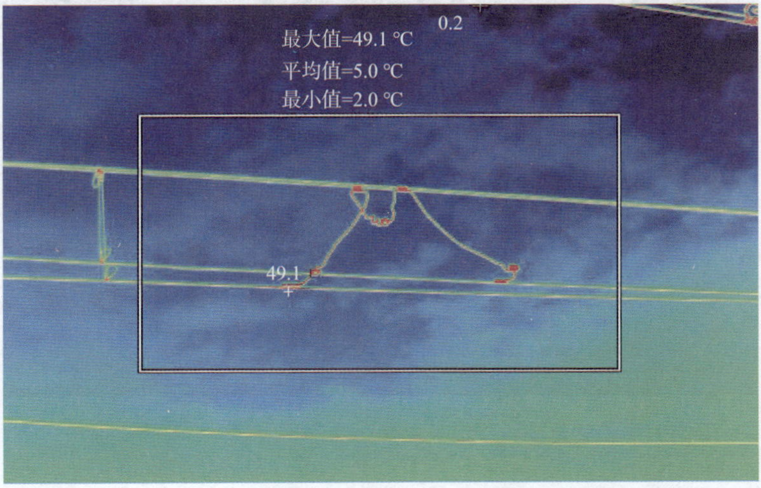

图 7.1.33 锚段关节电连接正线接触线线夹取流时
最高温度 49.1 ℃，超相邻设备线夹 26 ℃

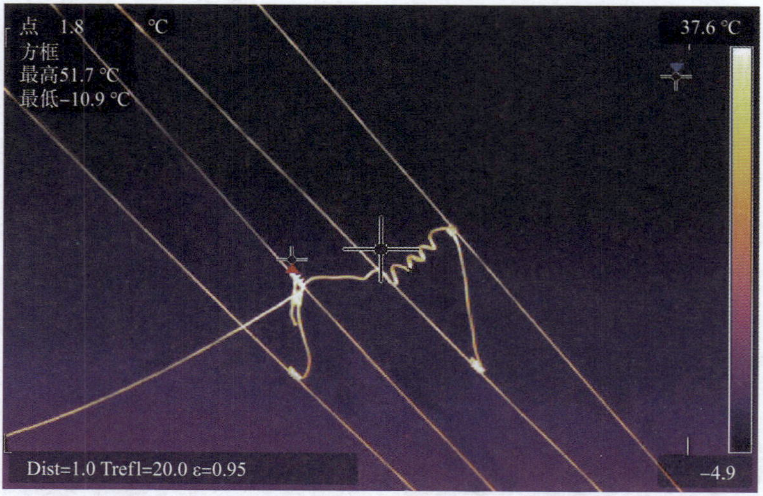

图 7.1.34　股道电连接承力索线夹过车取流时最高温度达到 52.4 ℃，高于相邻设备线夹 15 ℃

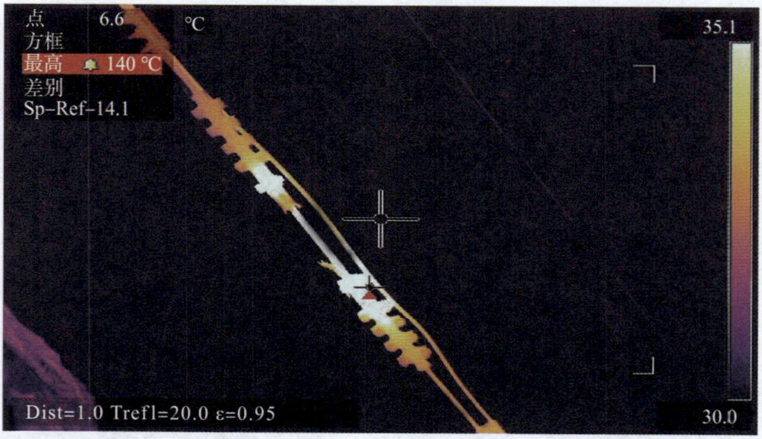

图 7.1.35　回流线对接接头双环杆过车取流时最高温度达 140 ℃

第八章 线路断链

一、概 述

线路里程是铁路设备技术管理常用的一个概念。因线路改造、复测等原因,使线路里程产生不连续的处所,叫断链。断链的设置给接触网运维正常管理带来了一定程度的不便,掌握断链知识是必要的。断链的设置不是在所有线路上普遍存在的,数量不多,但工作中一旦遇到更容易出现错误。

本章建议列为职工应掌握内容。

二、原理和方法

1. 断链前后,两里程之差小于实际长度时,叫长链,反之为短链。长链示例如图 8.1.1 所示,短链示例如图 8.1.2 所示。

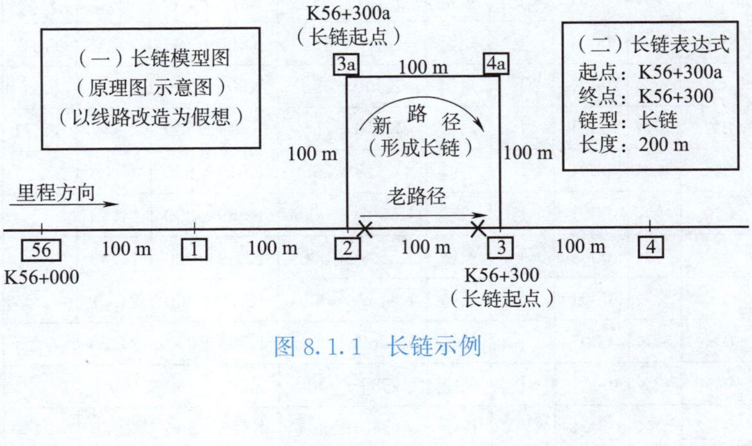

图 8.1.1 长链示例

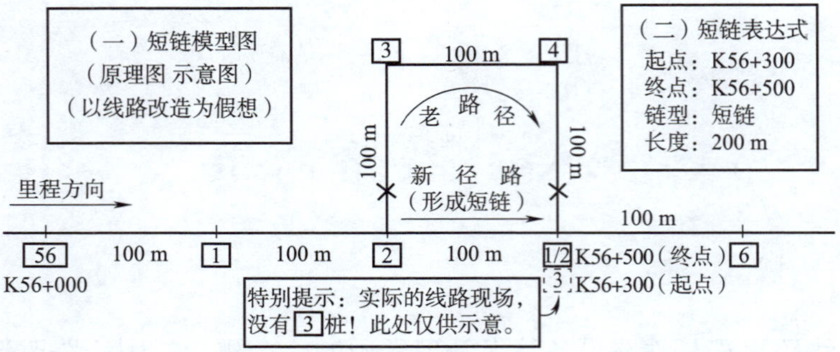

图 8.1.2 短链示例

2. 某铁路局集团公司某线路里程断链明细见表 8.1.1。

表 8.1.1 线路里程断链明细

LKJ 数-11

局名	局编号	线名	线编号	行别	断链类型	起点里程	终点里程	长链长度/m	短链长度/m	修改标注
××	0×	××	0001	上	短链	K488+797	K488+800		3.26	
××	0×	××	0001	下	短链	K488+797	K488+800		3.26	
××	0×	××	0001	上	短链	K497+196	K497+200		3.87	
××	0×	××	0001	下	短链	K497+196	K497+200		3.87	
××	0×	××	0001	上	短链	K500+692	K500+700		8.15	
××	0×	××	0001	下	短链	K500+692	K500+700		8.15	
××	0×	××	0001	上	短链	K518+766	K518+800		33.71	
××	0×	××	0001	下	短链	K518+766	K518+800		33.71	
××	0×	××	0001	上	长链	K559A+000a	K559+000	11.71		
××	0×	××	0001	下	长链	K559A+000a	K559+000	11.71		
××	0×	××	0001	上	长链	K576A+000a	K576+000	24.59		
××	0×	××	0001	下	长链	K576A+000a	K576+000	24.59		
××	0×	××	0001	上	长链	K588+900a	K588+900	2.41		
××	0×	××	0001	下	长链	K588+900a	K588+900	2.41		

续上表

局名	局编号	线名	线编号	行别	断链类型	起点里程	终点里程	长链长度/m	短链长度/m	修改标注
××	0×	××	0001	上	长链	K591＋200a	K591＋200	6.48		
××	0×	××	0001	下	长链	K591＋200a	K591＋200	6.48		

三、应用案例

【习题 1】 某铁路局集团公司××线 A 站与 B 站间下行 K81＋600 设有一处长链，具体情况如图 8.1.3 所示。牵引变电所设在 K79＋100，若某次 B 方向下行接触网供电臂跳闸，故障标定装置指示故障点距离该牵引变电所 10.5 km。线路里程断链明细见表 8.1.2，不计供电线长度，故障标定装置指示对应的故障点公里标应是多少？

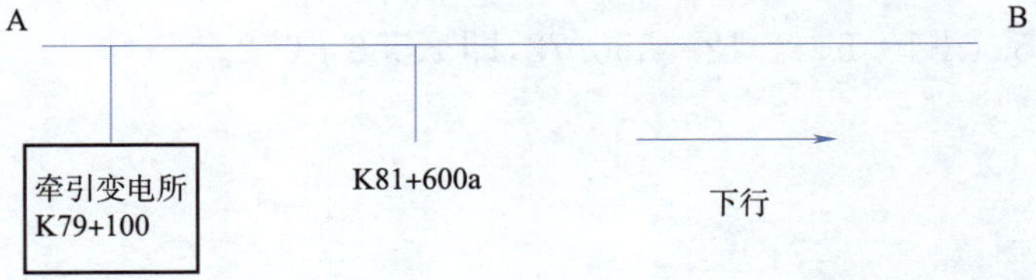

图 8.1.3　某长链情况示意

表 8.1.2　线路里程断链明细

局名	局编号	线名	行别	断链类型	起点里程	终点里程	长链长度/m	短链长度/m
××	0×	××	下	长链	K81＋600a	K81＋600	3 739.00	

解： 根据题目给定条件，故障标定装置指示对应的故障点公里标应是 79.1＋10.5－3.739＝85.861，即 K85＋861。

【习题 2】 某铁路局集团公司××线 A 站与 B 站间下行 K547＋080 设有一处短链，具体情况如图 8.1.4 所示。牵引变电所设在 K545＋100，若某次 B 方向下行接触网供电臂跳闸，故障标定装置指示故障点距离该牵引变电所 10.5 km。线路里程断链明细见表 8.1.3,不计供电线长度,故障标定装置指示对应的故障点公里标应是多少?

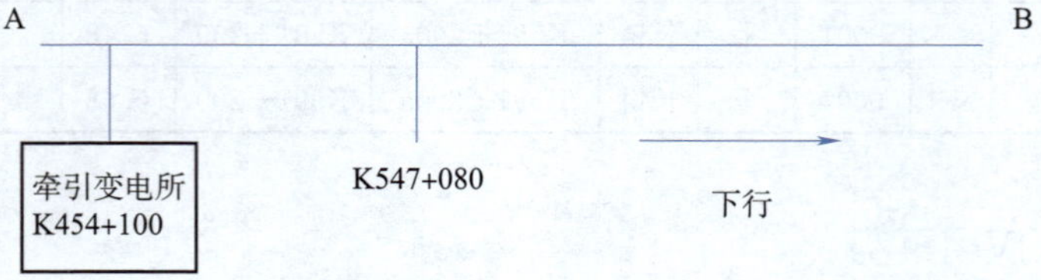

图 8.1.4 某短链情况示意

表 8.1.3 线路里程断链明细

局名	局编号	线名	行别	断链类型	起点里程	终点里程	长链长度/m	短链长度/m
××	0×	××	上	短链	K547+080	K548+200		1 120.00

解:根据题目给定条件,故障标定装置指示对应的故障点公里标应是 545.1+10.5+1.12=556.72,即 K556+072。

附录 A　常用接触线磨耗换算表

150 mm² 接触线			120 mm² 接触线			110 mm² 接触线			85 mm² 接触线		
导线高度/mm	磨耗面积/mm²	磨耗比/%	导线高度/mm	磨耗面积/mm²	磨耗比/%	导线高度/mm	磨耗面积/mm²	磨耗比/%	导线高度/mm	磨耗面积/mm²	磨耗比/%
14.39	0.01	0	12.9	0.00	0	12.34	0.00	0	10.8	0	0
14.38	0.01	0	12.89	0.00	0	12.33	0.00	0	10.79	0	0
14.37	0.03	0	12.88	0.01	0	12.32	0.01	0	10.78	0.01	0
14.36	0.04	0	12.87	0.02	0	12.31	0.02	0	10.77	0.02	0
14.35	0.06	0	12.86	0.04	0	12.3	0.04	0	10.76	0.04	0
14.34	0.07	1	12.85	0.05	0	12.29	0.05	0	10.75	0.05	0
14.33	0.09	1	12.84	0.07	1	12.28	0.07	1	10.74	0.06	1
14.32	0.11	1	12.83	0.09	1	12.27	0.09	1	10.73	0.08	1
14.31	0.13	1	12.82	0.11	1	12.26	0.11	1	10.72	0.10	1
14.3	0.16	1	12.81	0.13	1	12.25	0.13	1	10.71	0.12	1
14.29	0.18	1	12.8	0.15	1	12.24	0.15	1	10.7	0.14	1
14.28	0.21	1	12.79	0.17	1	12.23	0.17	1	10.69	0.16	1
14.27	0.23	2	12.78	0.20	2	12.22	0.19	2	10.68	0.18	2
14.26	0.26	2	12.77	0.22	2	12.21	0.22	2	10.67	0.20	2
14.25	0.29	2	12.76	0.25	2	12.2	0.24	2	10.66	0.23	2
14.24	0.32	2	12.75	0.28	2	12.19	0.27	2	10.65	0.25	2
14.23	0.35	2	12.74	0.31	2	12.18	0.30	2	10.64	0.28	3
14.22	0.38	3	12.73	0.33	3	12.17	0.33	3	10.63	0.31	3
14.21	0.41	3	12.72	0.36	3	12.16	0.36	3	10.62	0.33	3
14.2	0.45	3	12.71	0.39	3	12.15	0.39	3	10.61	0.36	3
14.19	0.48	3	12.7	0.43	3	12.14	0.42	3	10.6	0.39	4

续上表

150 mm² 接触线			120 mm² 接触线			110 mm² 接触线			85 mm² 接触线		
导线高度/mm	磨耗面积/mm²	磨耗比/%	导线高度/mm	磨耗面积/mm²	磨耗比/%	导线高度/mm	磨耗面积/mm²	磨耗比/%	导线高度/mm	磨耗面积/mm²	磨耗比/%
14.18	0.51	4	12.69	0.46	4	12.13	0.45	4	10.59	0.42	4
14.17	0.55	4	12.68	0.49	4	12.12	0.48	4	10.58	0.45	4
14.16	0.59	4	12.67	0.53	4	12.11	0.51	4	10.57	0.48	5
14.15	0.62	4	12.66	0.56	4	12.1	0.55	5	10.56	0.51	5
14.14	0.66	5	12.65	0.60	5	12.09	0.58	5	10.55	0.54	5
14.13	0.70	5	12.64	0.63	5	12.08	0.62	5	10.54	0.58	5
14.12	0.74	5	12.63	0.67	5	12.07	0.65	5	10.53	0.61	6
14.11	0.78	5	12.62	0.70	6	12.06	0.69	6	10.52	0.64	6
14.1	0.82	6	12.61	0.74	6	12.05	0.73	6	10.51	0.68	6
14.09	0.86	6	12.6	0.78	6	12.04	0.76	6	10.5	0.71	7
14.08	0.90	6	12.59	0.82	7	12.03	0.80	7	10.49	0.75	7
14.07	0.94	7	12.58	0.86	7	12.02	0.84	7	10.48	0.79	7
14.06	0.99	7	12.57	0.90	7	12.01	0.88	7	10.47	0.82	8
14.05	1.03	7	12.56	0.94	7	12	0.92	8	10.46	0.86	8
14.04	1.07	8	12.55	0.98	8	11.99	0.96	8	10.45	0.90	9
14.03	1.12	8	12.54	1.03	8	11.98	1.00	8	10.44	0.94	9
14.02	1.16	8	12.53	1.07	9	11.97	1.04	9	10.43	0.98	9
14.01	1.21	9	12.52	1.11	9	11.96	1.09	9	10.42	1.02	10
14	1.26	9	12.51	1.16	9	11.95	1.13	9	10.41	1.06	10
13.99	1.30	9	12.5	1.20	10	11.94	1.17	10	10.4	1.10	11
13.98	1.35	10	12.49	1.25	10	11.93	1.22	10	10.39	1.14	11
13.97	1.40	10	12.48	1.29	10	11.92	1.26	11	10.38	1.18	11
13.96	1.45	10	12.47	1.34	11	11.91	1.31	11	10.37	1.22	12
13.95	1.50	11	12.46	1.38	11	11.9	1.35	11	10.36	1.26	12
13.94	1.55	11	12.45	1.43	11	11.89	1.40	12	10.35	1.31	13

续上表

150 mm^2 接触线			120 mm^2 接触线			110 mm^2 接触线			85 mm^2 接触线		
导线高度/mm	磨耗面积/mm^2	磨耗比/%	导线高度/mm	磨耗面积/mm^2	磨耗比/%	导线高度/mm	磨耗面积/mm^2	磨耗比/%	导线高度/mm	磨耗面积/mm^2	磨耗比/%
13.93	1.60	11	12.44	1.48	12	11.88	1.44	12	10.34	1.35	13
13.92	1.65	12	12.43	1.53	12	11.87	1.49	13	10.33	1.39	13
13.91	1.70	12	12.42	1.57	13	11.86	1.54	13	10.32	1.44	14
13.9	1.75	13	12.41	1.62	13	11.85	1.59	13	10.31	1.48	14
13.89	1.80	13	12.4	1.67	13	11.84	1.64	14	10.3	1.53	15
13.88	1.86	13	12.39	1.72	14	11.83	1.68	14	10.29	1.57	15
13.87	1.91	14	12.38	1.77	14	11.82	1.73	15	10.28	1.62	16
13.86	1.96	14	12.37	1.82	15	11.81	1.78	15	10.27	1.67	16
13.85	2.02	15	12.36	1.88	15	11.8	1.83	16	10.26	1.71	17
13.84	2.07	15	12.35	1.93	16	11.79	1.88	16	10.25	1.76	17
13.83	2.13	15	12.34	1.98	16	11.78	1.94	16	10.24	1.81	18
13.82	2.18	16	12.33	2.03	16	11.77	1.99	17	10.23	1.86	18
13.81	2.24	16	12.32	2.09	17	11.76	2.04	17	10.22	1.90	19
13.8	2.30	17	12.31	2.14	17	11.75	2.09	18	10.21	1.95	19
13.79	2.35	17	12.3	2.19	18	11.74	2.14	18	10.2	2.00	20
13.78	2.41	17	12.29	2.25	18	11.73	2.20	19	10.19	2.05	20
13.77	2.47	18	12.28	2.30	19	11.72	2.25	19	10.18	2.10	21
13.76	2.53	18	12.27	2.36	19	11.71	2.31	20	10.17	2.15	21
13.75	2.59	19	12.26	2.42	20	11.7	2.36	20	10.16	2.20	22
13.74	2.65	19	12.25	2.47	20	11.69	2.42	21	10.15	2.25	22
13.73	2.71	20	12.24	2.53	21	11.68	2.47	21	10.14	2.31	23
13.72	2.77	20	12.23	2.58	21	11.67	2.53	22	10.13	2.36	23
13.71	2.83	21	12.22	2.64	22	11.66	2.58	22	10.12	2.41	24
13.7	2.89	21	12.21	2.70	22	11.65	2.64	23	10.11	2.46	24
13.69	2.95	21	12.2	2.76	23	11.64	2.70	23	10.1	2.52	25

续上表

150 mm² 接触线			120 mm² 接触线			110 mm² 接触线			85 mm² 接触线		
导线高度/mm	磨耗面积/mm²	磨耗比/%	导线高度/mm	磨耗面积/mm²	磨耗比/%	导线高度/mm	磨耗面积/mm²	磨耗比/%	导线高度/mm	磨耗面积/mm²	磨耗比/%
13.68	3.01	22	12.19	2.82	23	11.63	2.75	24	10.09	2.57	25
13.67	3.07	22	12.18	2.88	24	11.62	2.81	24	10.08	2.62	26
13.66	3.14	23	12.17	2.94	24	11.61	2.87	25	10.07	2.68	27
13.65	3.20	23	12.16	3.00	25	11.6	2.93	25	10.06	2.73	27
13.64	3.26	24	12.15	3.06	25	11.59	2.99	26	10.05	2.79	28
13.63	3.33	24	12.14	3.12	26	11.58	3.05	26	10.04	2.84	28
13.62	3.39	25	12.13	3.18	26	11.57	3.10	27	10.03	2.90	29
13.61	3.46	25	12.12	3.24	27	11.56	3.16	27	10.02	2.95	29
13.6	3.52	26	12.11	3.30	27	11.55	3.22	28	10.01	3.01	30
13.59	3.59	26	12.1	3.36	28	11.54	3.29	28			
13.58	3.65	27	12.09	3.42	28	11.53	3.35	29			
13.57	3.72	27	12.08	3.49	29	11.52	3.41	30			
13.56	3.78	28	12.07	3.55	29	11.51	3.47	30			
13.55	3.85	28	12.06	3.61	30						
13.54	3.92	29	12.05	3.68	30						
13.53	3.99	29									
13.52	4.05	30									
13.51	4.12	30									

附录B　常用计量单位及换算

km——千米(公里)；

m——米；

mm——毫米；

t——吨；

kg——千克(公斤)，1 kgf=9.8 N；

h——[小]时；

min——分；

s——秒；

V——伏；

kV——千伏；

Pa——帕；

kPa——千帕；

kN——千牛；

kg/m——千克/米(公斤/米)；

km/h——千米/小时(公里/小时)；

mT——毫特斯拉；

Gs——高斯，1 Gs=0.1 mT；

M——兆，10^6。

参 考 文 献

[1] 中国铁路总公司. 铁路技术管理规程[M]. 北京：中国铁道出版社，2014.

[2] 中国铁路总公司. 高速铁路接触网运行维修规则[M]. 北京：中国铁道出版社，2016.

[3] 中国铁路总公司. 普速铁路接触网运行维修规则[M]. 北京：中国铁道出版社，2017.

[4] 中华人民共和国国家铁路局. 铁路电力牵引供电设计规范：TB 10009—2016[S]. 北京：中国铁道出版社，2016.

[5] 中华人民共和国国家铁路局. 高速铁路设计规范：TB 10621—2014[S]. 北京：中国铁道出版社，2014.

[6] 中华人民共和国铁道部. 轨道交通　受流系统　受电弓与接触网相互作用准则：TB/T 3271—2011[S]. 北京：中国铁道出版社，2011.

[7] 中华人民共和国国家质量监督检验检疫总局，中国国家标准化管理委员会. 轨道交通　地面装置　电力牵引架空接触网：GB/T 32578—2016[S]. 北京：中国标准出版社，2016.

[8] 于万聚. 高速电气化铁路接触网[M]. 成都：西南交通大学出版社，2003.

[9] 中国铁路总公司. 时速 350 公里高速铁路接触悬挂安装图(隧道外)(吊弦及电连接)：通化〔2016〕1302-Ⅻ[Z]. 2016.